AF636993

Resteliebe Glas

Alles verwenden. Nichts verschwenden.

Ina Mielkau

Resteliebe GLAS

Alles verwenden.
Nichts verschwenden.

DIE BESTEN IDEEN AUS ALTGLAS

CV

Inhalt

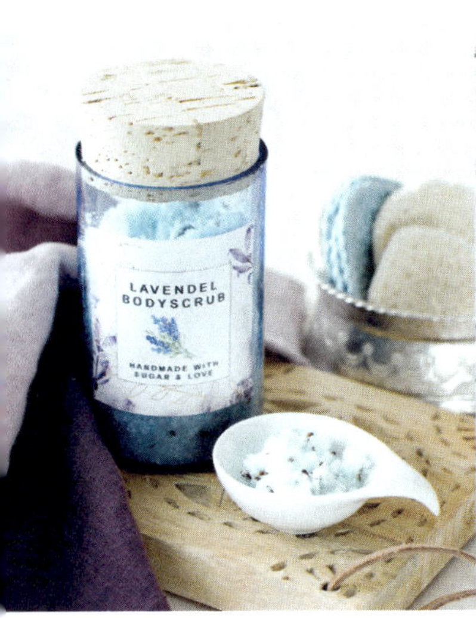

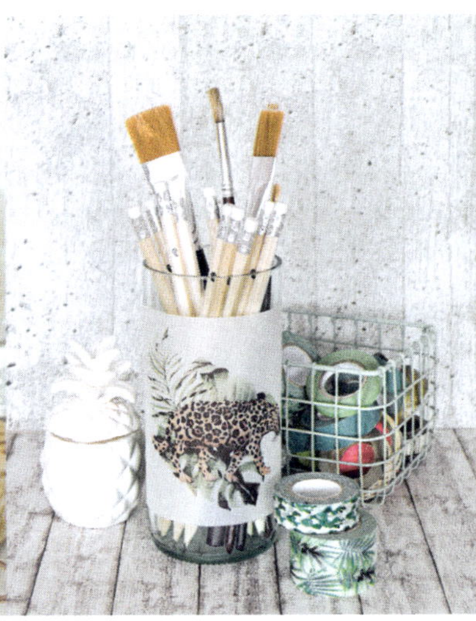

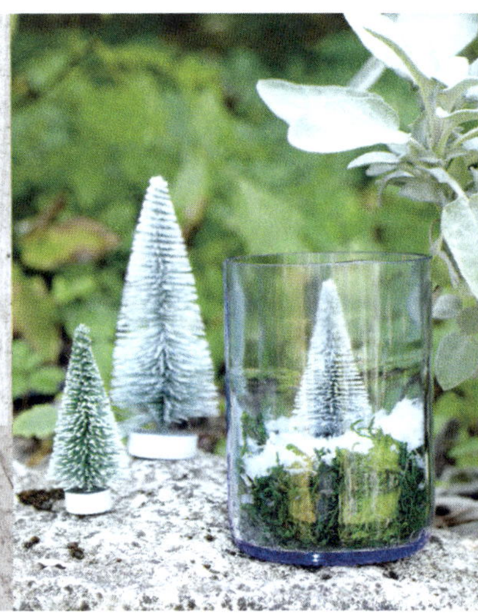

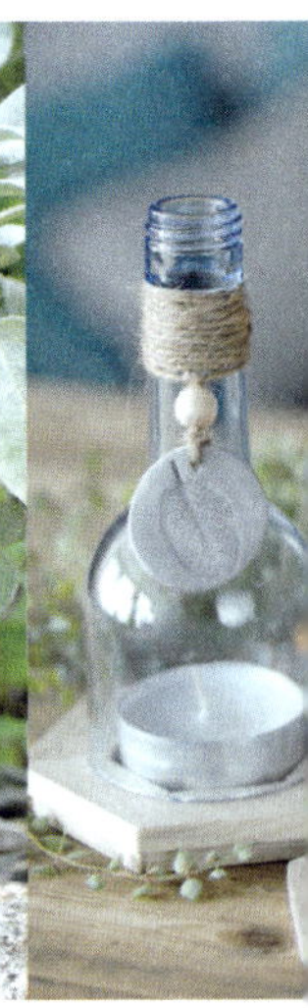

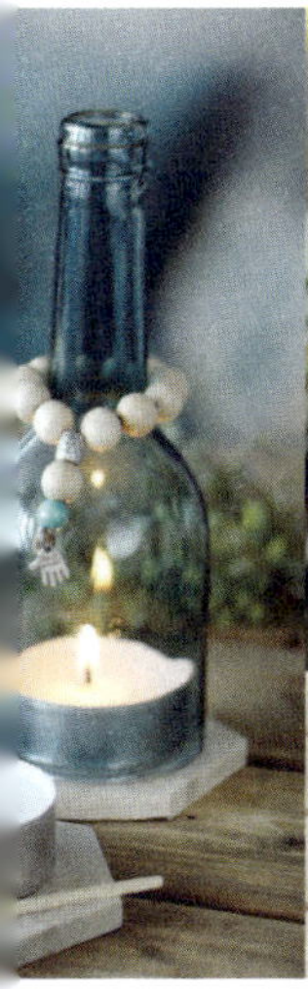

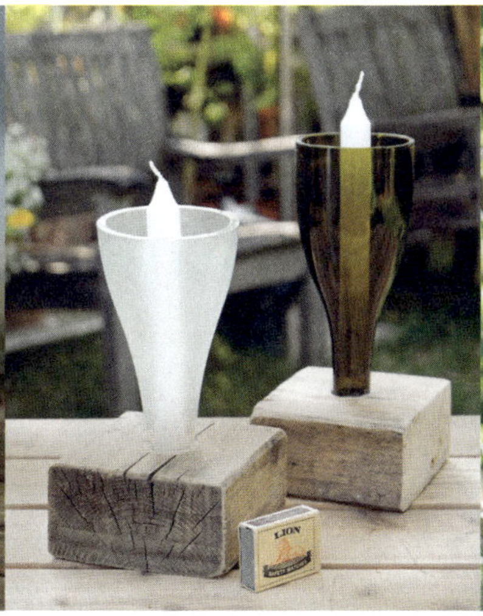

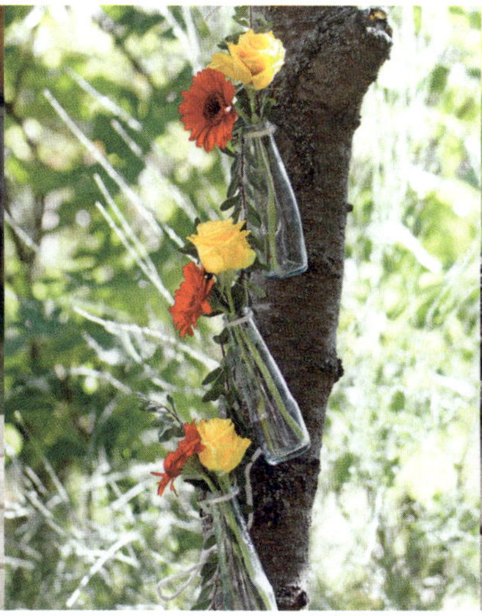

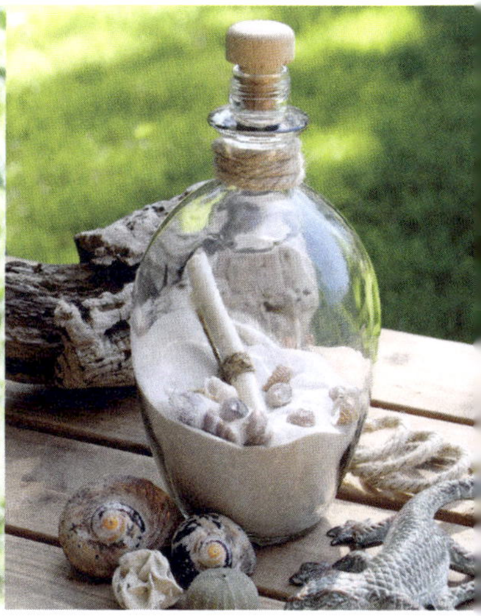

Vorwort

Flaschenschneiden ist nicht schwierig. Es erfordert nur ein wenig Geduld, da es nicht immer auf Anhieb klappt und anfangs auch ein paar Flaschen zu Bruch gehen können. Davon sollte man sich aber nicht entmutigen lassen. Denn oft sind die Flaschen bereits recycelt und die Glasstärke variiert sehr stark, sodass es am Glas liegt, wenn es sich nicht gleichmäßig schneiden lässt.

Auch bei den Projekten zu diesem Buch ist die eine oder andere Flasche zu Bruch gegangen. Daher lohnt es sich also, einen kleinen Vorrat an Flaschen bereitzustellen. Freunde und Bekannte waren immer gerne bereit, mich mit Flaschen zu versorgen, schließlich ersparte ihnen das den Gang zum Glascontainer ;).

Wichtig ist, ein paar Sicherheitsmaßnahmen einzuhalten, um sich nicht zu verletzen. So sollte man beim Arbeiten immer eine Schutzbrille tragen und nach Möglichkeit auch Handschuhe, egal nach welcher Methode man die Flaschen schneidet. Stopfen oder Korken vorher unbedingt entfernen! Schmirgelpapier sollte ebenfalls bereitliegen, um die Glasränder direkt zu glätten.

Die Flaschenprojekte in diesem Buch sind alle mit einem dafür extra angeschafften Glasschneider zugeschnitten. Diese Methode hat sich am besten bewährt und hat die Wahrscheinlichkeit für ein gutes Ergebnis deutlich erhöht. Ein solcher Flaschenschneider lässt sich günstig über das Internet beziehen. Wer also öfter mal ein Projekt mit Glas realisieren möchte, trifft mit diesem Hilfsmittel eine gute Entscheidung.

Ebenfalls online findet man Anleitungen für Glasschneider zum Selbstbauen. Die meisten davon waren für meine Verhältnisse etwas zu kompliziert, bis auf ein Modell, das ich hier für mein Buch realisiert habe. Man kann zwar seine Schneidehöhe nicht stufenlos einstellen, aber das Schneideergebnis ist sehr gut.

Also, nur Mut und viel Spaß beim Flaschenschneiden.

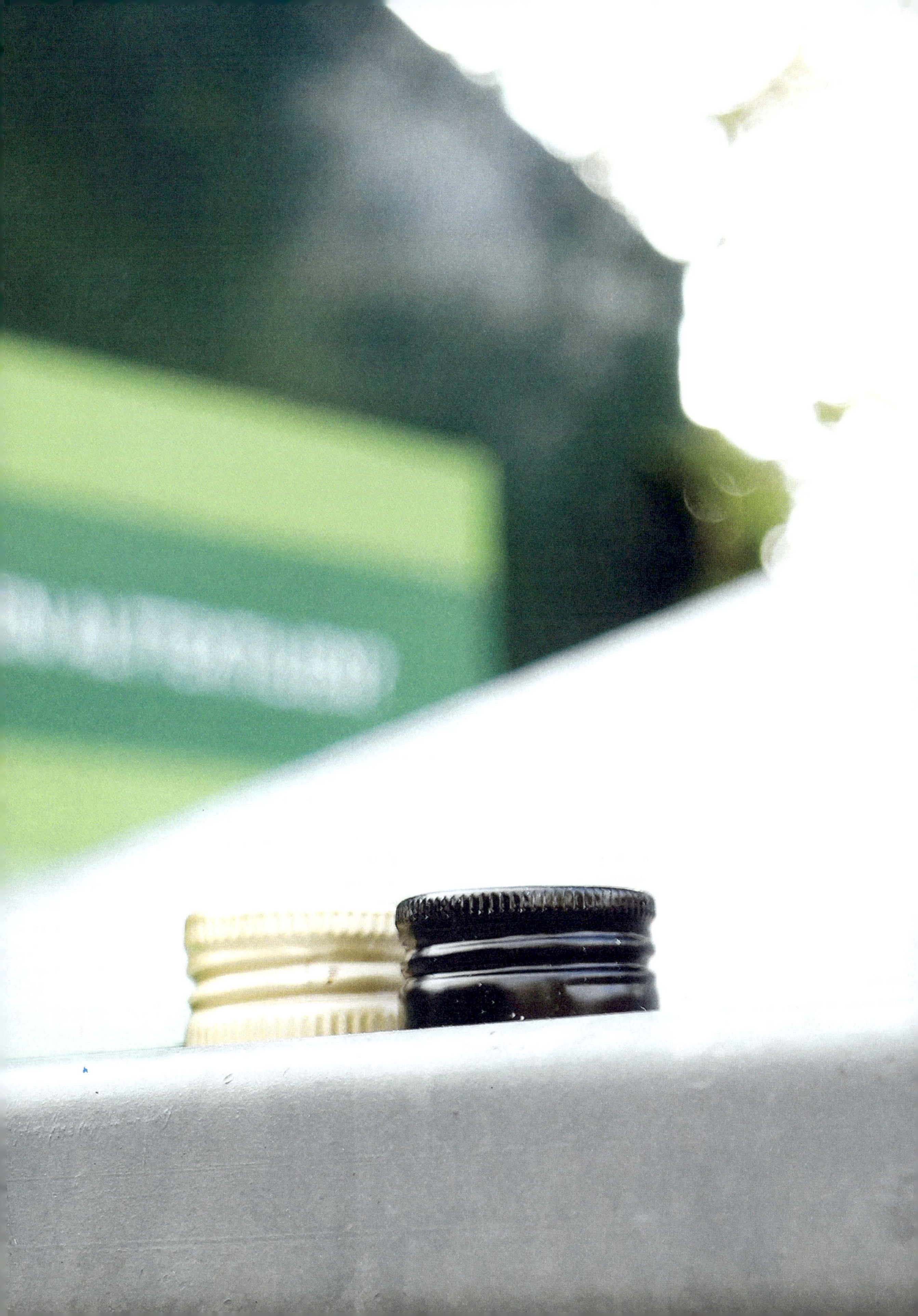

Was ist Altglas?

Altglas ist Verpackungsglas, das gesammelt wird, um es wiederzuverwenden. Die Verbraucher werfen dazu ihre geleerten Glasflaschen und Konservengläser in bereitgestellte Container, die wiederum in regelmäßigen Abständen geleert werden.

Nach einer entsprechenden Aufbereitung landet das Altglas als einsatzbereiter Rohstoff in einer Glashütte zur Wiederverwertung, vor allem zur Herstellung von neuem Verpackungsglas. Das spart im Vergleich zur Neuproduktion große Mengen an Energie und Rohstoffen.

Voraussetzung für die Weiterverarbeitung ist, dass das Glas sortenrein vorliegt. Das heißt, man sollte sein Altglas getrennt sammeln (Weiß-, Grün- und Braunglas) und in die entsprechenden Glascontainer werfen. Blaues oder rotes Glas darf beim Grünglas landen. Die Farbtrennung ist wichtig für den Recyclingprozess, denn eine grüne Flasche beispielsweise würde zu ungewollten Farbstichen im Schmelzprozess für farbloses Glas führen. Mittlerweile gelingt es, gemischtes Glas mithilfe von elektro-optischen Sortiermaschinen zu trennen, ein besseres Ergebnis lässt sich jedoch durch vorherige Trennung erzielen.

(Quelle: Wikipedia)

Tipps & Tricks

KLEBEETIKETTEN

Die Etiketten auf den Flaschen enthalten wichtige Informationen für den Verbraucher. Wer die Flasche aber weiterverwenden möchte, muss mehr oder weniger mühselig die einzelnen Papierfetzchen abziehen! Dafür braucht es viel Geduld und gute Nerven …

… oder etwas Fantasie. Hier sind meine Tricks: Für meine Projekte habe ich die Flaschen zuvor meist einen Tag in einen Eimer Wasser gestellt und eingeweicht. In der Regel lässt sich dann zumindest eine Schicht des Papiers ablösen. Für die Reste habe ich einen Stahlschwamm aus dem Haushaltsbedarf verwendet. Statt mit den Fingern die Papierreste abzupuhlen, schrubbt man einfach mit dem Schwamm darüber. Geht wirklich super!

Wie geschmiert geht es auch mit Fett. Dazu Speiseöl oder Margarine mit einem Lappen auftragen und einwirken lassen. Das verringert die Klebefähigkeit des Etiketts, das sich dann mit den Fingern abziehen lässt. Den Vorgang muss man eventuell wiederholen.

Ein Föhn ist bei den großen Flaschenetiketten eher ungeeignet und nicht wirklich energiesparend. Auch Terpentin oder Nagellackentferner sind eigentlich überflüssig. Lieber in Wasser einweichen.

KORKEN

Korken eignen sich ganz wunderbar zum Verschließen der geschnittenen Flaschen. Aber nicht vergessen, den Durchmesser des Glases zu ermitteln!

Naturkorken sind sehr dekorativ, aber auch entsprechend teuer. Daher greife ich auf die deutlich günstigeren Presskorken zurück, die aus Rückständen der Korkproduktion hergestellt werden. Das Korkgranulat wird mit einem entsprechenden Kleber in Form gepresst.

Presskork ist undurchlässig und lässt sich besser durchbohren als ein Naturkorken – etwa um eine Schnur oder einen Strohhalm hindurchzustecken.

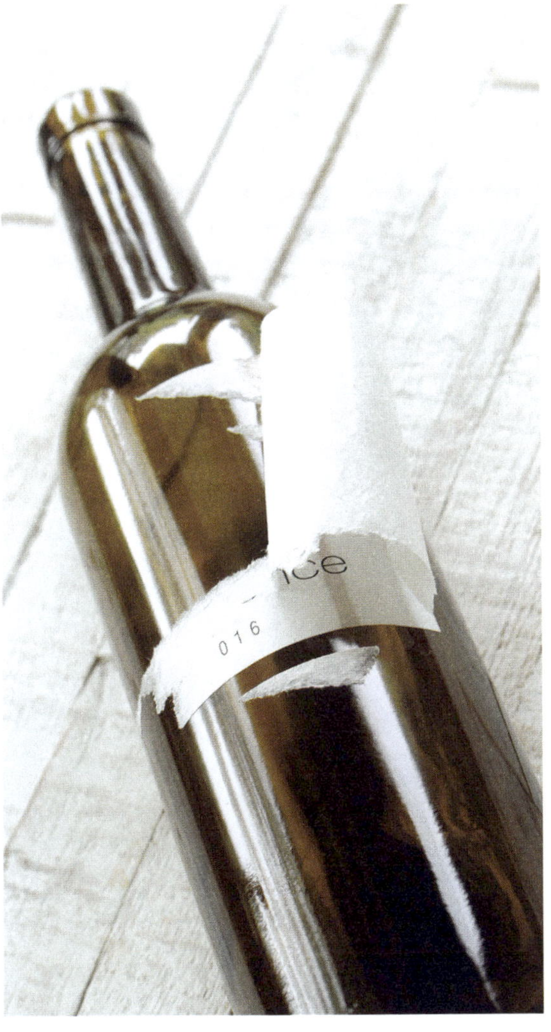

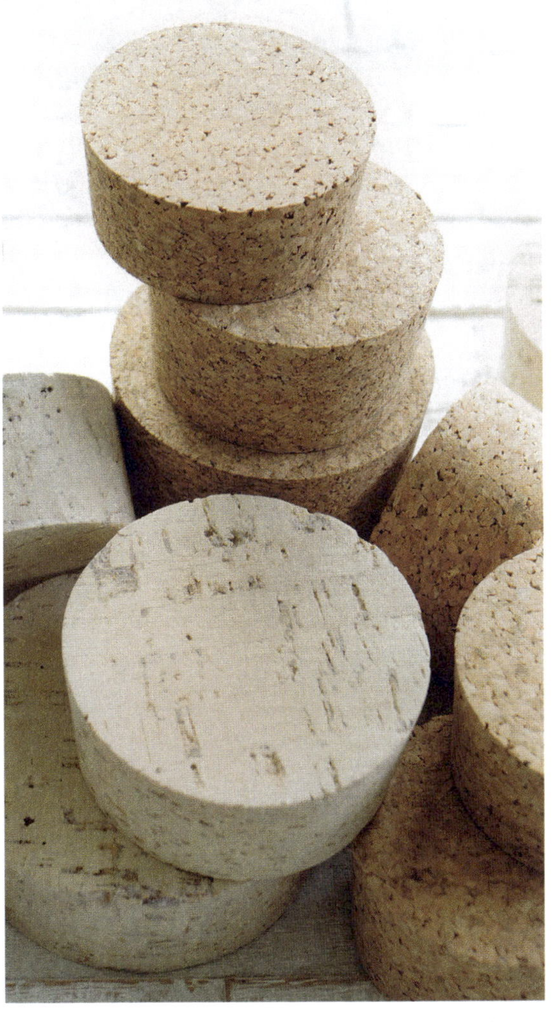

Flaschen schneiden

DAS GRUNDPRINZIP

Das Prinzip des Flaschenschneidens ist bei jeder Methode ähnlich. Die Flasche wird an einer Stelle „geschwächt" und dann durch einen Temperaturwechsel „gestresst", bis sie an der entsprechenden Stelle bricht.

Dazu ritzt man die gewünschte Stelle ein, beispielsweise mit einem Glasschneider, der sich in einfacher Ausführung für wenige Euro im Baumarkt erstehen lässt. Allerdings ist das freie Schneiden damit nicht wirklich die erste Wahl. Besser geeignet ist ein spezieller Glasschneider für Flaschen, der im Internet erhältlich ist.

Hat man weder einen Glasschneider noch einen speziellen Flaschenschneider, gibt es die einfache Methode mit einem Baumwollfaden und Spiritus bzw. Nagellackentferner oder Feuerzeugbenzin. Das Ergebnis ist allerdings nicht immer zufriedenstellend.

Wichtig ist, ein paar Sicherheitsmaßnahmen zu beachten. Glas ist scharfkantig und beim Absprengen können kleine Splitter fliegen. Beim Arbeiten also unbedingt Handschuhe und Schutzbrille tragen!

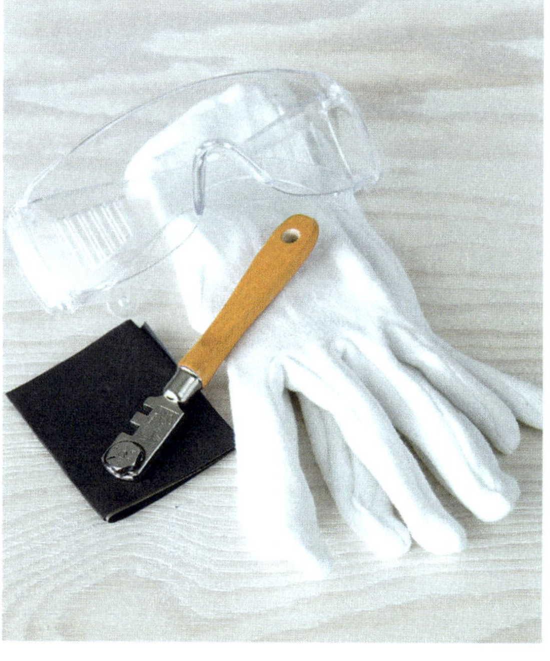

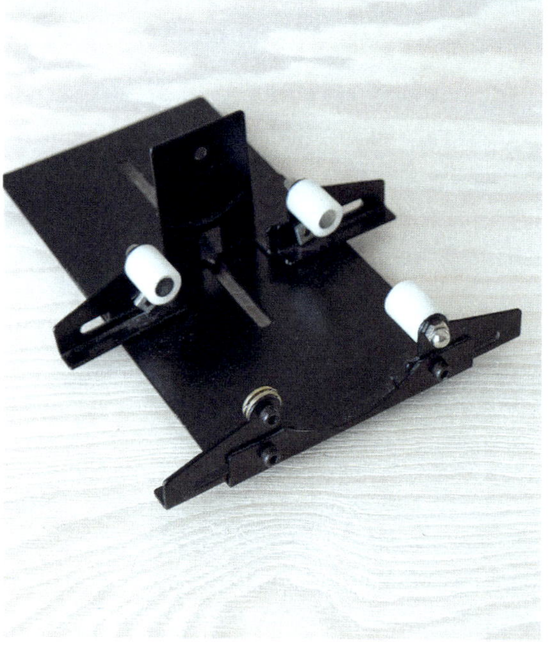

METHODE 1. SCHNEIDEN OHNE GLASSCHNEIDER.
HIERFÜR BENÖTIGT MAN EINEN BAUMWOLLFADEN, SPIRITUS (ALTERNATIV FEUERZEUGBENZIN ODER NAGELLACKENTFERNER) UND EINEN TOPF MIT EISKALTEM WASSER.

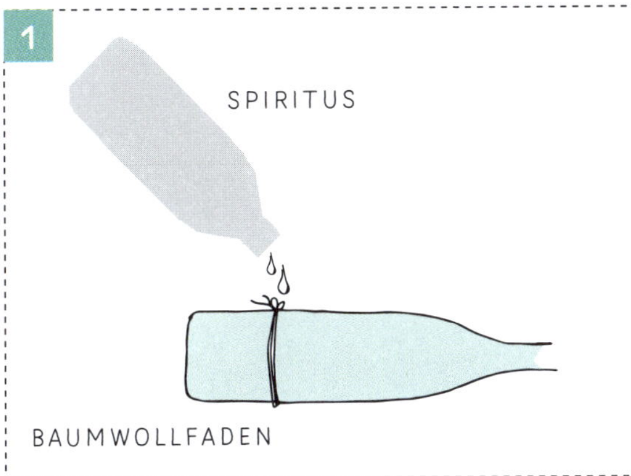

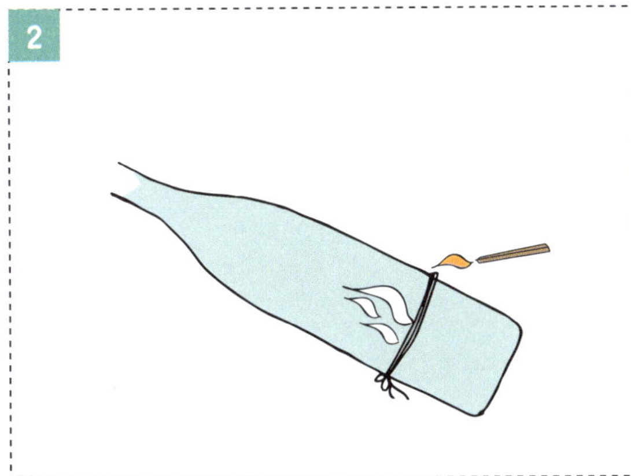

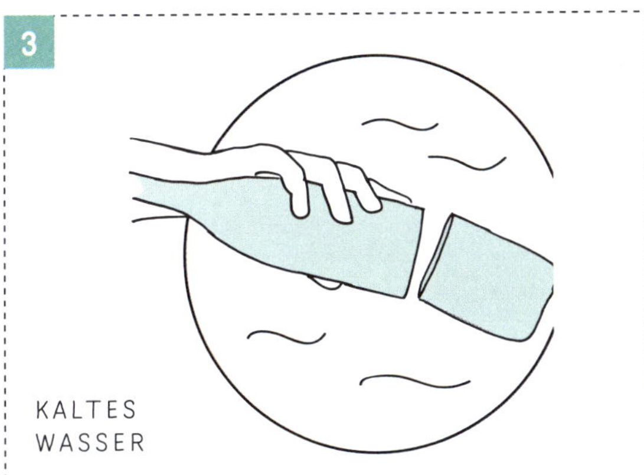

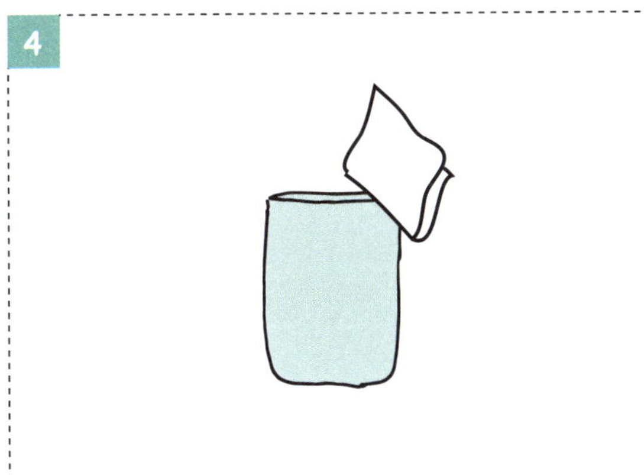

1. Zunächst einen Baumwollfaden mit Spiritus tränken und ihn fest um die gewünschte Stelle an der Flasche wickeln, dann verknoten. Ist die Schnur sehr dünn, kann man sie auch zwei bis drei mal drum herumwickeln. Die Enden abschneiden.

2. Anschließend den Faden anzünden und warten, bis er abgebrannt ist. Während die Schnur brennt, dreht man die Flasche, damit sie sich gleichmäßig erhitzt.

3. Ist der Faden abgebrannt, taucht man die Flasche in ein Becken mit kaltem Wasser. Nun sollte die Flasche an der gewünschten Stelle brechen. Falls nicht, wird der Vorgang - evtl. mit einer dickeren Schnur - wiederholt.

4. Dann die Kanten mit sehr feinem Schleifpapier glätten.

METHODE 2. SCHNEIDEN MIT DEM GLAS- ODER FLASCHENSCHNEIDER.
HIERFÜR BENÖTIGT MAN EINEN FLASCHENSCHNEIDER (ALTERNATIV GLASSCHNEIDER) SOWIE HEISSES UND KALTES WASSER.

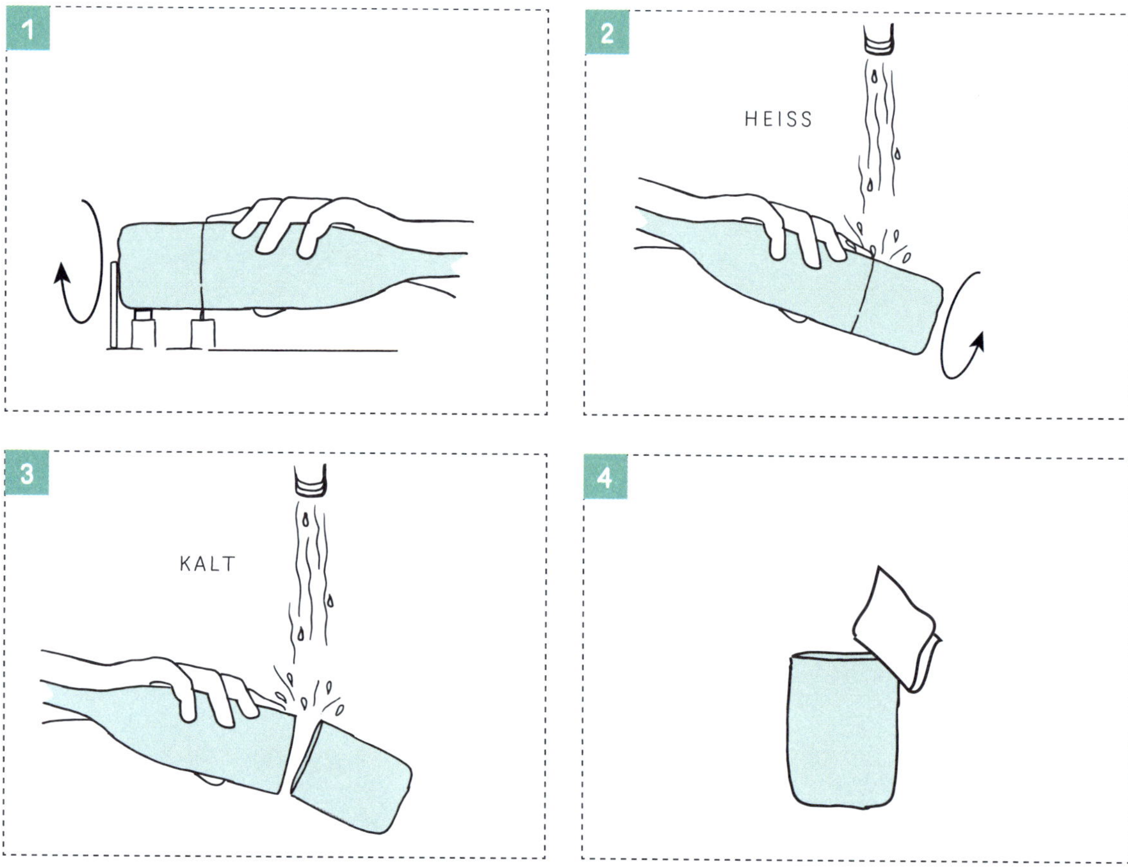

1. Flasche im Glasschneider sauber einmal komplett im Kreis einritzen.

Ohne speziellen Flaschenschneider klebt man sich mit Klebeband eine Markierung rund um die Flasche und schneidet dort mit dem Glasschneider entlang.

2. Anschließend kochendes Wasser gleichmäßig über die angeritzte Naht gießen. Dabei die Flasche drehen.

Alternativ kann man die angeritzte Naht auch über einer Flamme drehen, um sie zu erhitzen.

3. Im nächsten Schritt eiskaltes Wasser über die angeritzte Naht gießen. Dabei die Flasche ebenfalls drehen.

Im Idealfall bricht ein Teil der Flasche mit einem leichten Knacken ab. Falls nicht, wiederholt man den Vorgang mit heißem und kaltem Wasser.

4. Dann die Kanten mit sehr feinem Schleifpapier glätten.

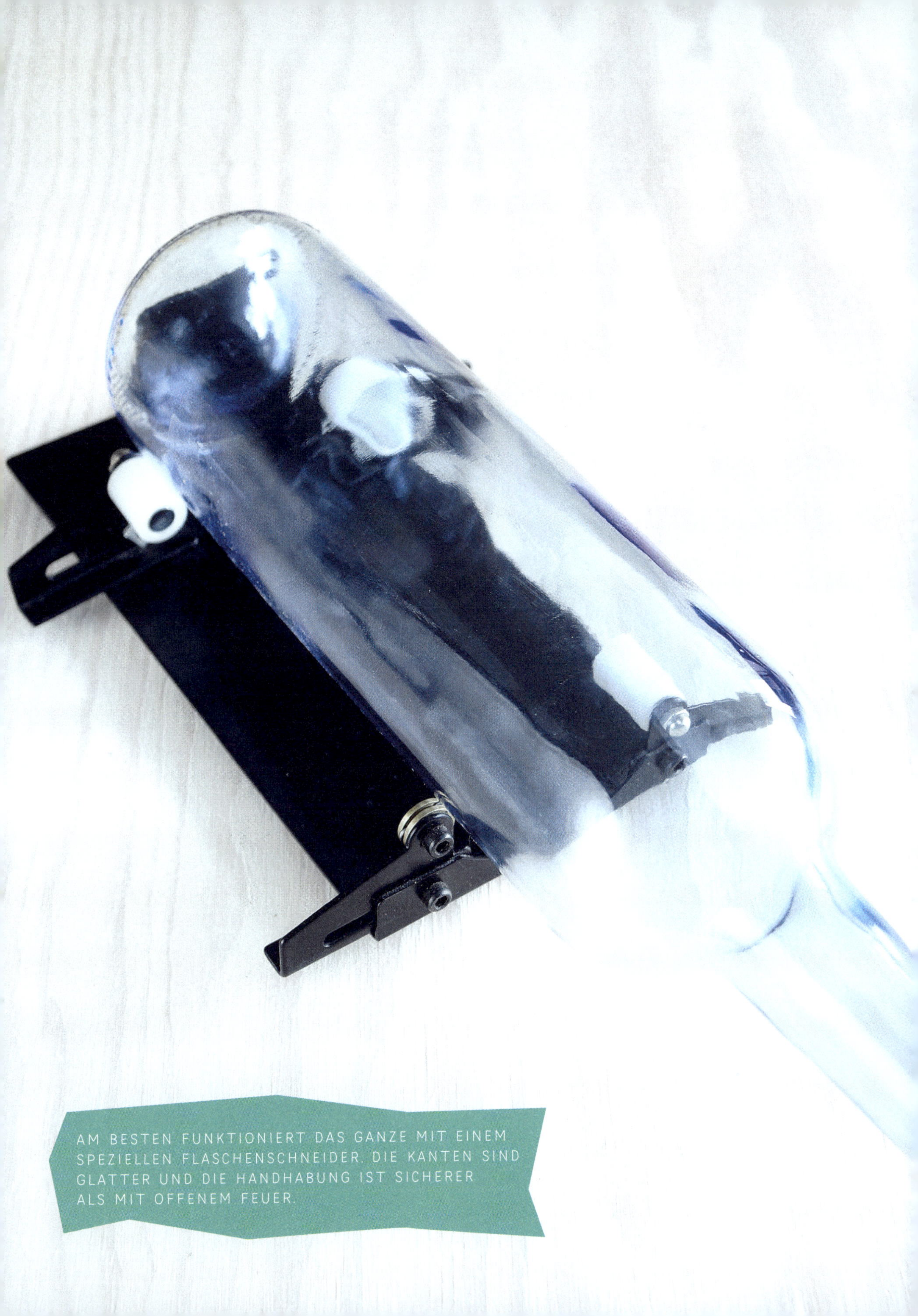

AM BESTEN FUNKTIONIERT DAS GANZE MIT EINEM SPEZIELLEN FLASCHENSCHNEIDER. DIE KANTEN SIND GLATTER UND DIE HANDHABUNG IST SICHERER ALS MIT OFFENEM FEUER.

Flaschenschneider bauen

MATERIAL:
CA. 2 METER VIERKANTLEISTEN (2 X 2 CM), HOLZPLATTE (CA. 36 X 21 CM), BLEISTIFT, LINEAL, GEHRUNGSLADE, SÄGE, HOLZLEIM, SCHRAUBZWINGE, GLASSCHNEIDER

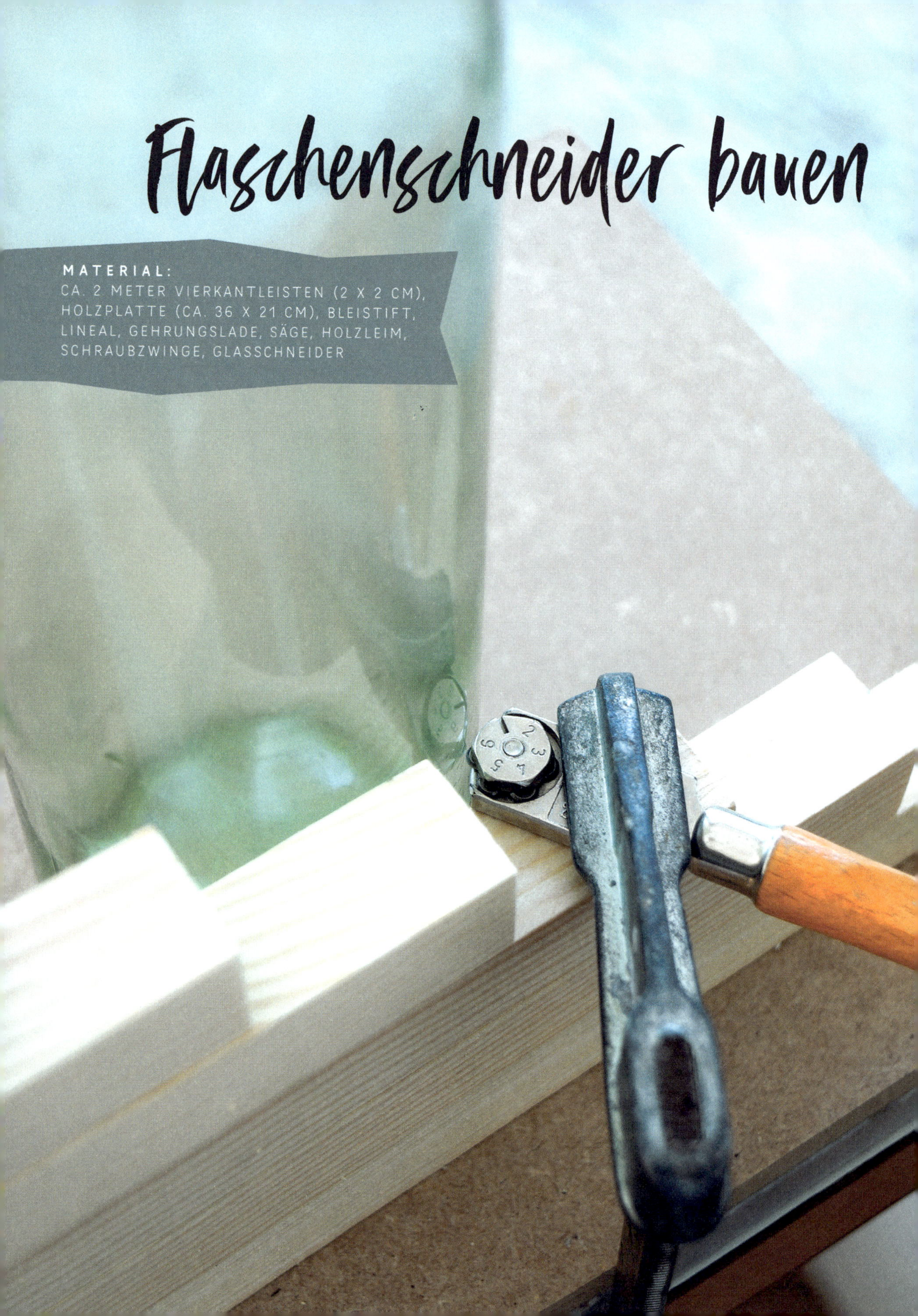

WER SICH KEINEN FLASCHENSCHNEIDER KAUFEN MÖCHTE, KANN IHN EINFACH SELBST BAUEN. IM INTERNET FINDEN SICH ETLICHE ANLEITUNGEN, DIE ALLERDINGS RECHT KOMPLIZIERT SEIN KÖNNEN. HIER ZEIGE ICH EINE METHODE, DIE ICH FÜR EINFACH UND PRAKTISCH HALTE UND DIE NATÜRLICH FUNKTIONIERT!

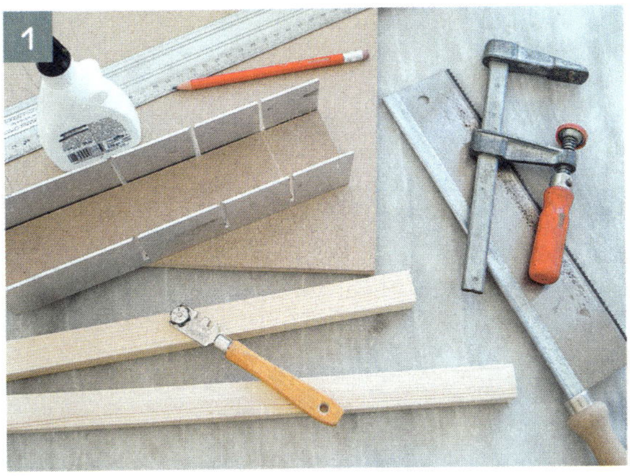

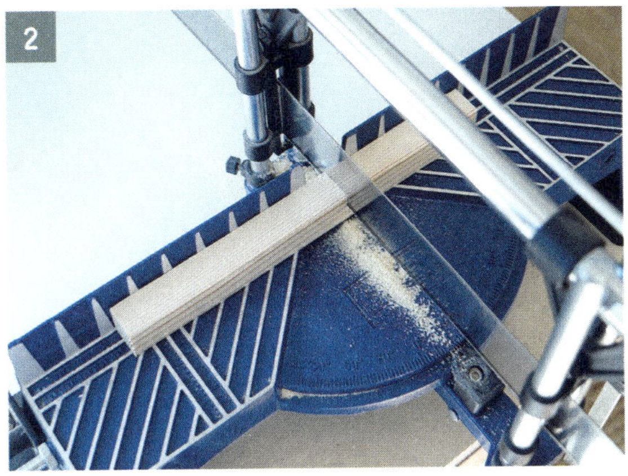

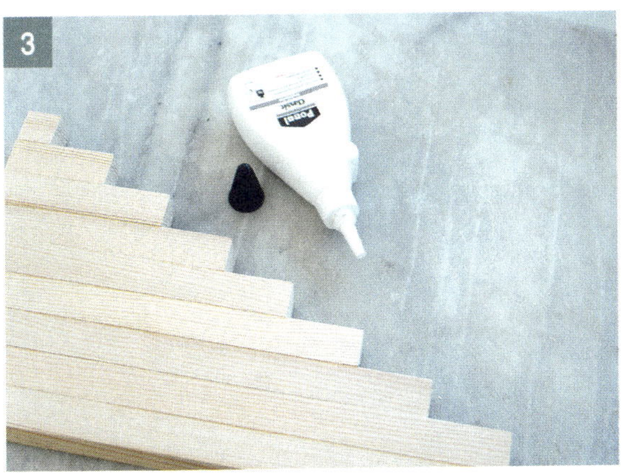

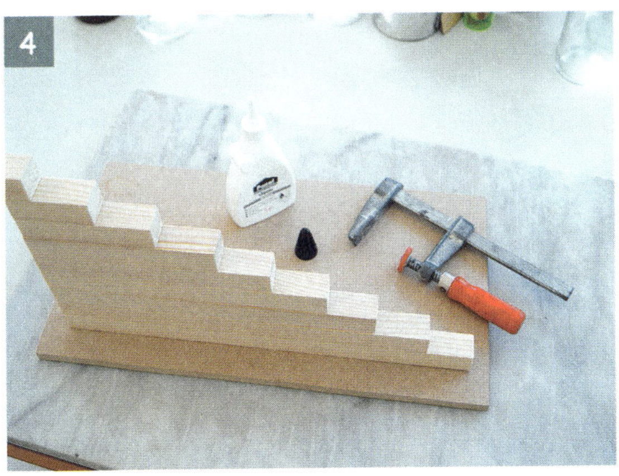

1. Alles zurechtlegen, was man zum Zusammenbau benötigt. Holz, Gehrungslade, Säge, Lineal, Bleistift und Holzleim.

2. Die Vierkantleiste wird zunächst in verschiedene Längen zugeschnitten. Ich habe folgende Maße verwendet: 34, 30, 26, 22, 18, 14, 10, 6 und 2 cm.

3. Dann klebt man die einzelnen Holzleisten mit Holzleim übereinander und lässt sie einen halben Tag trocknen.

4. Diese kleine Leiter klebt man anschließend auf die zugeschnittene Holzplatte. Rechts, links und vorne etwas frei lassen. Auch hier sollte der Kleber gut antrocknen.

Später kann man die Platte mit Schraubzwingen an einer Tischkante befestigen. Den einfachen Glasschneider bringt man ebenfalls mit einer Schraubzwinge auf einer der Stufen an. Dabei das Rädchen des Glasschneiders so weit hervorschauen lassen, dass die Flasche richtig daran anliegt (siehe nächste Seite).

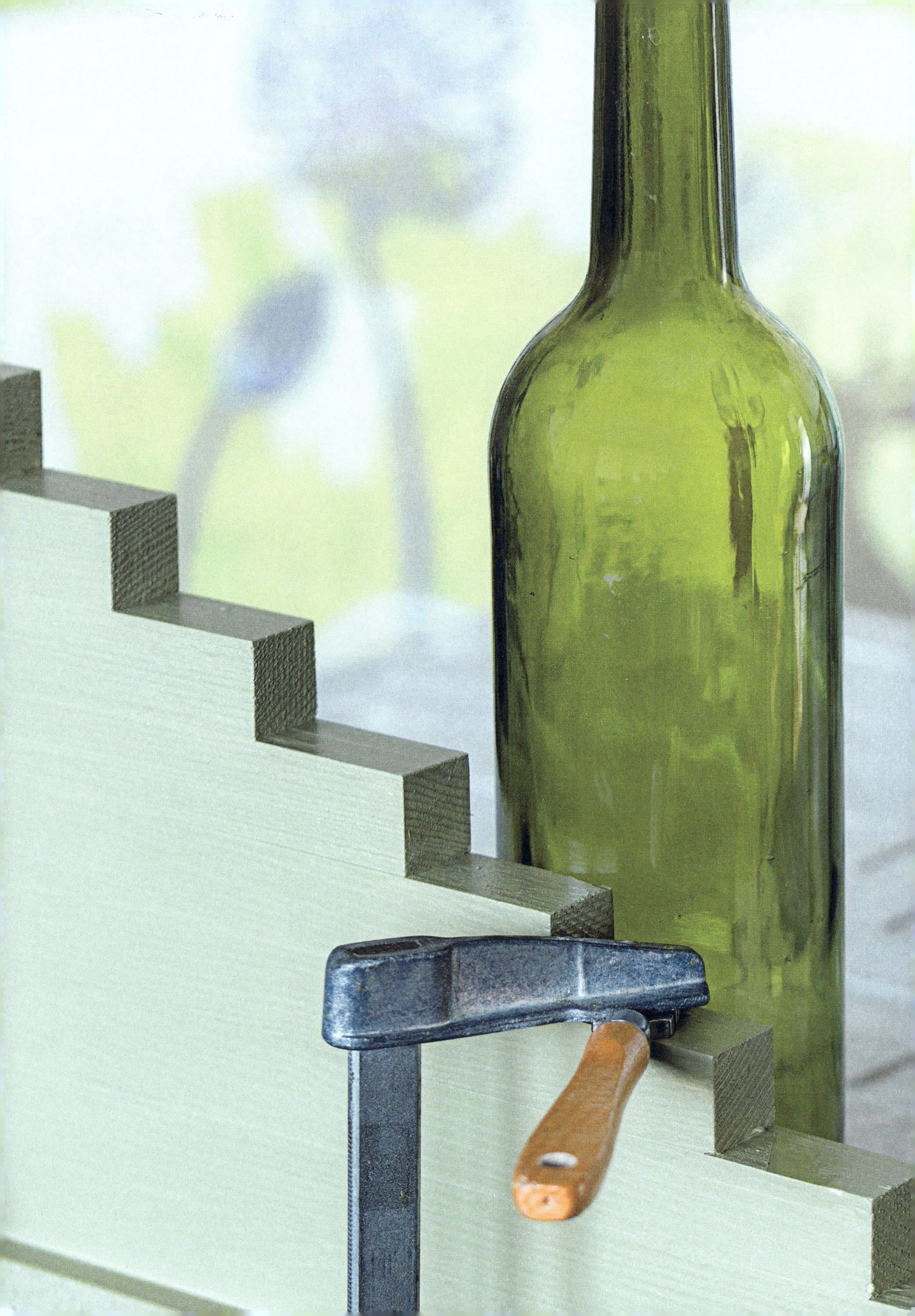

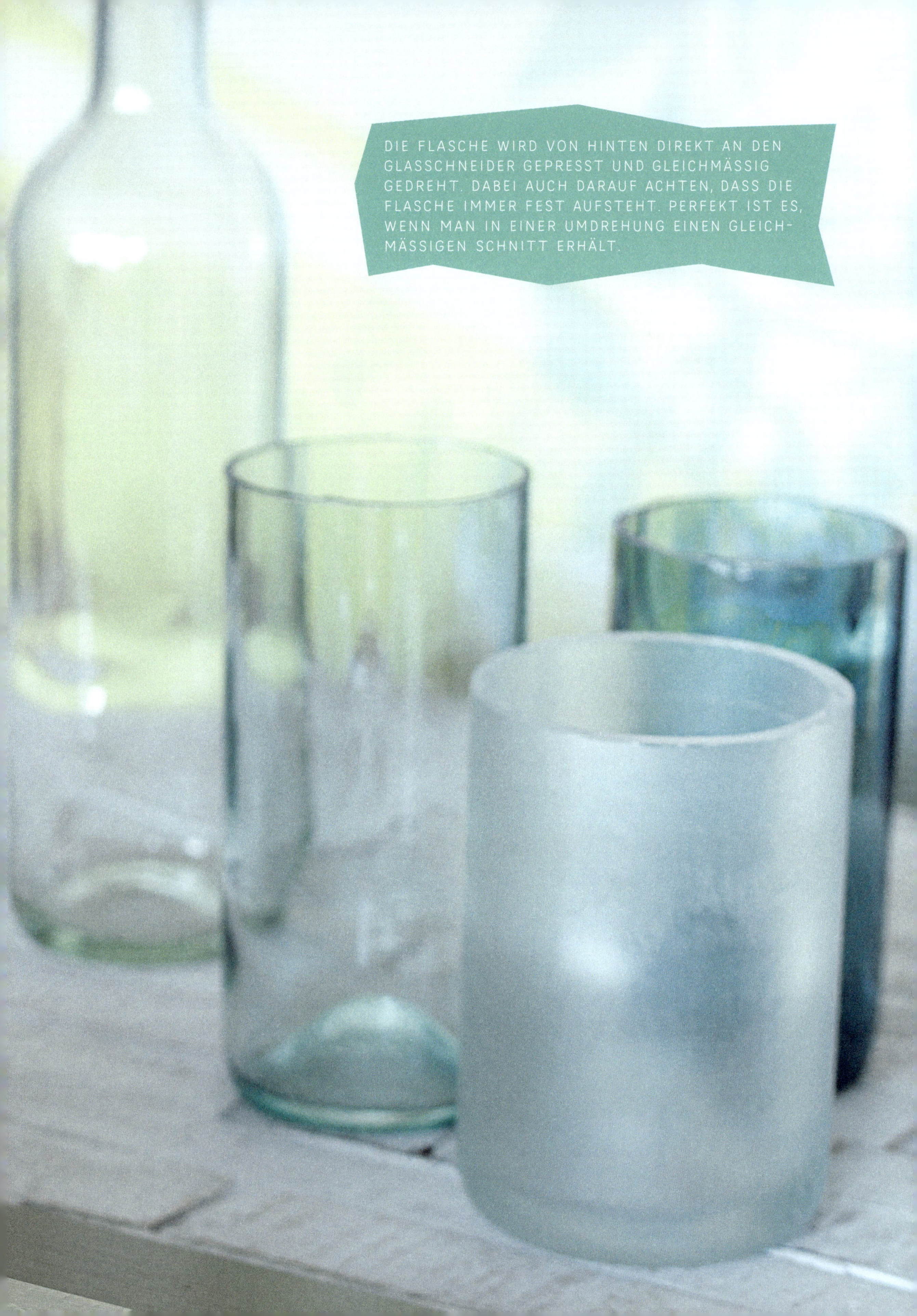

DIE FLASCHE WIRD VON HINTEN DIREKT AN DEN GLASSCHNEIDER GEPRESST UND GLEICHMÄSSIG GEDREHT. DABEI AUCH DARAUF ACHTEN, DASS DIE FLASCHE IMMER FEST AUFSTEHT. PERFEKT IST ES, WENN MAN IN EINER UMDREHUNG EINEN GLEICHMÄSSIGEN SCHNITT ERHÄLT.

Flaschenunterteile

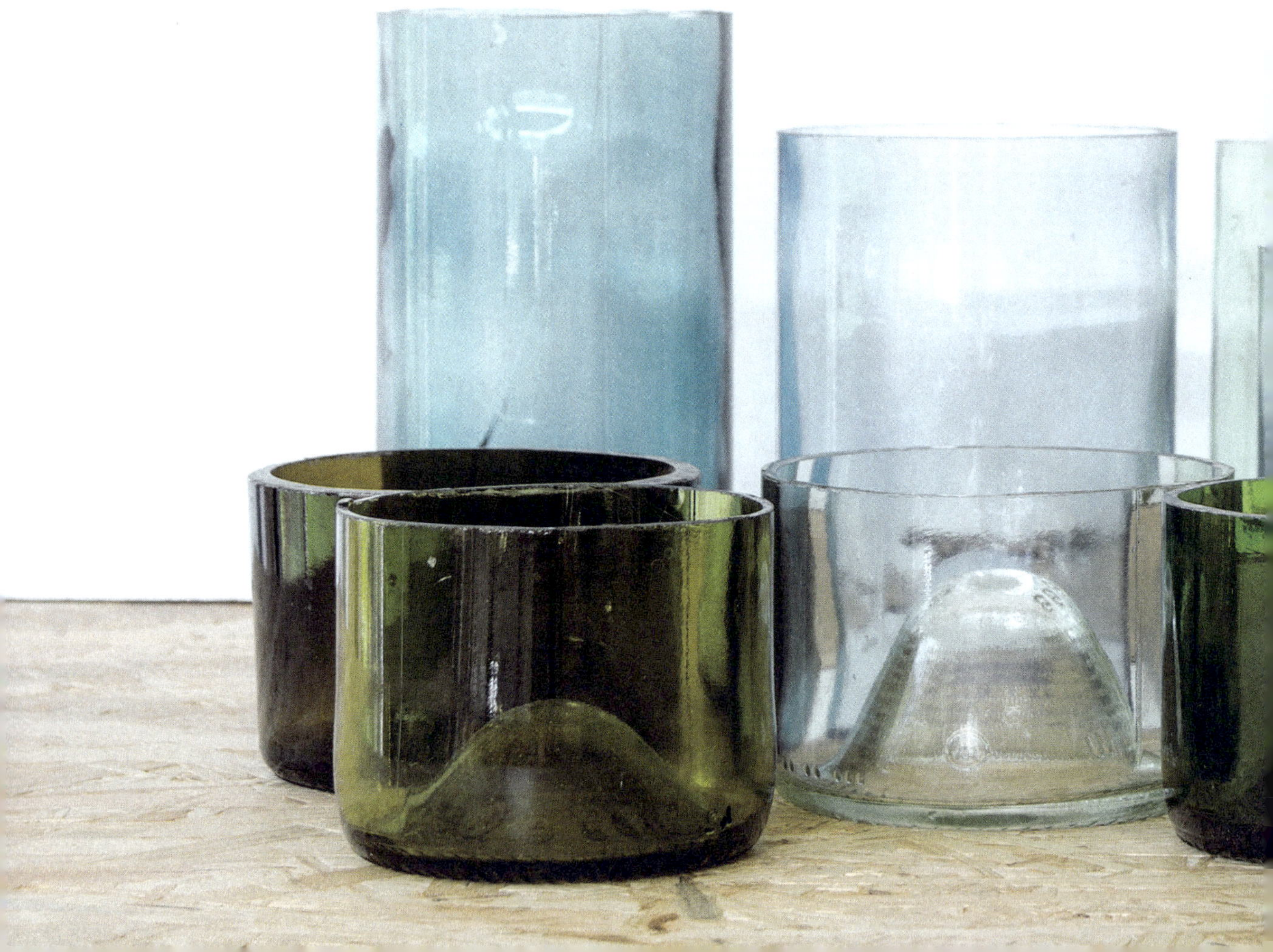

JEDER FLASCHENBODEN IST ANDERS. DIE MEISTEN BÖDEN SIND SEHR GEWÖLBT, WOBEI UM DEN SINN UND ZWECK DER WÖLBUNG ALLERLEI VERMUTUNGEN KURSIEREN. ERLEICHTERN SIE DEM KELLNER IM RESTAURANT DAS EINSCHENKEN? IST ES EIN TRICK DER GETRÄNKEINDUSTRIE, UM MEHR INHALT VORZUTÄUSCHEN? HAT ES ETWAS MIT DER HERSTELLUNG DER FLASCHEN ZU TUN?

DER GRUND LIEGT AM DRUCK IN DER FLASCHE, DENN DER VERSUCHT ZU ENTWEICHEN – BESONDERS BEI SCHAUMWEINEN UND CHAMPAGNER. DIE SCHWACHSTELLEN DER FLASCHEN SIND FLASCHENHALS UND -BODEN. OBEN VERSCHLIESST DER KORKEN DAS BEHÄLTNIS. BLEIBT ALSO DER BODEN – UND HIER WIRKT NUN DIE WÖLBUNG DEM DRUCK ENTGEGEN UND VERTEILT IHN GLEICHMÄSSIGER AUF DIE FLASCHENWÄNDE.

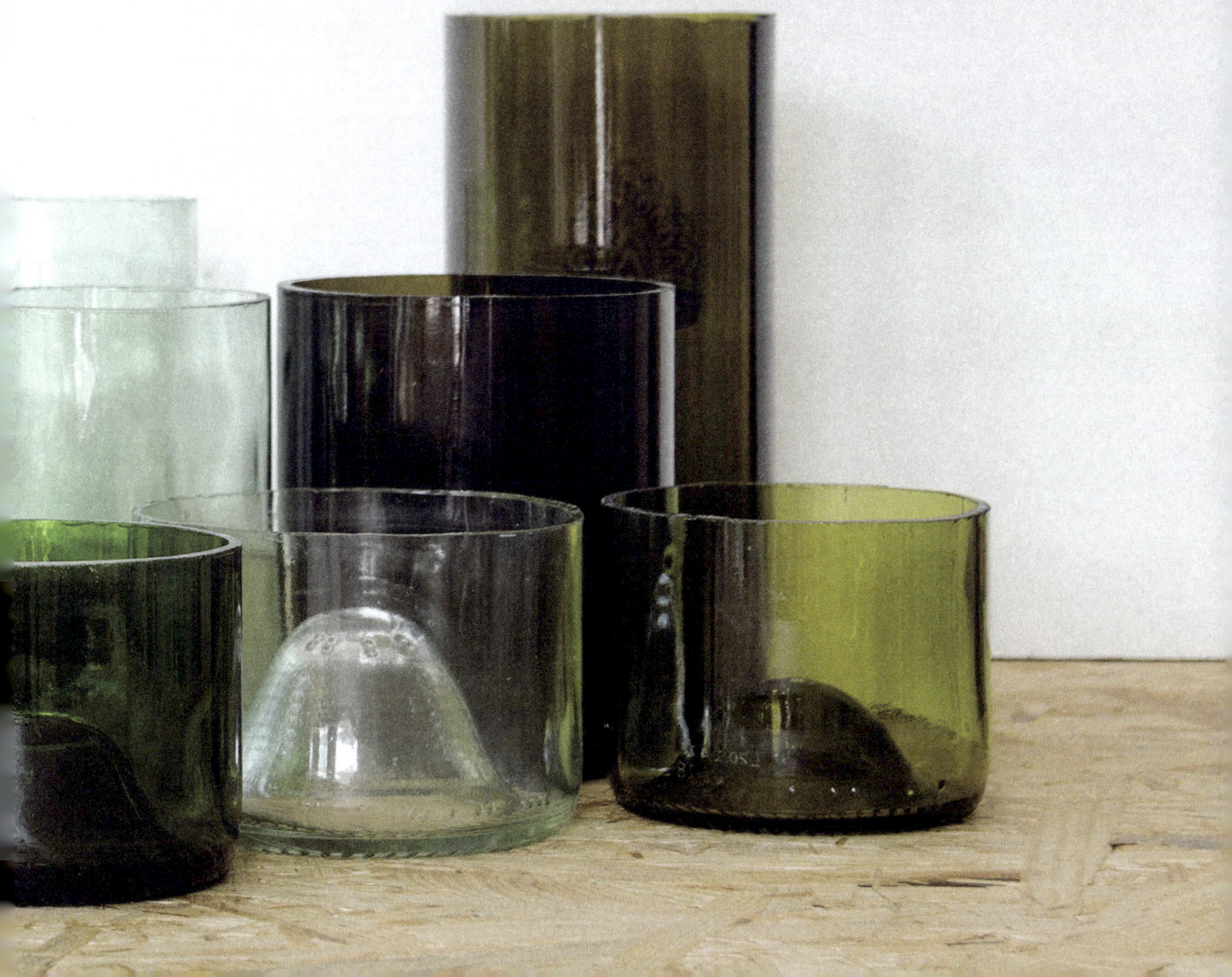

Sugar Bodyscrub

ZUTATEN:
ZUCKER, ZITRONE ODER LIMETTE (ALTERNATIV LAVENDEL), SEIFENFARBE, OLIVENÖL
MATERIAL:
FLASCHENUNTERTEIL, KORKEN, SCHÜSSEL, LÖFFEL, REIBE, ETIKETT

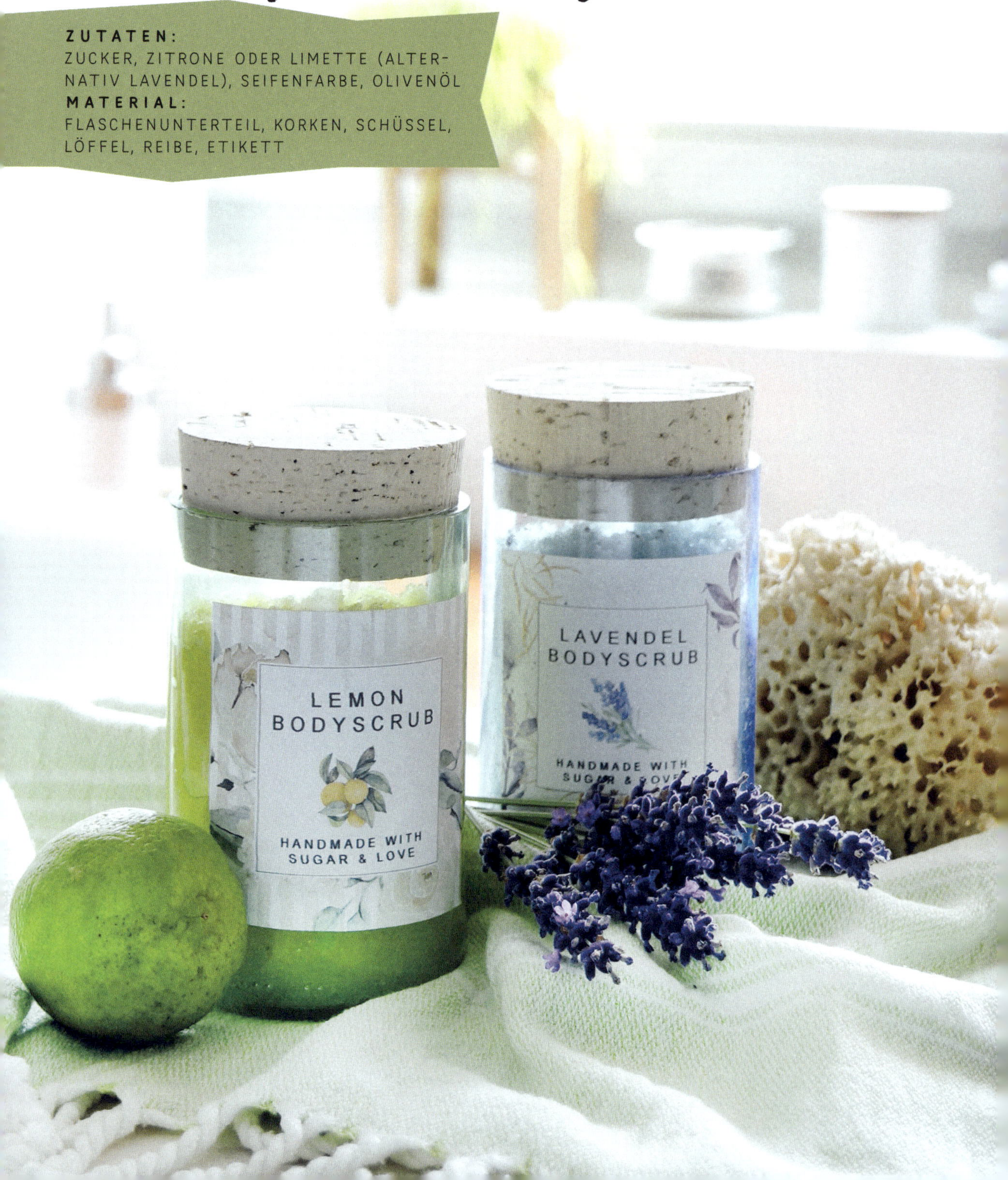

ZITRONEN- UND LAVENDEL-BODYSCRUB – NATÜRLICH SELBST GEMACHT UND HÜBSCH IN EINEM GLAS MIT KORKEN UND ETIKETT VERPACKT – EIN TOLLES GESCHENK FÜR DIE BESTE FREUNDIN ODER UM SICH EINFACH SELBST MAL ETWAS GUTES ZU GÖNNEN.

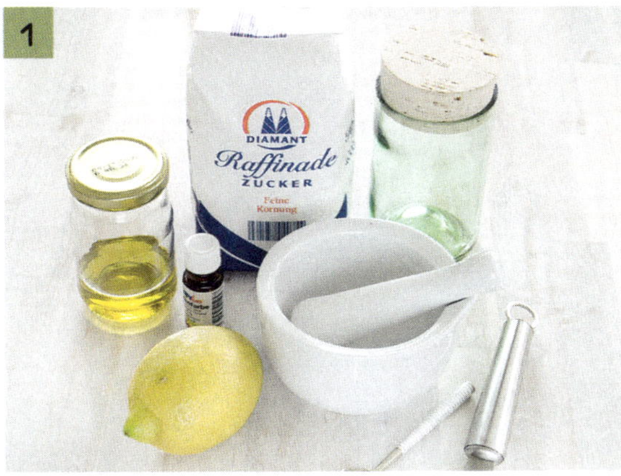

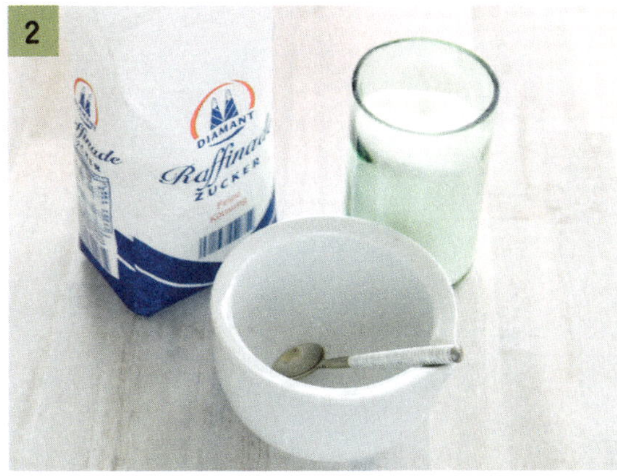

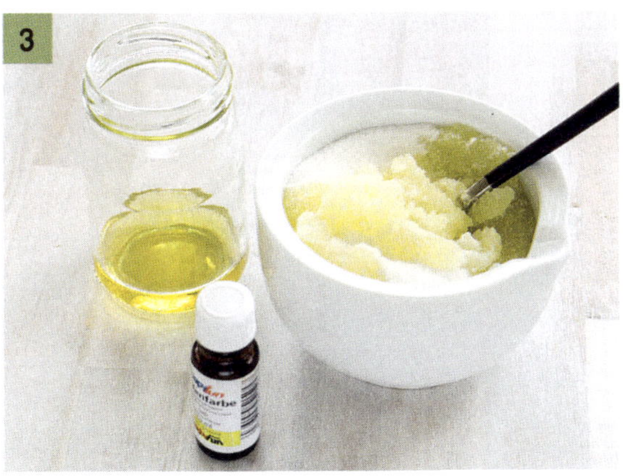

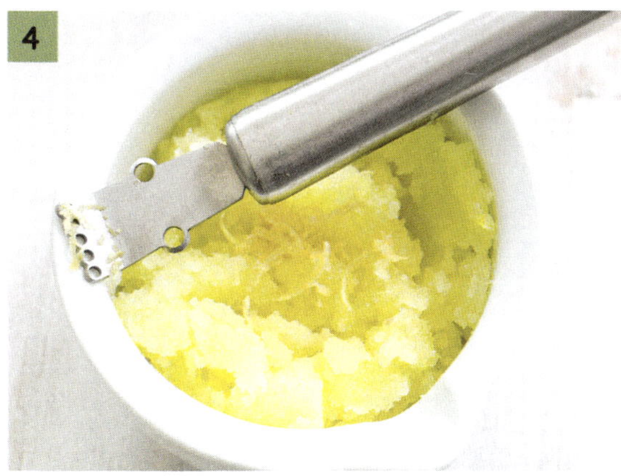

1. Zunächst alle Zutaten für das Bodyscrub bereitstellen.

2. Den Zucker in das Dekoglas geben, um festzustellen, wie viel es fassen kann. Dann in eine Schüssel umfüllen. Olivenöl hinzugießen. Die Masse sollte nicht zu sämig werden.

3. Anschließend den Saft einer halben Zitrone oder Limette unterrühren.

Wer mag, kann ein oder zwei Tropfen gelbe Seifenfarbe hinzugeben, um das Bodyscrub farblich zu intensivieren.

4. Dann noch den Abrieb der Zitrone oder Limette mit der Masse vermischen.

Nun alles in das vorbereitete, saubere Glas füllen und mit einem Korken verschließen.

Ein passend gestaltetes Etikett verleiht zusätzlich einen liebevollen Touch.

Etiketten-Vorlagen befinden sich auf Seite 126.

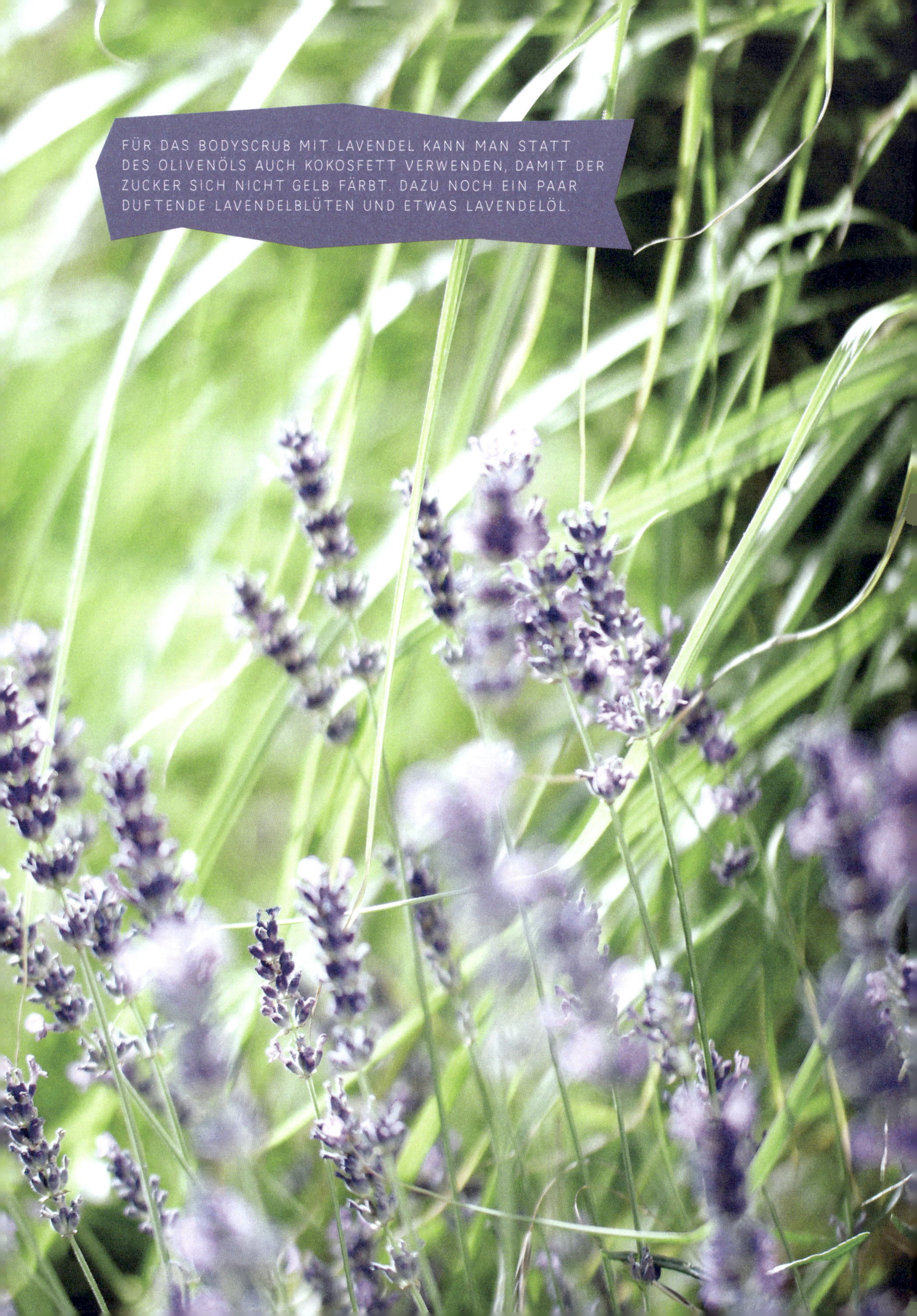

FÜR DAS BODYSCRUB MIT LAVENDEL KANN MAN STATT DES OLIVENÖLS AUCH KOKOSFETT VERWENDEN, DAMIT DER ZUCKER SICH NICHT GELB FÄRBT. DAZU NOCH EIN PAAR DUFTENDE LAVENDELBLÜTEN UND ETWAS LAVENDELÖL.

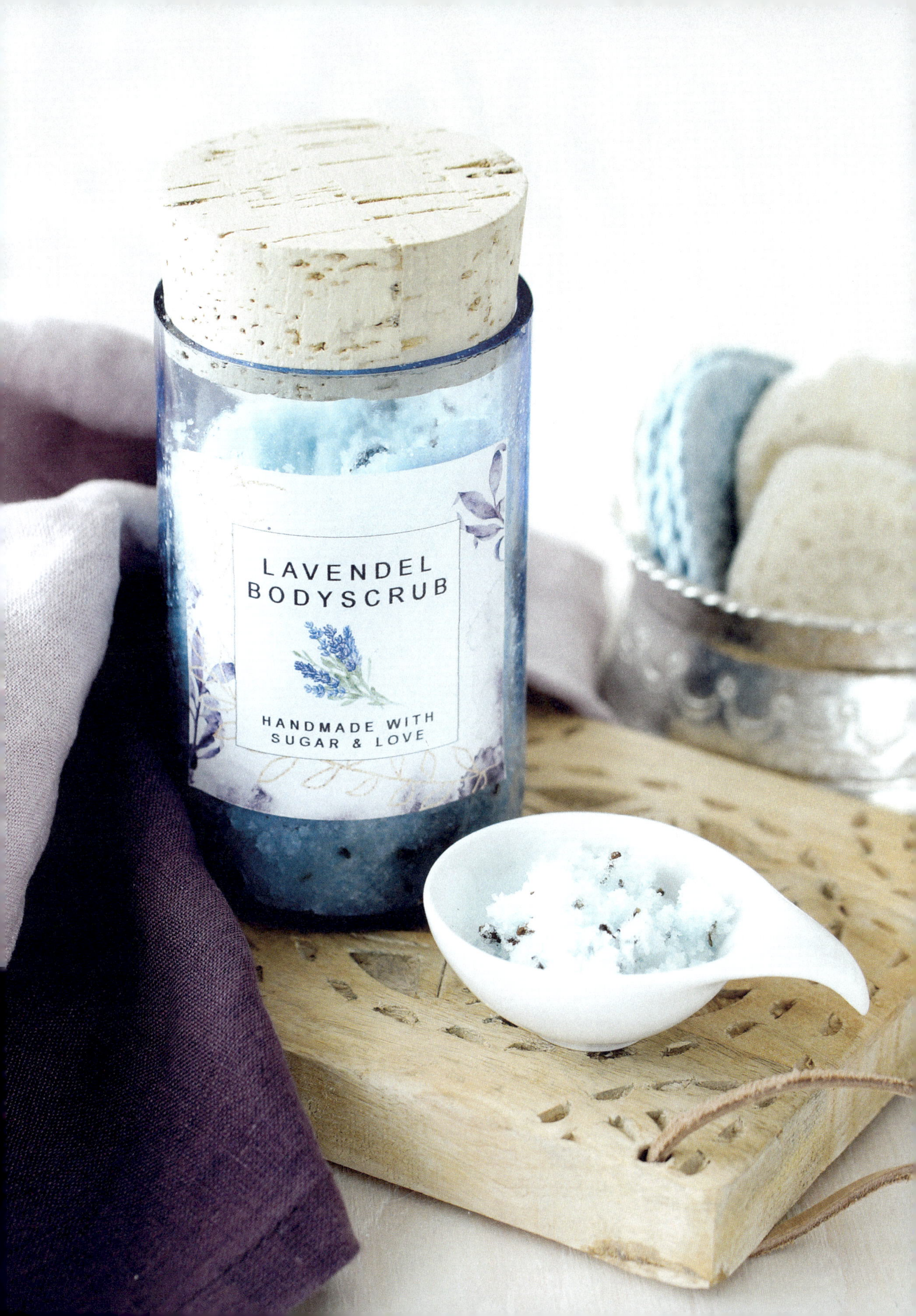
LAVENDEL
BODYSCRUB
HANDMADE WITH
SUGAR & LOVE

Volle Transparenz

MATERIAL:
FLASCHENUNTERTEIL, TRANSPARENTE AUFKLEBER, KORKSTOPFEN

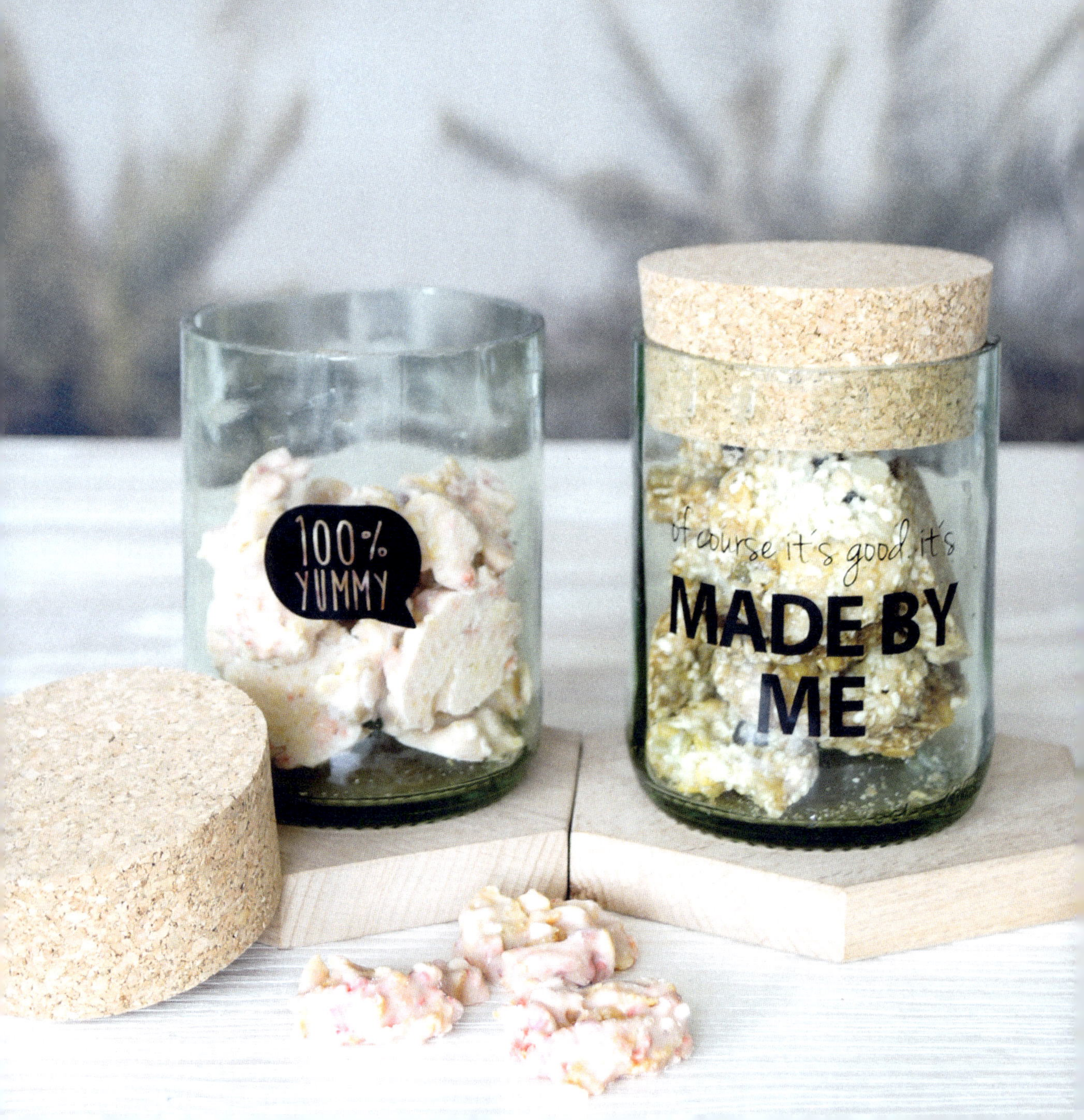

TRANSPARENTE AUFKLEBER FÜR MEHR SICHT AUFS WESENTLICHE, OHNE VIEL GEDÖNS UND SCHNELL AUFGEKLEBT. TRANSPARENTER AUFKLEBER UND EIN KORKDECKEL – FERTIG IST DAS VORRATSGLAS ODER EIN NETTES GESCHENK FÜR LIEBE FREUNDE. NATÜRLICH UNBEDINGT GEFÜLLT!

1

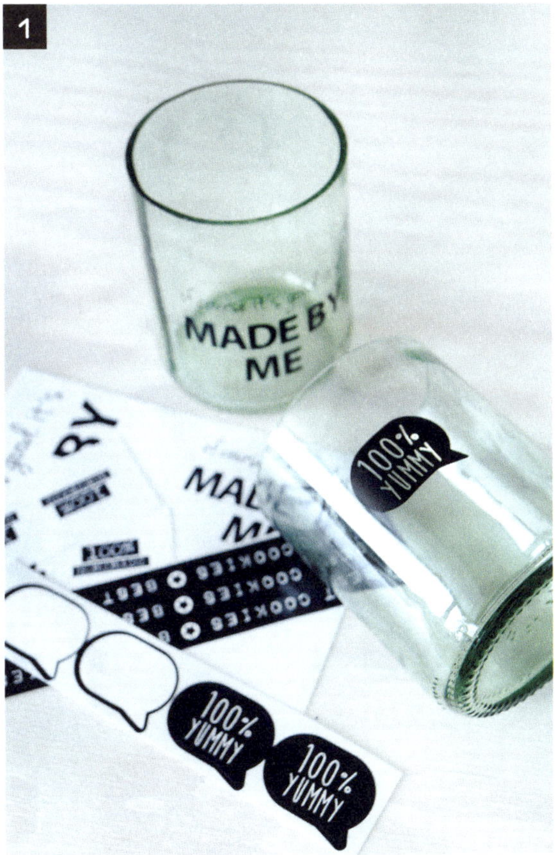

2

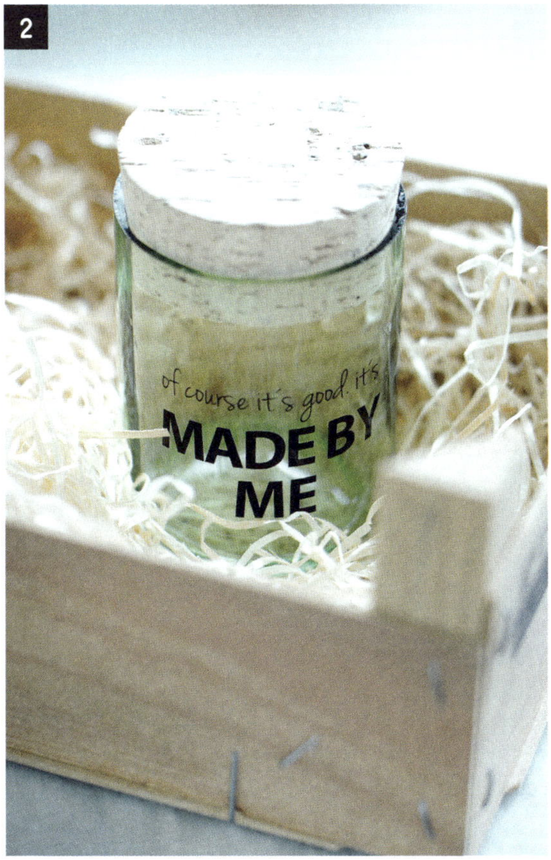

1. Die präparierten Gläser mit den gewünschten transparenten Aufklebern versehen. Anschließend mit leckerem Naschwerk füllen.
Zum Verschließen einen Korkstopfen verwenden. Entweder aus Natur- oder Presskork.

Aufkleber kann man entweder kaufen oder mit einer speziellen Kopierfolie selbst herstellen.

2. In einer kleinen Apfelsinenkiste mit Holzwolle lässt sich das Glas schön verpacken und verschenken. Außerdem sorgt die Holzwolle beim Transport für mehr Sicherheit.

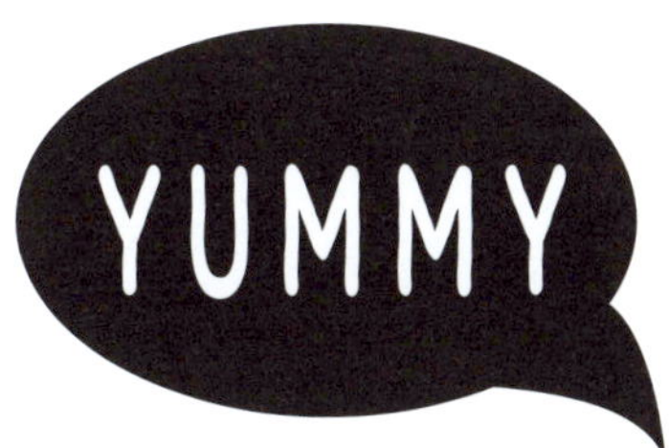

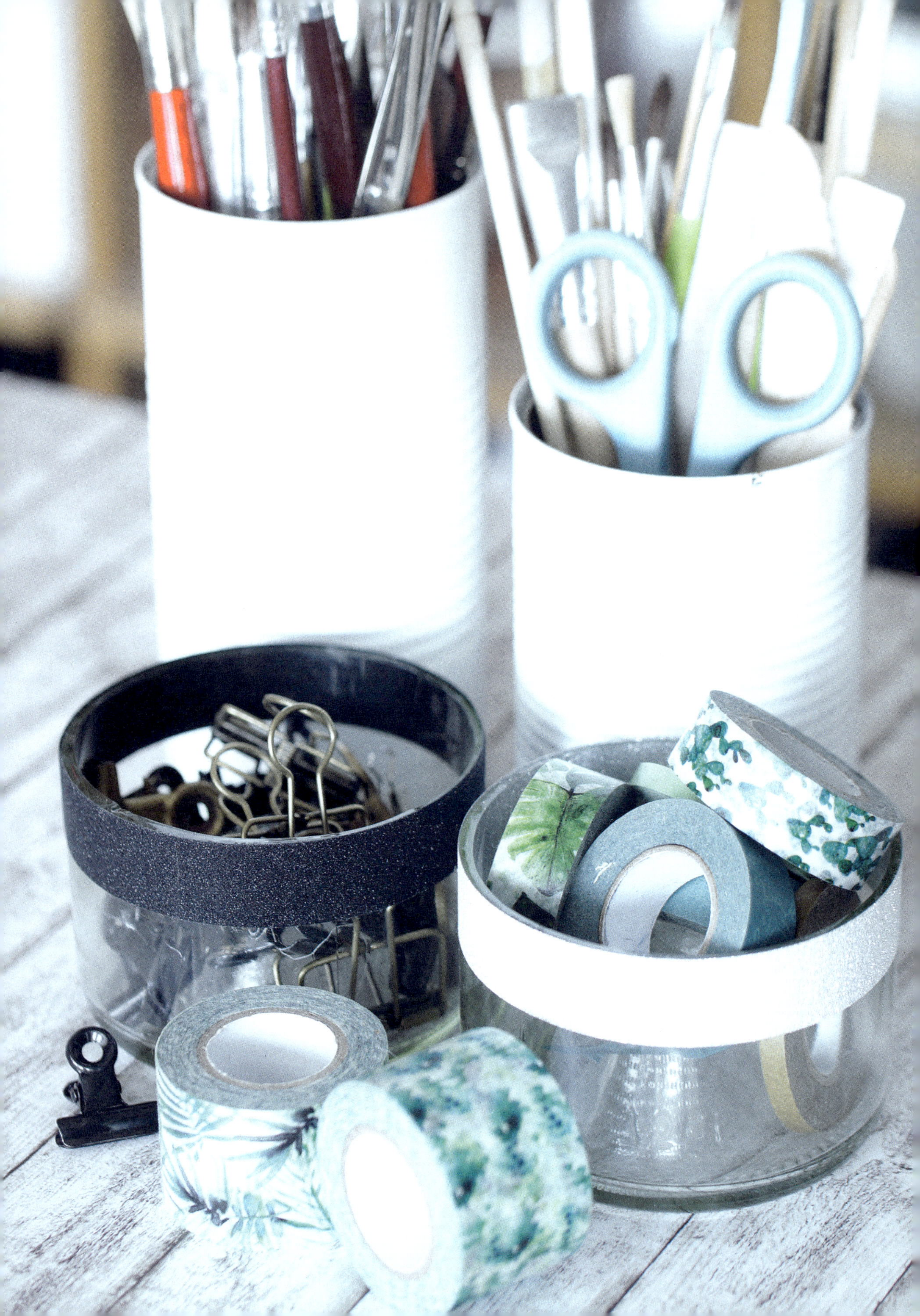

OB AUF DEM SCHREIBTISCH ODER IM BAD – ZUR AUFBEWAHRUNG SIND DIE FLASCHENUNTERTEILE PERFEKT EINSETZBAR. EINEN KURZEN FLASCHENBODEN MIT ETWAS TAPE VERZIEREN ODER EINEN AUFKLEBER BESCHRIFTEN UND EIN GLAS MIT EINEM KORKEN VERSCHLIESSEN.

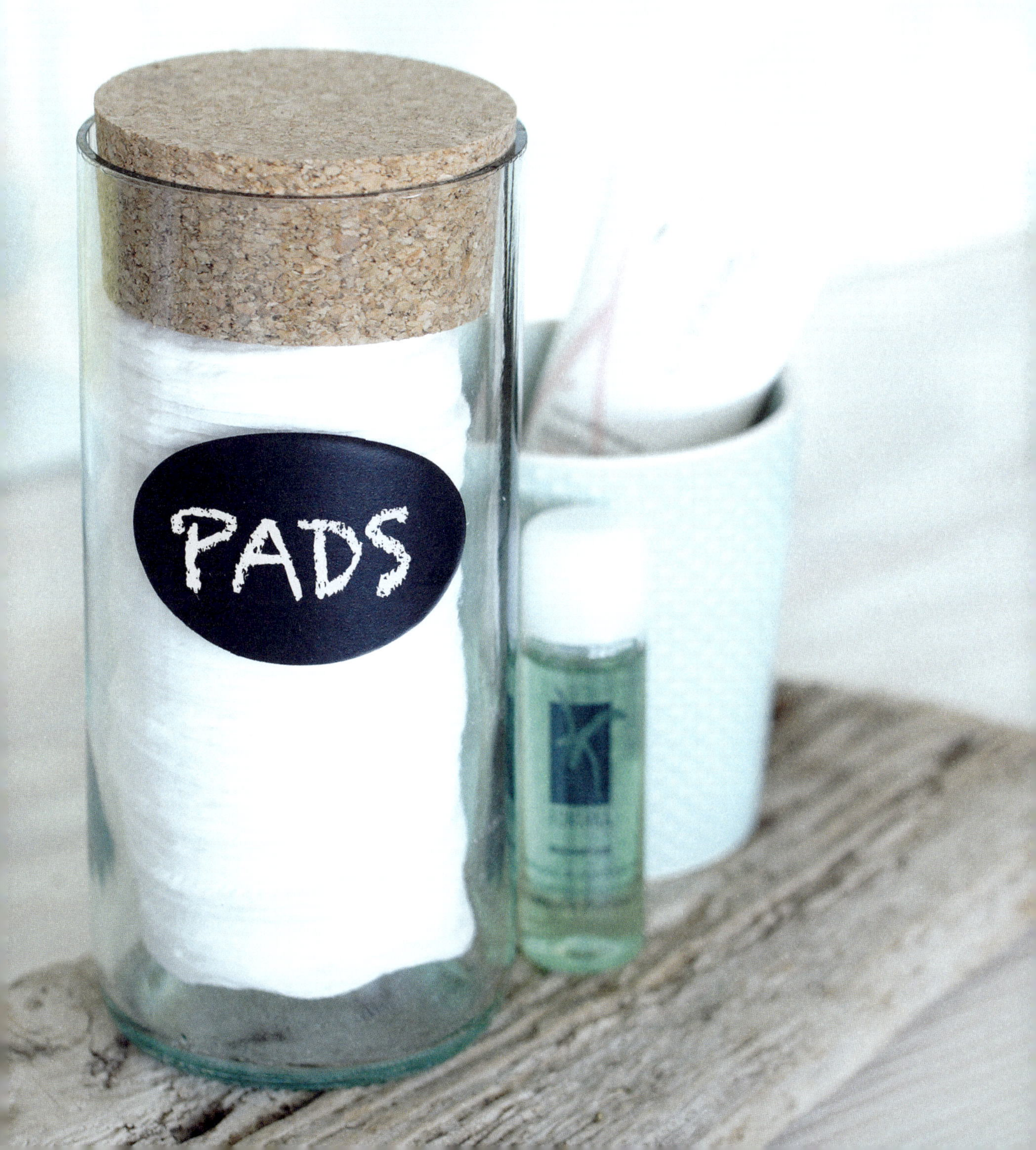

EINE SCHNELLE VERKLEIDUNG FÜR ABGESCHNITTENE FLASCHENUNTERTEILE. EINFACH EIN MOTIV AUF TRANSPARENTPAPIER DRUCKEN, AUSSCHNEIDEN UND UM DAS GLAS KLEBEN. FERTIG IST EIN WINDLICHT ODER EIN BEHÄLTER FÜR STIFTE UND PINSEL.

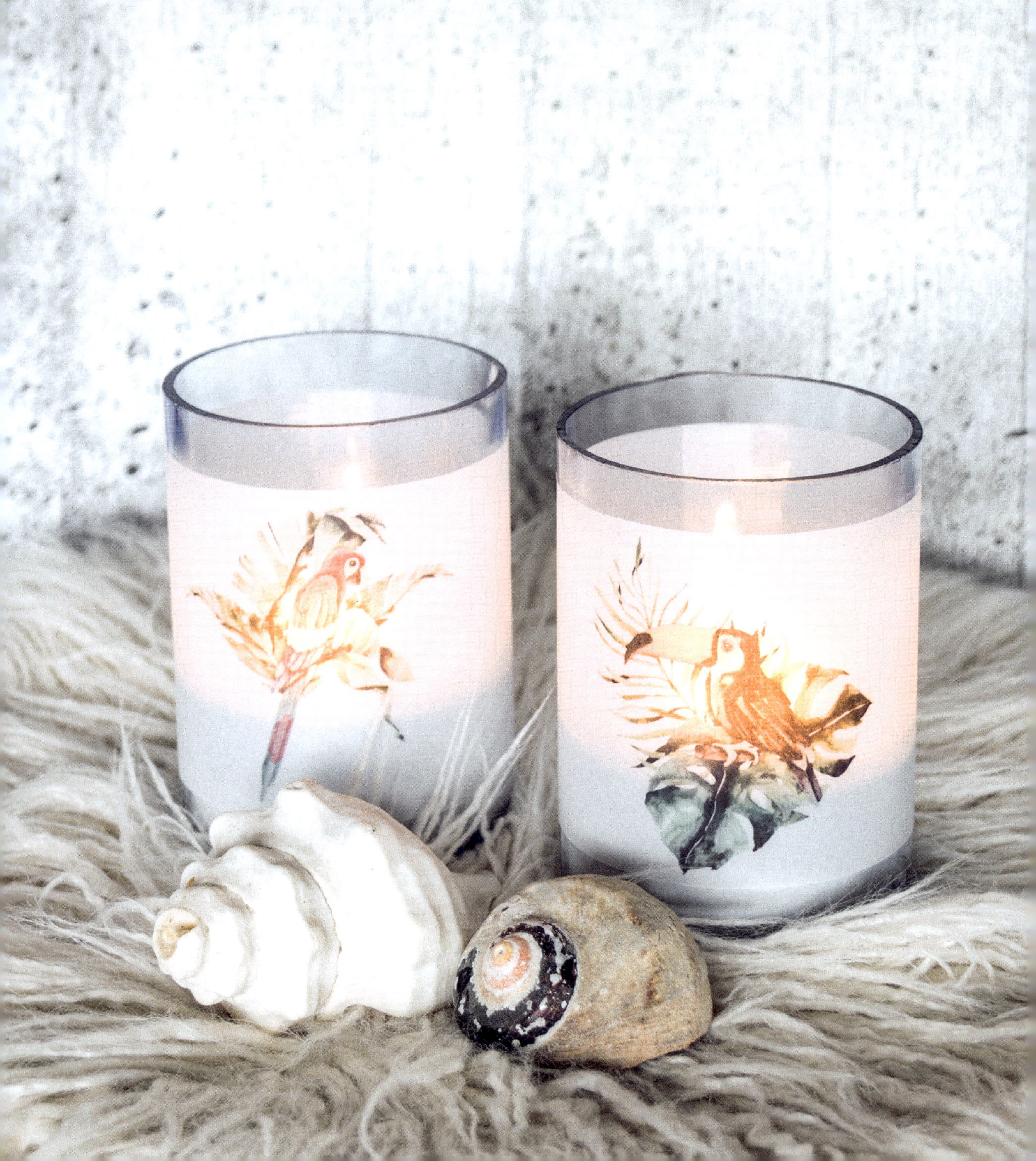

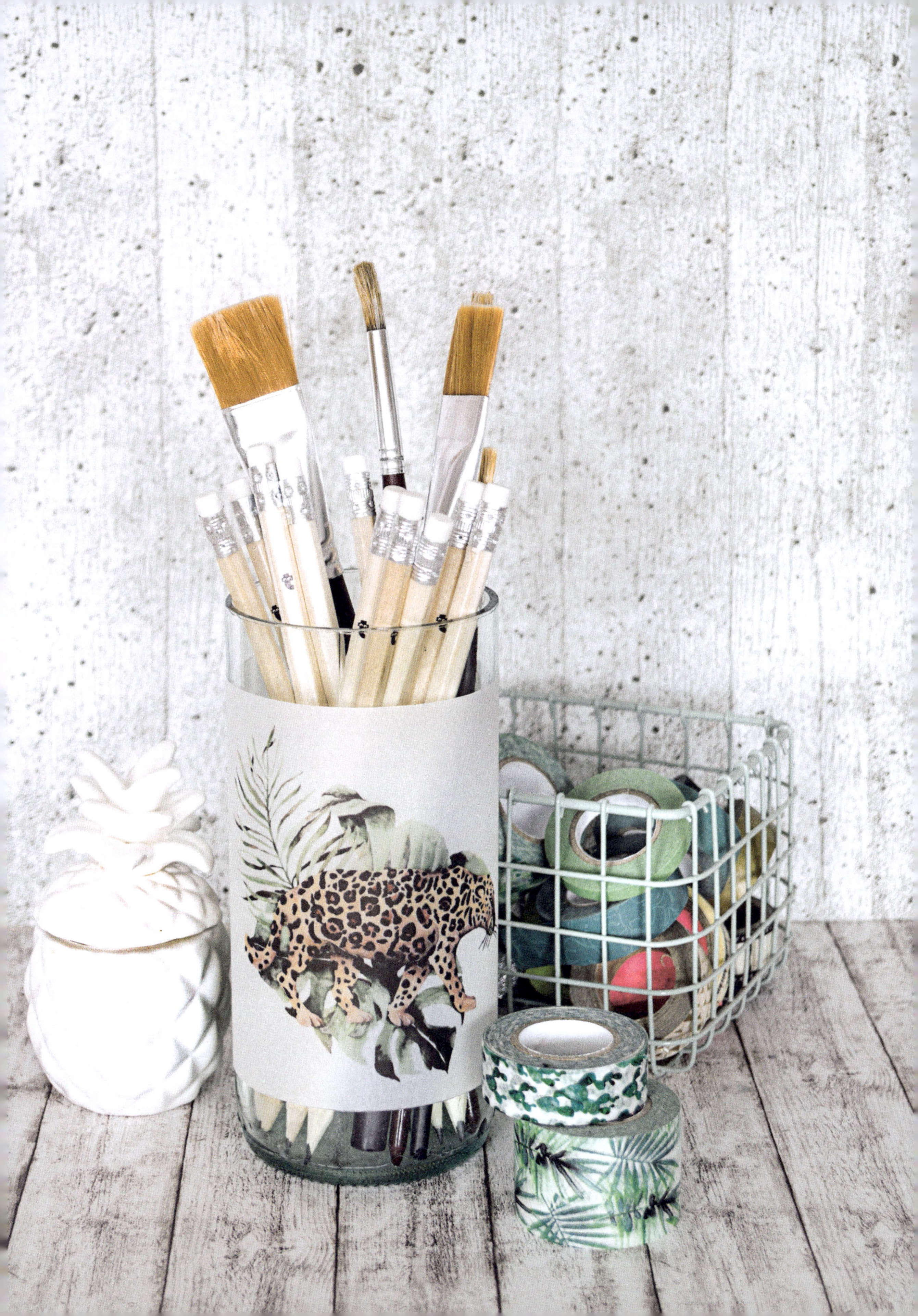

Cookies for you!

MATERIAL:
LUFTTROCKNENDE MODELLIERMASSE, ROLLE, MESSER ODER CUTTER, LINEAL, STEMPEL, STÄBCHEN, FLASCHENUNTERTEIL, SCHLEIFPAPIER, SCHNUR

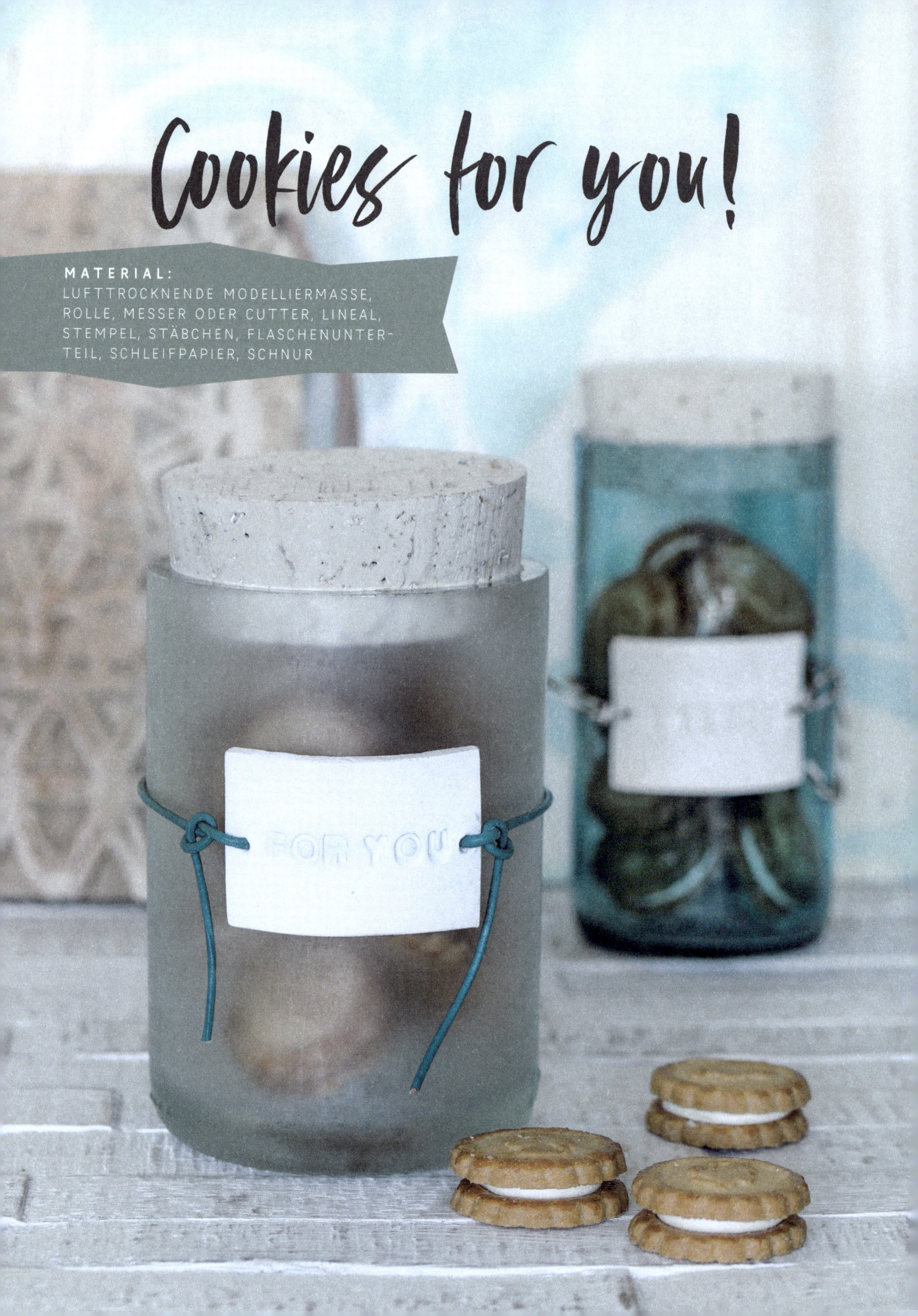

WER SAGT, DASS ETIKETTEN AUS PAPIER SEIN MÜSSEN? WIE WÄRE ES MAL MIT EINER VARIANTE AUS MODELLIERMASSE, UM DAMIT EIN GESCHENKGLAS ZU DEKORIEREN? NATÜRLICH KANN MAN DIE ETIKETTEN AUCH FÜR DIE EIGENEN VORRATSGLÄSER MIT SÜSSIGKEITEN VERWENDEN.

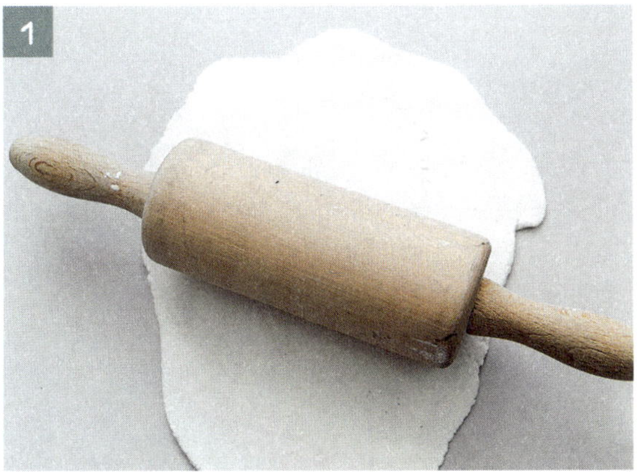

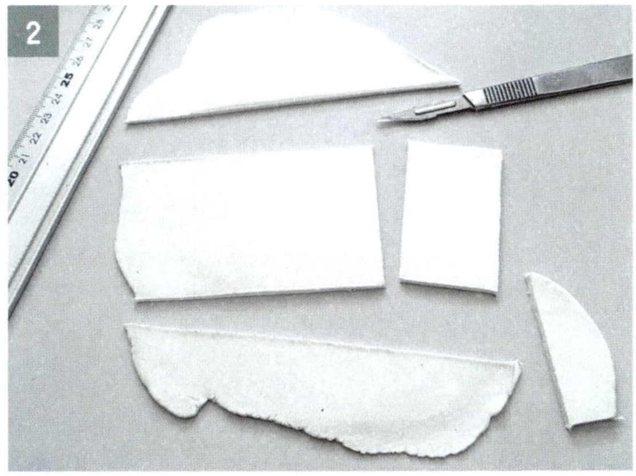

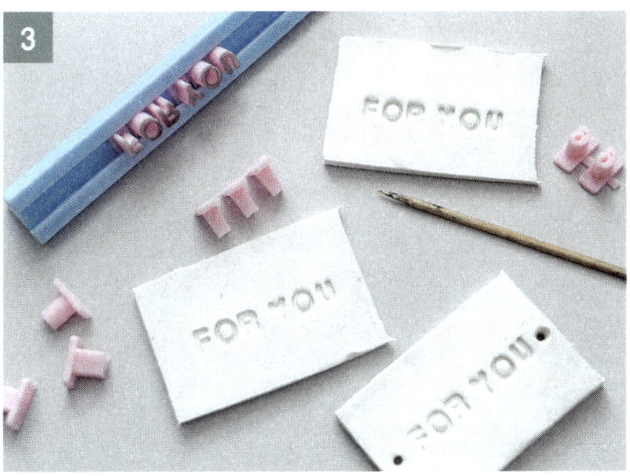

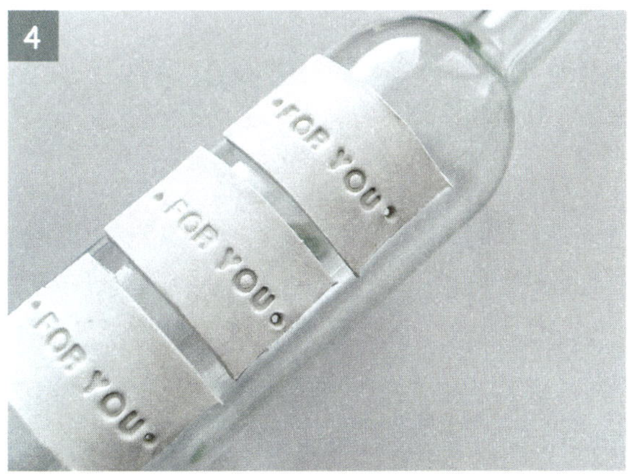

1. Die lufttrocknende Modelliermasse mit einer Rolle ungefähr 3-4 mm dick ausrollen.

2. Mit einem Cutter die Masse entlang eines Lineals in gleichmäßige Rechtecke schneiden.

3. Stempelbuchstaben oder auch Musterstempel in die noch weiche Masse drücken und anschließend mit einem Stäbchen die Löcher für die Schnur bohren.

4. Zum Trocknen legt man die Etiketten am besten gleich auf eine Flasche, damit sie die richtige Form erhalten.

Nach dem Trocknen kann man die Etiketten mit etwas Schleifpapier bearbeiten und eine Schnur durch die Löcher ziehen. Anschließend um das Glas binden.

TEELICHTER SIND IMMER EINE GUTE IDEE – OB DRINNEN ODER DRAUSSEN. WIE WÄRE ES DENN MAL MIT EINEM BASTRÖCKCHEN FÜR DAS TEELICHTGLAS? DIE ZUGESCHNITTENEN STREIFEN AUF EINE SCHNUR KNÜPFEN UND ANSCHLIESSEND UM DAS GLAS BINDEN.

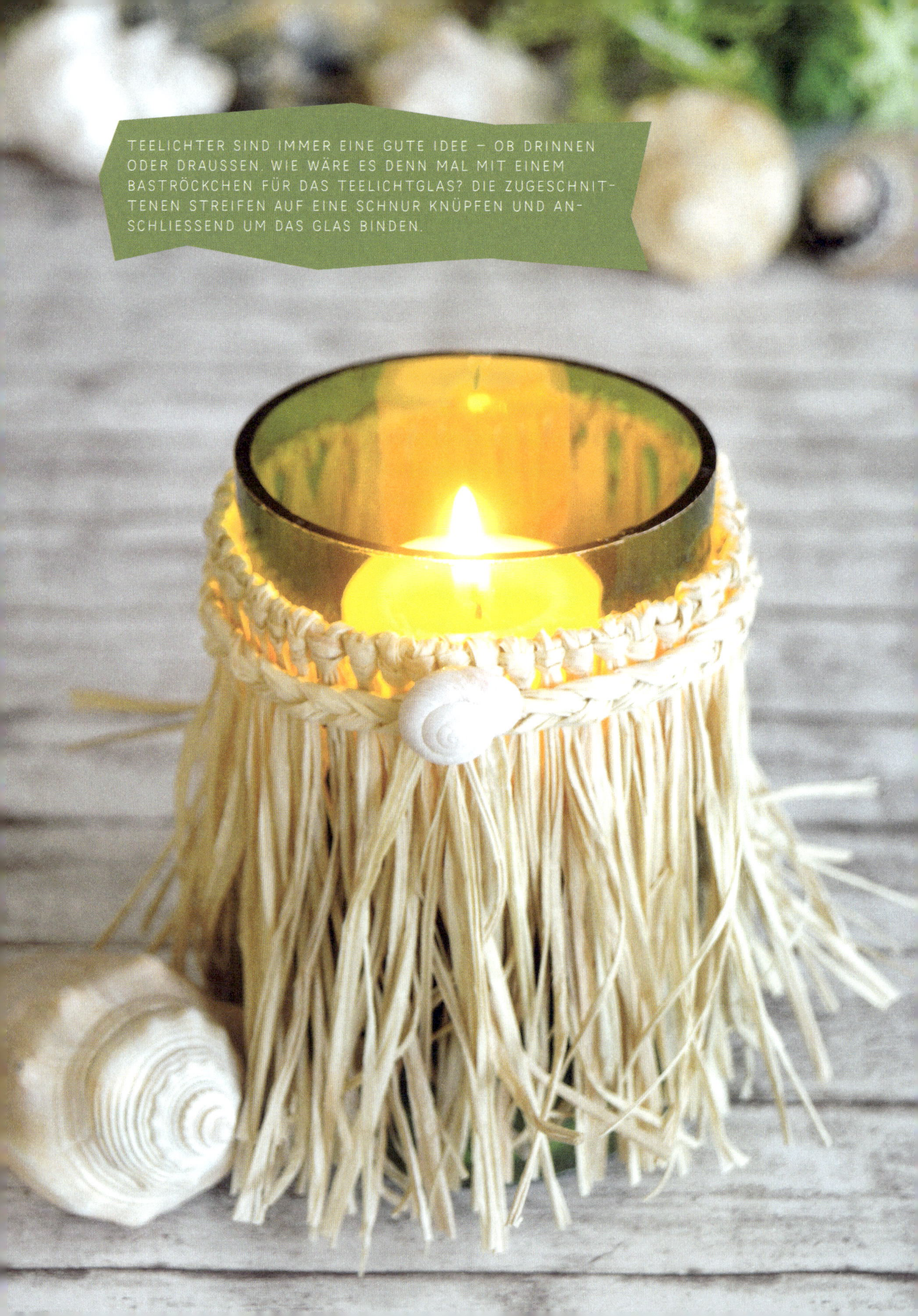

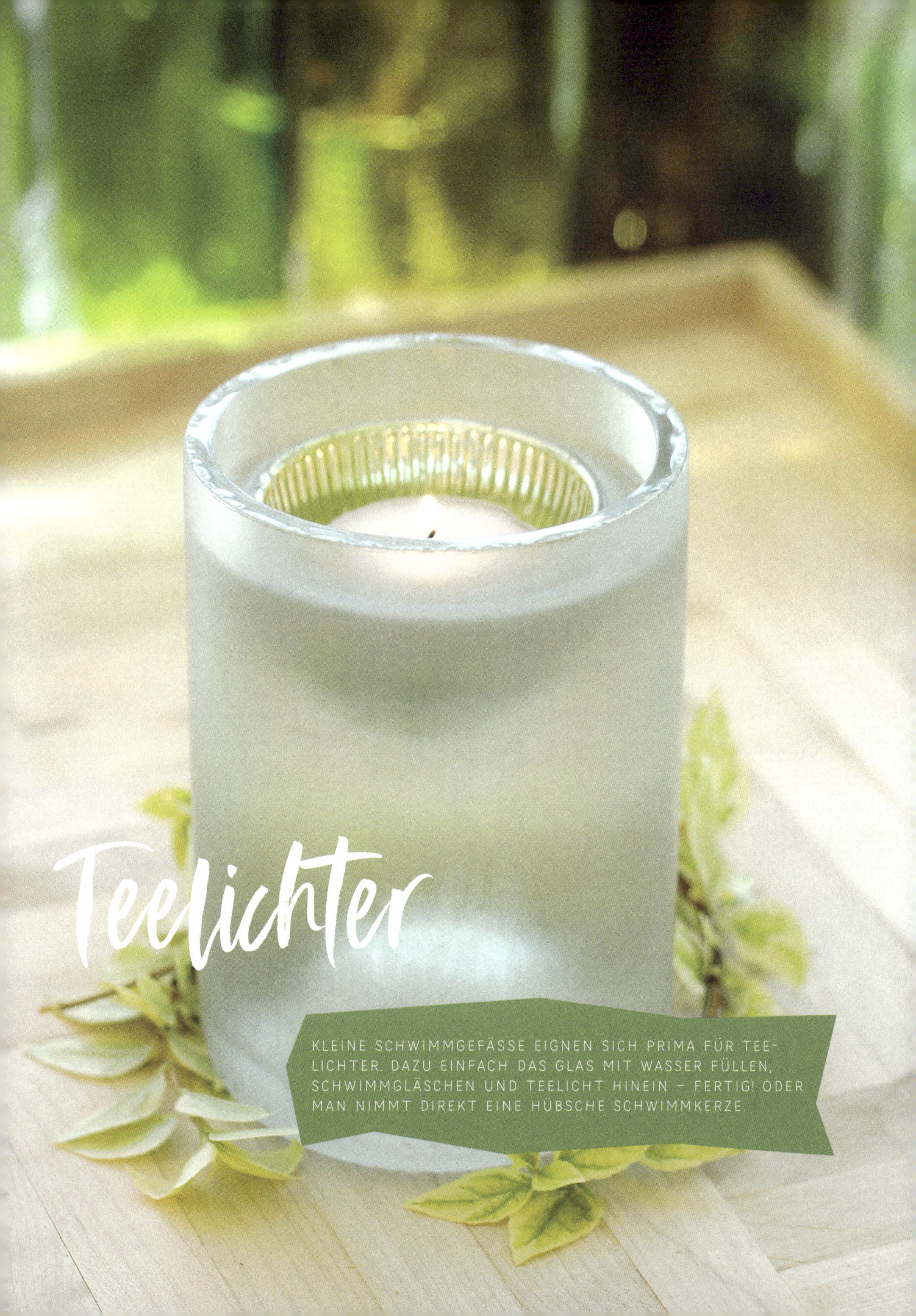

Teelichter

KLEINE SCHWIMMGEFÄSSE EIGNEN SICH PRIMA FÜR TEELICHTER. DAZU EINFACH DAS GLAS MIT WASSER FÜLLEN, SCHWIMMGLÄSCHEN UND TEELICHT HINEIN – FERTIG! ODER MAN NIMMT DIREKT EINE HÜBSCHE SCHWIMMKERZE.

Die Sache ist geritzt

MATERIAL:
FLASCHENUNTERTEIL, VORLAGE, KLEBSTREIFEN, TUCH, GRAVURGERÄT (Z. B. DREMEL), SCHUTZBRILLE, SCHUTZMASKE

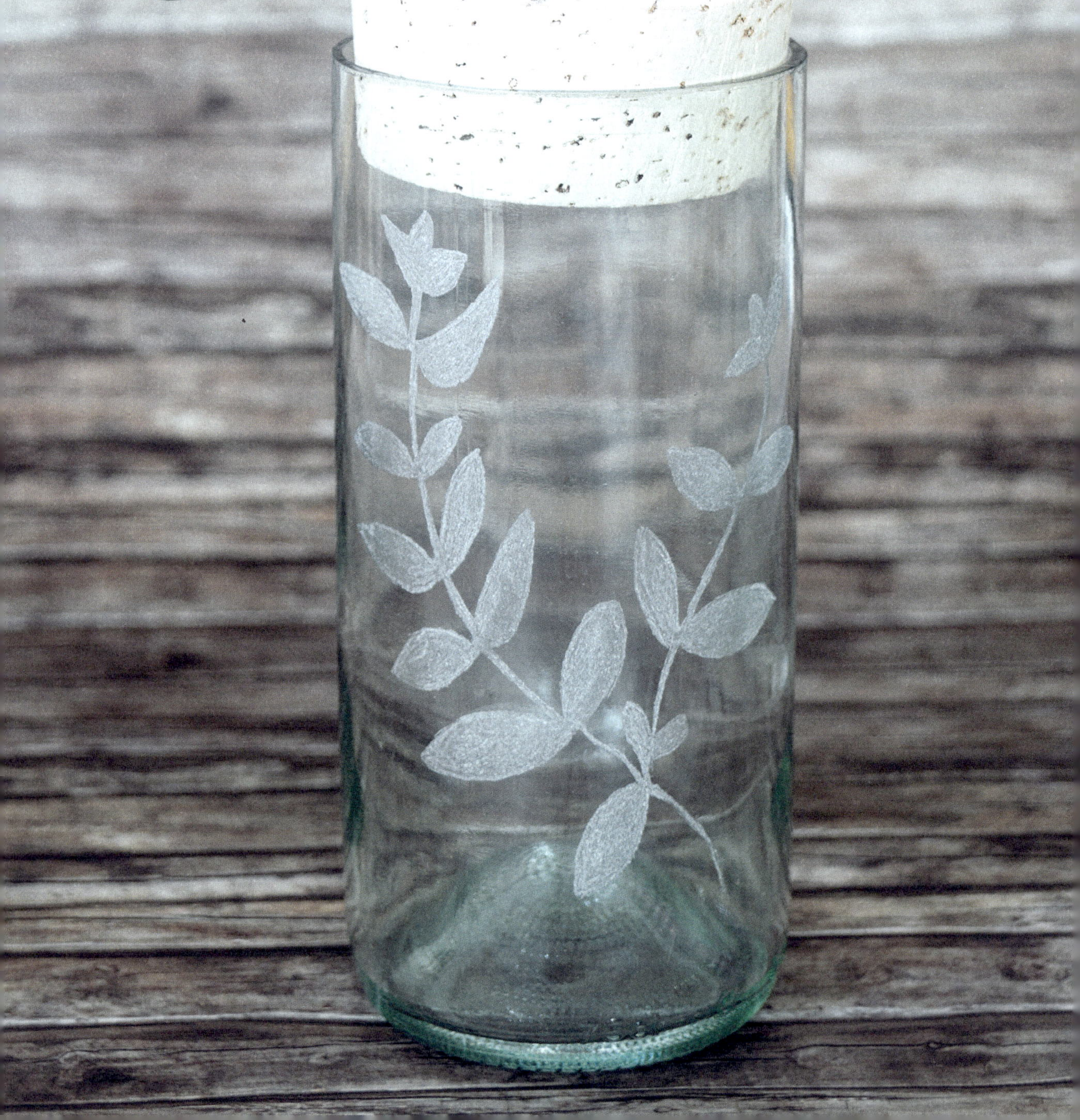

GRAVIEREN KLINGT KOMPLIZIERTER, ALS ES IST. VORAUSGESETZT, MAN HAT DAS NÖTIGE WERKZEUG. ABER ES WÄRE DOCH SCHADE, SO ETWAS NICHT EINMAL VERSUCHT ZU HABEN. NUR MUT, ES KANN NICHT WIRKLICH SCHIEFGEHEN.

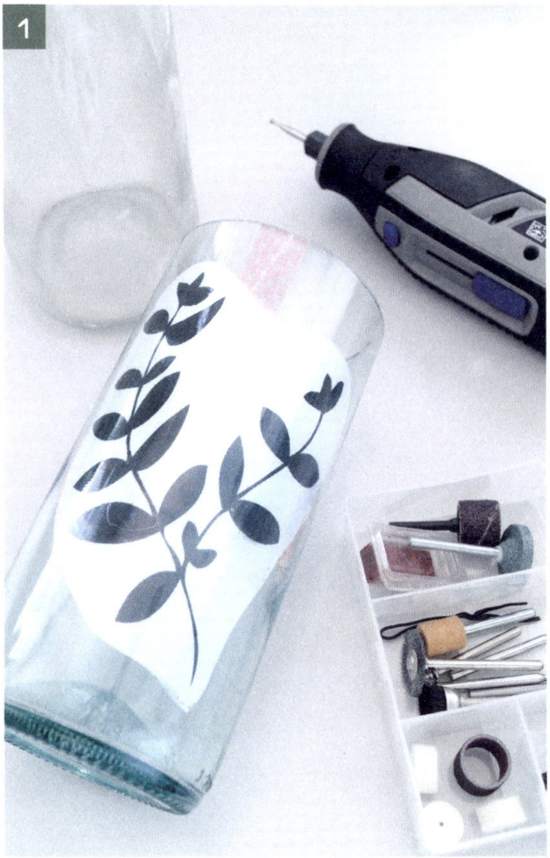

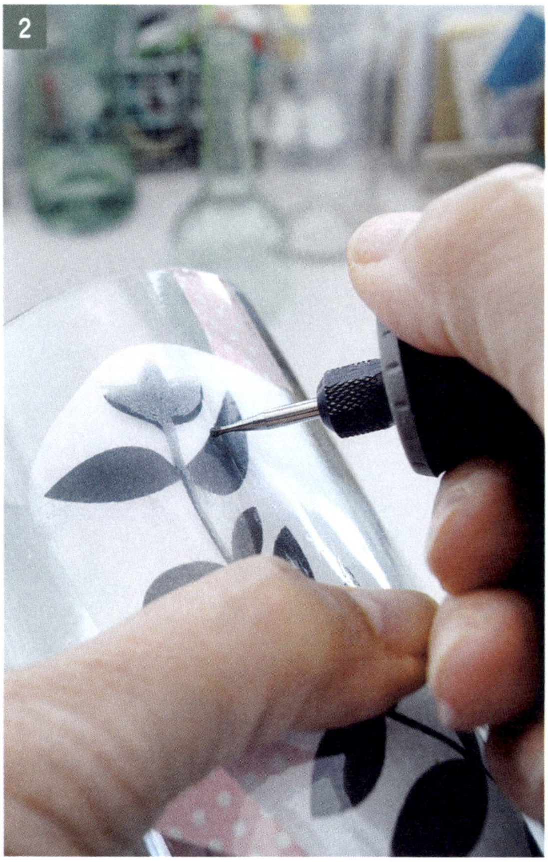

1. Zum Gravieren benötigt man ein Multifunktionsgerät, mit dem man auch gravieren kann. Es sollte klein und handlich sein. Und natürlich über die entsprechenden Aufsätze verfügen.

Zunächst eine entsprechende Vorlage zum Gravieren ausschneiden und mit Klebstreifen im Glas fixieren. Für die ersten Versuche sollte das Muster nicht zu kompliziert sein. Die hier verwendete Kopiervorlage befindet sich auf Seite 127.

2. Das Glas legt man sich am besten auf ein weiches Tuch, damit es nicht hin und her rutschen kann. Eine kleine Ablage (z. B. ein Buch) für die Hand ist ebenfalls praktisch.

Schutzbrille und evtl. Schutzmaske tragen. Dann beginnt man zu gravieren (Dazu Hinweise zum Gerät beachten). Am besten ist es, erst die Konturen nachzuzeichnen und sie anschließend auszufüllen.

Ist die Arbeit zu anstrengend, lieber zwischendurch eine kleine Pause einlegen.

Den feinen Staub, der beim Gravieren entsteht, zwischendurch immer mal wieder mit einem Tuch beiseitewischen.

Die Guten ins Töpfchen …

MATERIAL:
FLASCHENBODEN, HOLZLEISTENRESTE, SÄGE, HOLZLEIM, KREIDEFARBE, PINSEL, LACKSTIFT, EVTL. ECKENVERZIERUNG

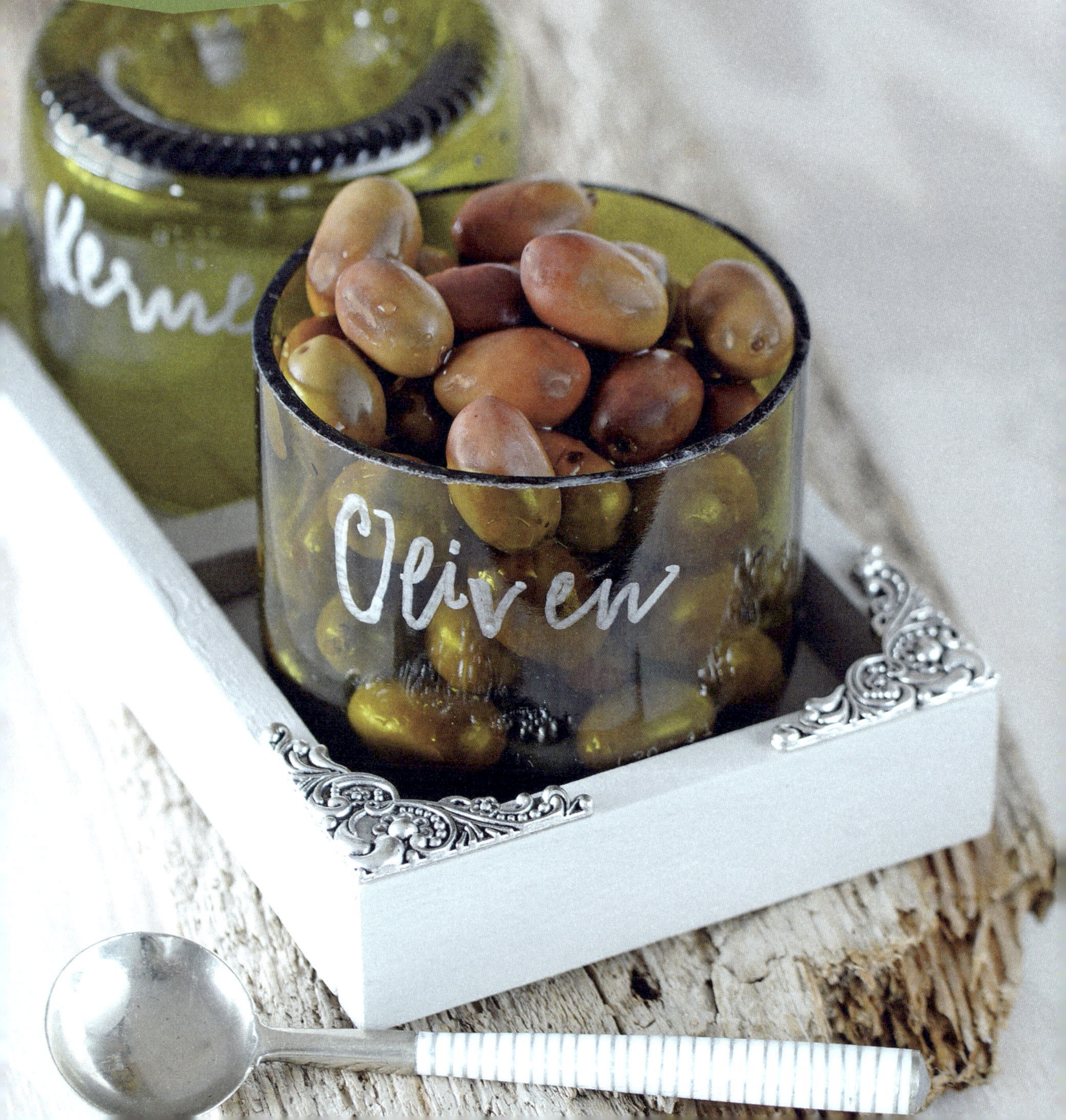

HMMM LECKER, OLIVEN. UND JA, MANCHMAL GIBT ES WELCHE MIT KERNEN. NUR, WOHIN DAMIT? AUF DEM TELLERRAND SEHEN SIE NICHT WIRKLICH SCHÖN AUS. DANN DOCH LIEBER IN EIN EXTRA TÖPFCHEN. DAFÜR EIGNEN SICH AM BESTEN FLASCHEN MIT EINEM SEHR TIEFEN BODEN.

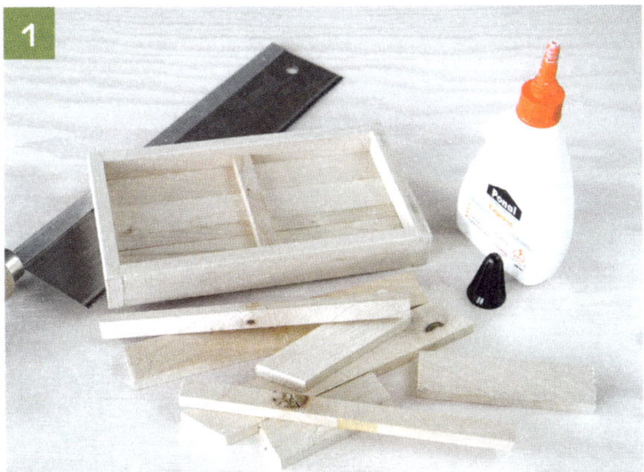

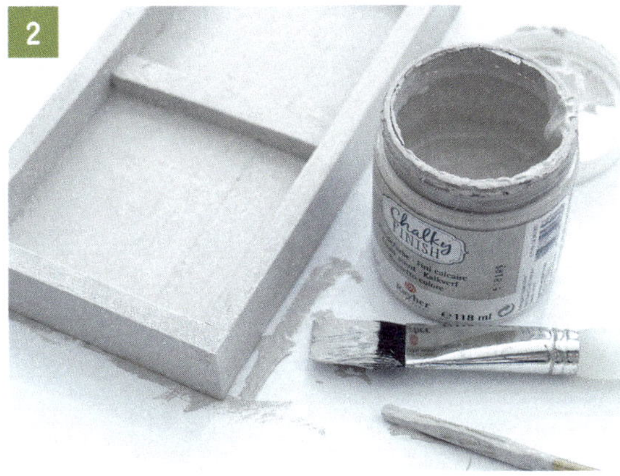

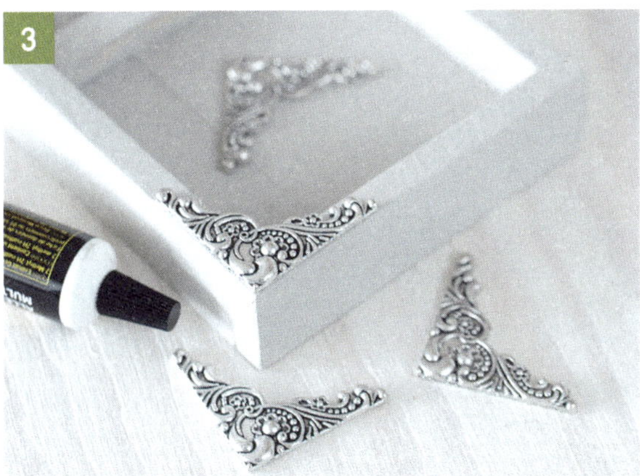

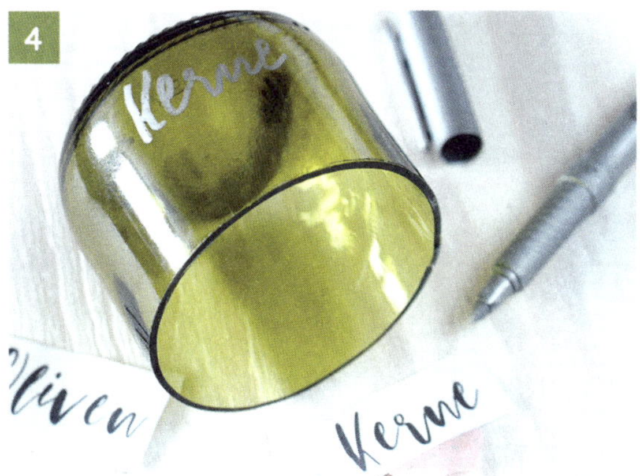

1. Wer mag, kann sich entsprechend der Glasgrößen ein kleines Holztablett zusammenbauen. Dabei reicht es, die zugeschnittenen Leisten einfach zu verkleben.

2. Nachdem der Leim ausgehärtet ist, kann man die Holzschale mit Kreidefarbe anpinseln und gut trocknen lassen.

3. Die Ecken kann man evtl. mit Schmuckelementen verzieren.

4. Zum Beschriften der Gläser kann man sich eine Vorlage in das Glas kleben und mit einem Lackstift den Text nachschreiben.

Wer keine schöne Handschrift hat, kann hier natürlich auch einen Aufkleber verwenden.

Tattoo for you

MATERIAL:
BRAUNE FLASCHEN, KORKEN, TEMPORÄRE TATTOOS IN GOLD UND SILBER, WASSER, EVTL. SCHWAMM ODER LAPPEN

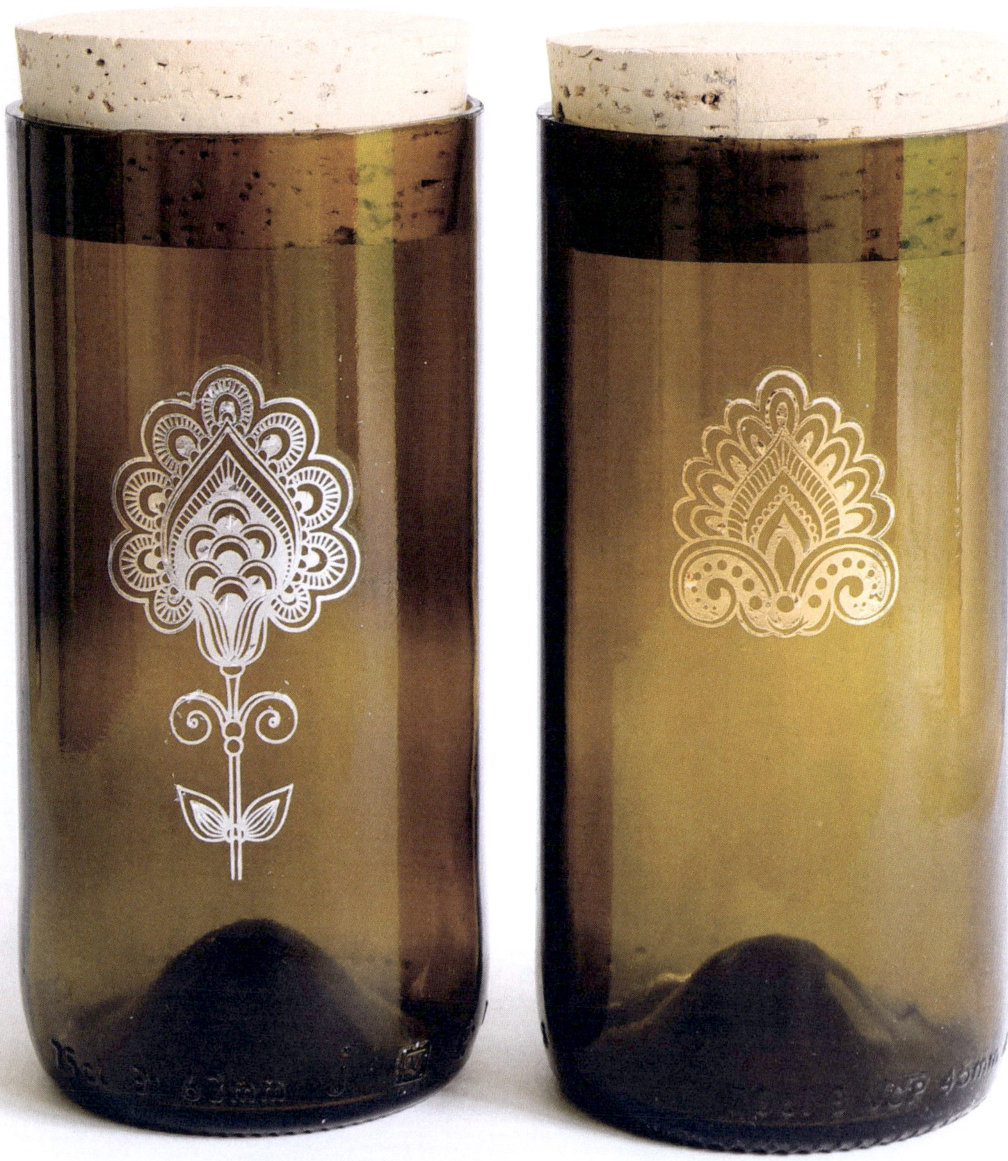

BRAUNE FLASCHEN MIT TEMPORÄREN TATTOOS IN GOLD ODER SILBER ERGEBEN ZIEMLICH COOLE VORRATSGLÄSER. DER INHALT IST LICHTGESCHÜTZT UND VOR NEUGIERIGEN BLICKEN SICHER. EIN DECKEL AUS NATURKORK VERSCHLIESST, WAS IMMER MAN SICHERN ODER VERSCHENKEN MÖCHTE.

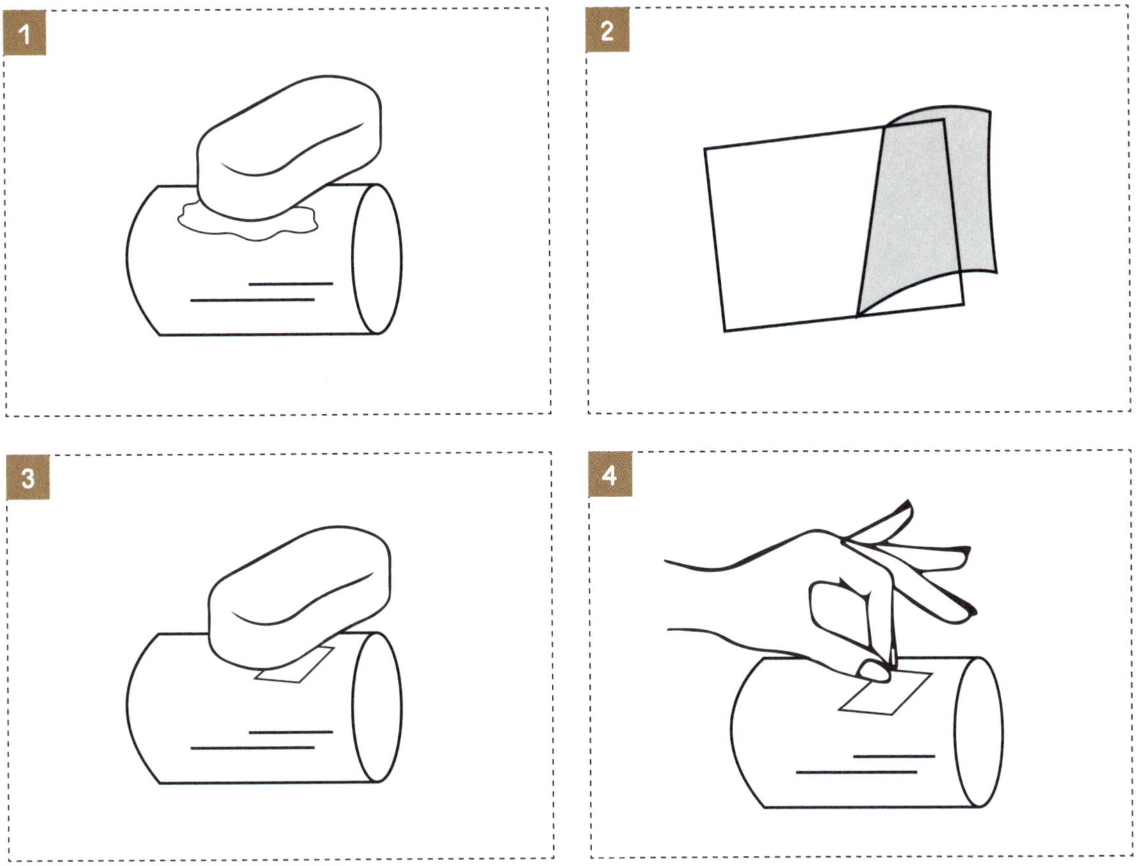

1. Die Flasche zunächst gut reinigen.

2. Die Schutzfolie des Tattoos ablösen.

3. Das Tattoo auf das Glas legen. Mit einem Schwamm oder feuchten Lappen das Papier einen Moment einweichen. Achtung: Das Tattoo dabei nicht verschieben!

4. Dann die Trägerfolie vorsichtig ablösen und das Tattoo trocknen lassen.

In der Regel liegt den gekauften temporären Tattoos eine kleine Anleitung bei, nach der man sich richten kann.

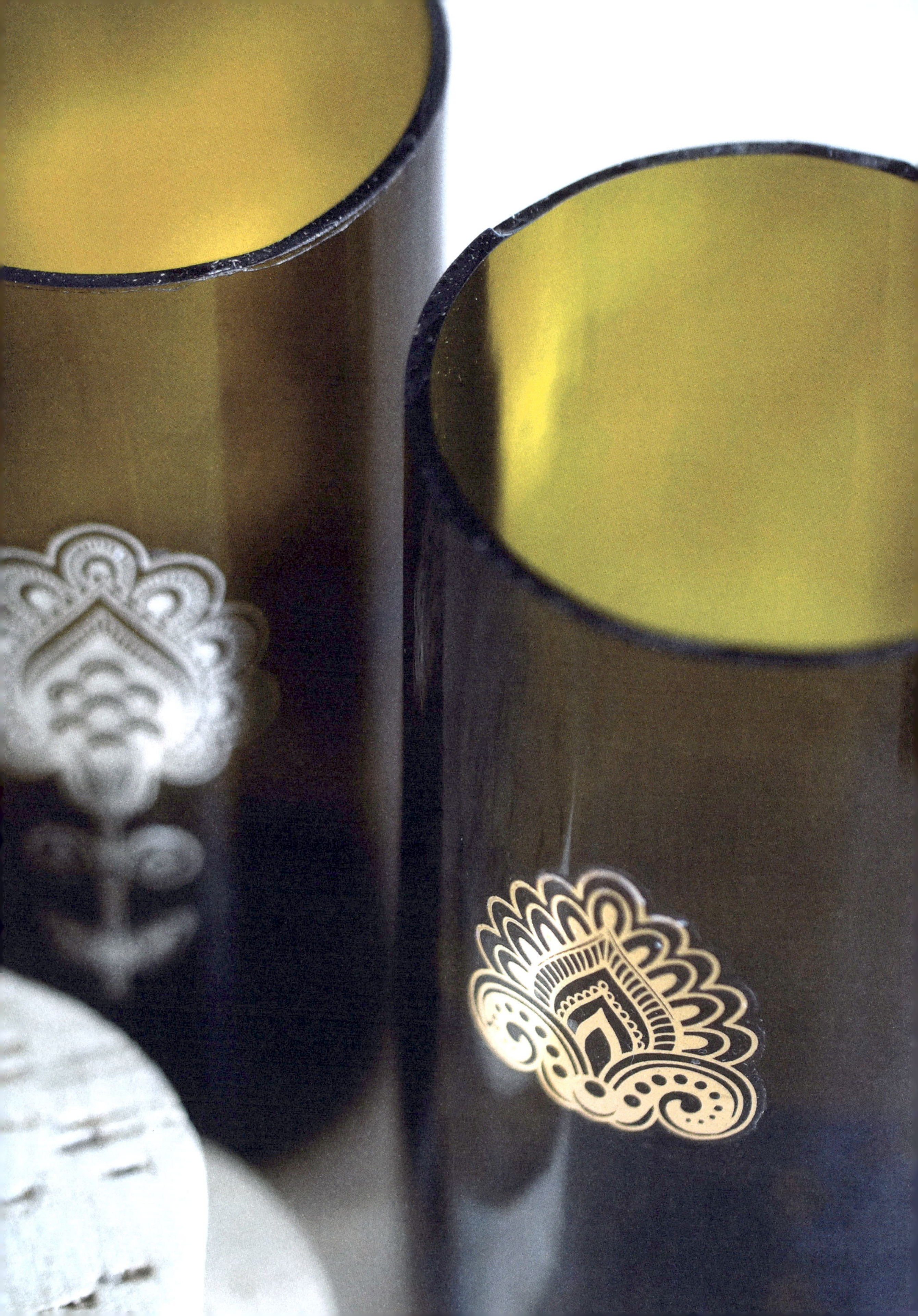

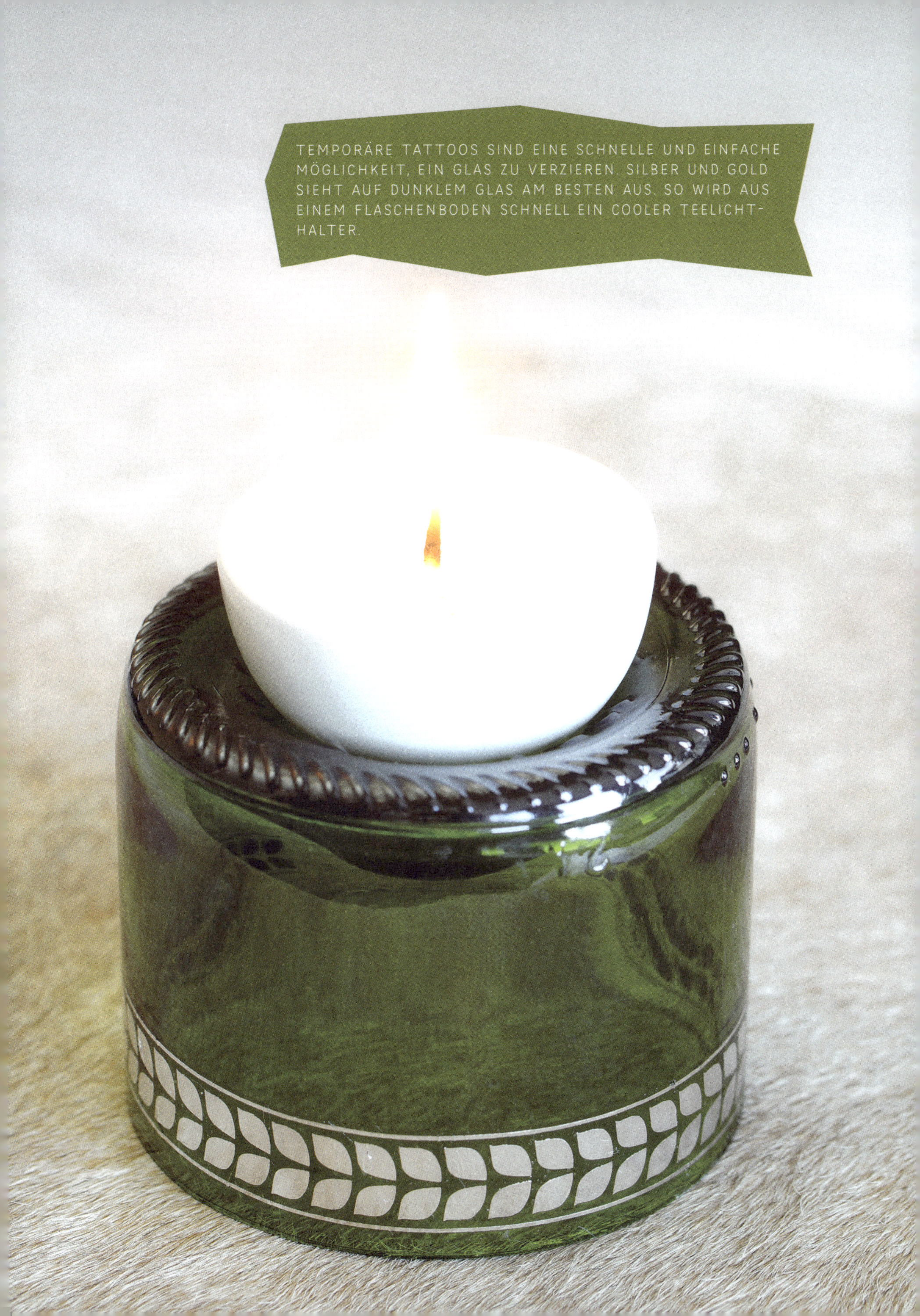

TEMPORÄRE TATTOOS SIND EINE SCHNELLE UND EINFACHE MÖGLICHKEIT, EIN GLAS ZU VERZIEREN. SILBER UND GOLD SIEHT AUF DUNKLEM GLAS AM BESTEN AUS. SO WIRD AUS EINEM FLASCHENBODEN SCHNELL EIN COOLER TEELICHT-HALTER.

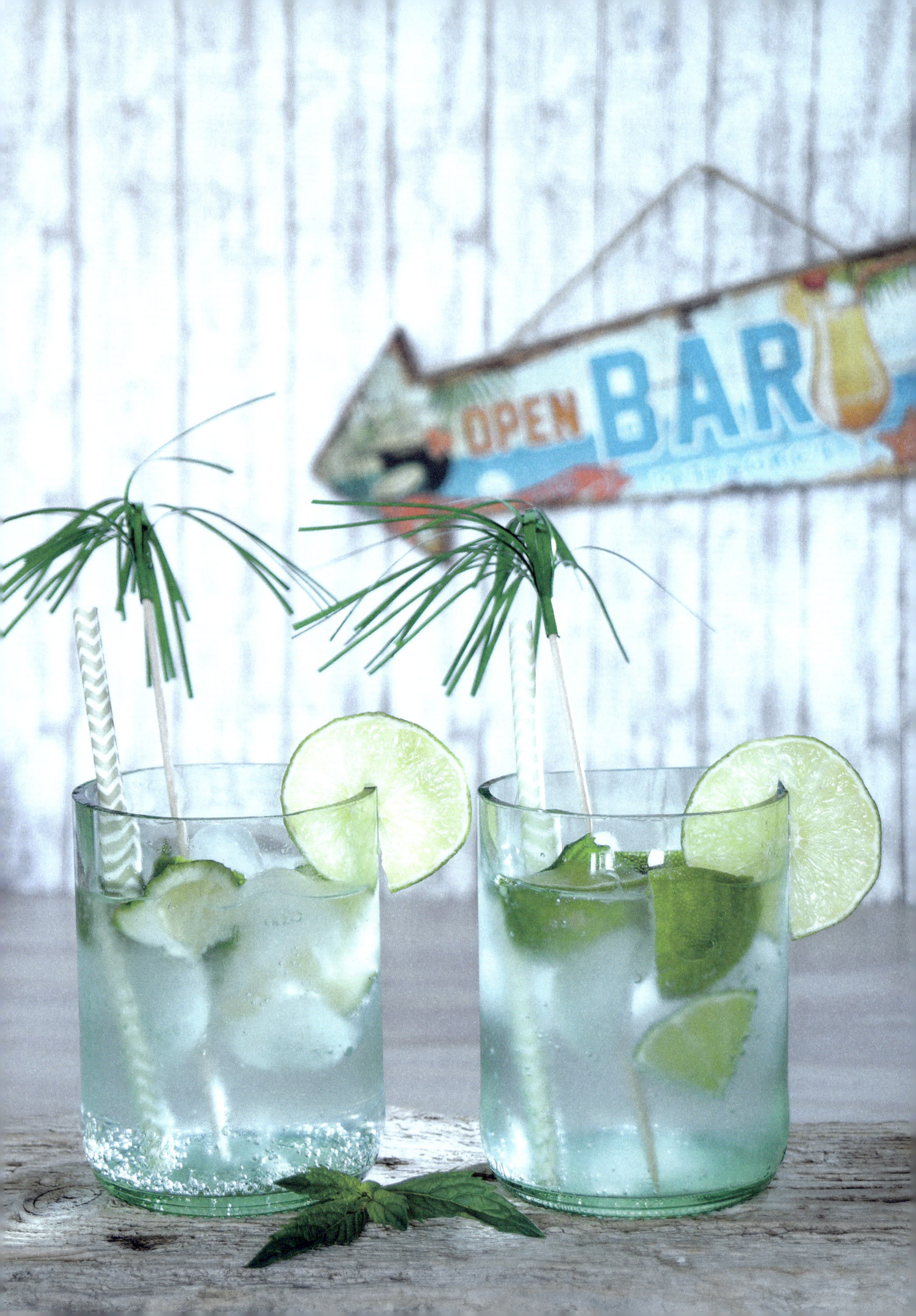
OPEN BAR

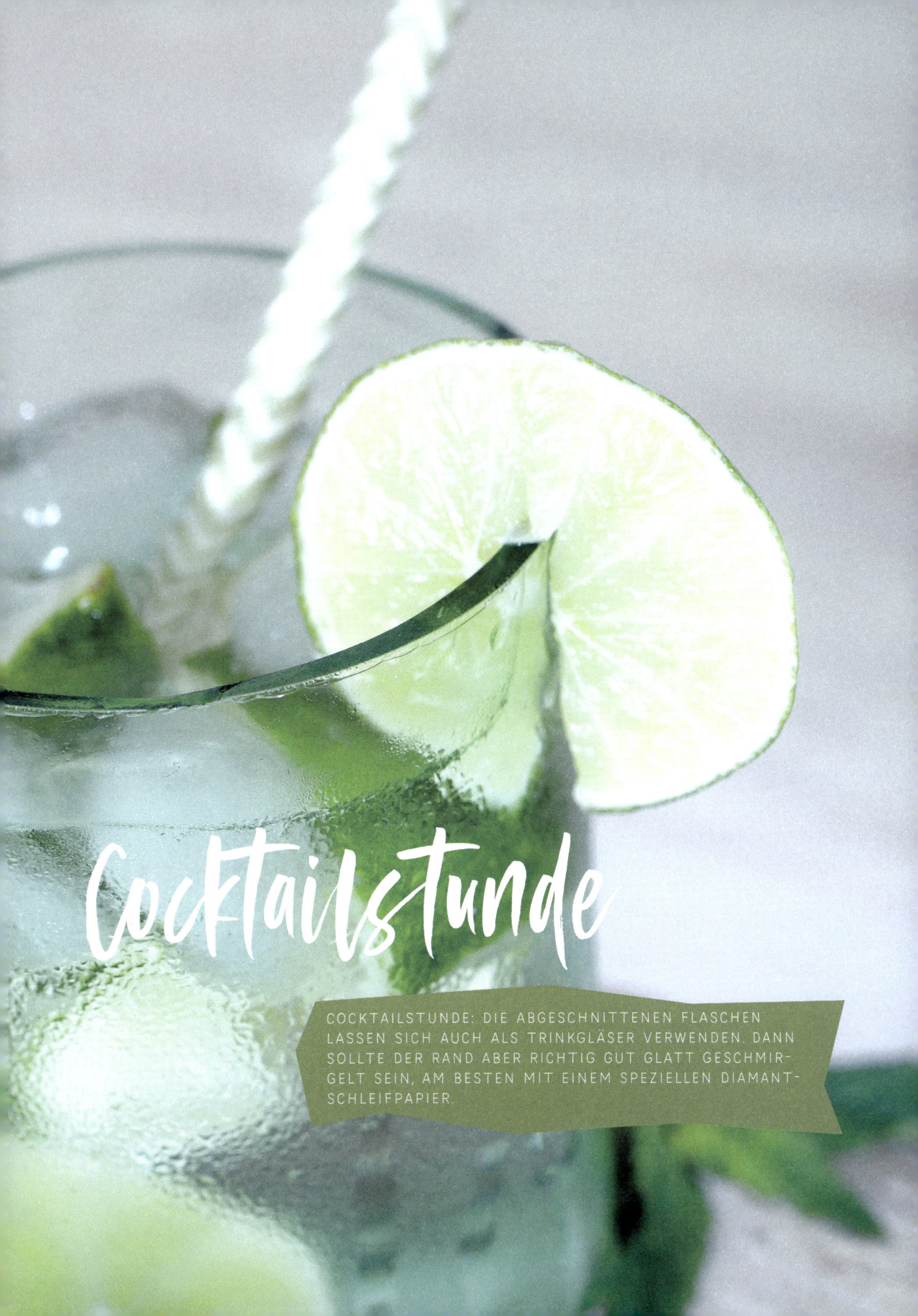

Cocktailstunde

COCKTAILSTUNDE: DIE ABGESCHNITTENEN FLASCHEN LASSEN SICH AUCH ALS TRINKGLÄSER VERWENDEN. DANN SOLLTE DER RAND ABER RICHTIG GUT GLATT GESCHMIRGELT SEIN, AM BESTEN MIT EINEM SPEZIELLEN DIAMANTSCHLEIFPAPIER.

Frühstück ist fertig!

MATERIAL:
FLASCHENBODEN, LEDERRESTE, SCHERE, GÜRTELZANGE, NIETENZANGE, NIETEN

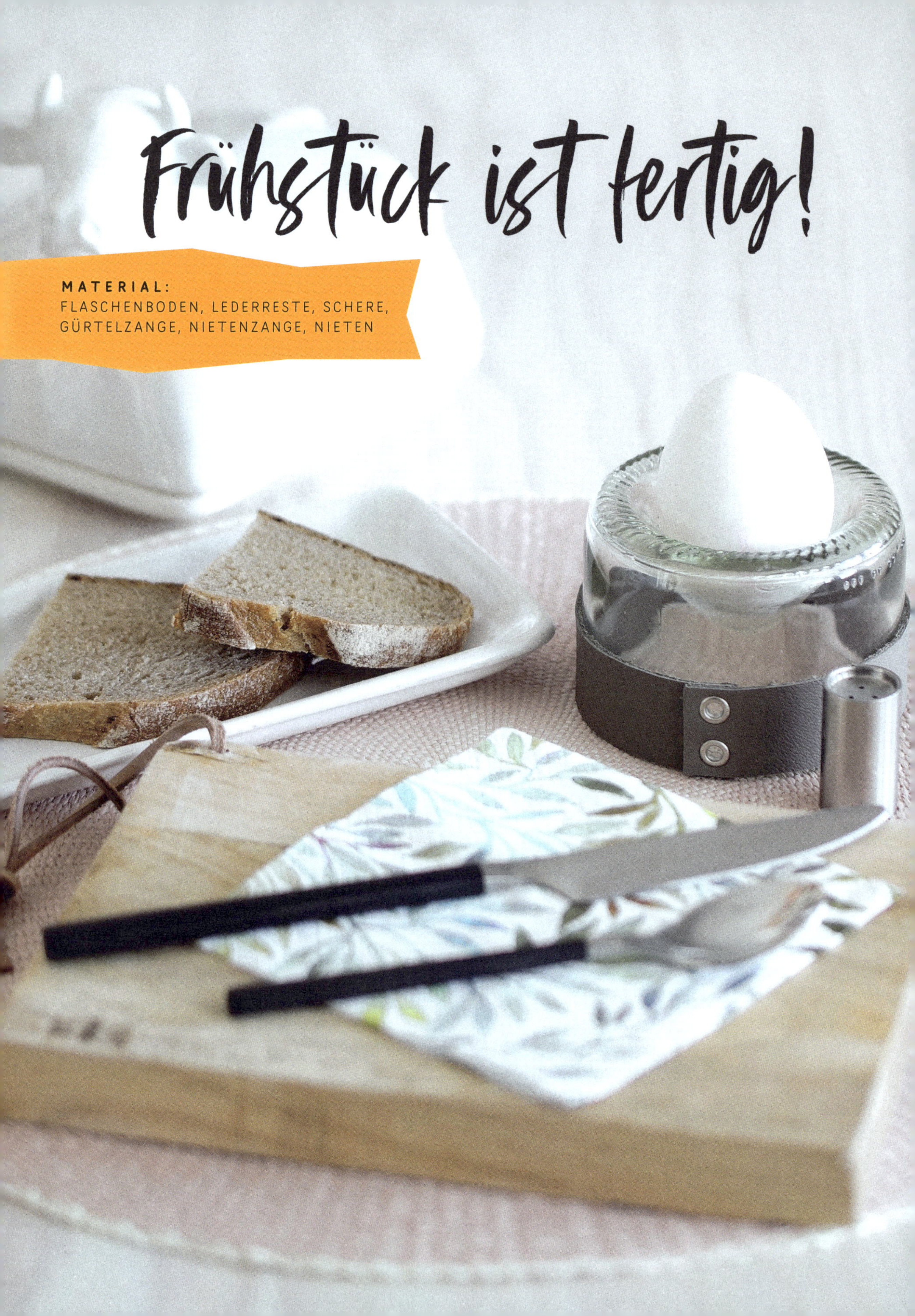

MANCHE FLASCHEN – MEIST SCHAUMWEINE ODER CHAMPAGNER – HABEN EINEN EXTREM HOHLEN BODEN. SIE EIGNEN SICH DAHER PERFEKT FÜR EIERBECHER. MIT EINEM LEDERBAND AUFGEPEPPT SIND SIE GARANTIERT EIN HINGUCKER AUF DEM GEDECKTEN FRÜHSTÜCKSTISCH.

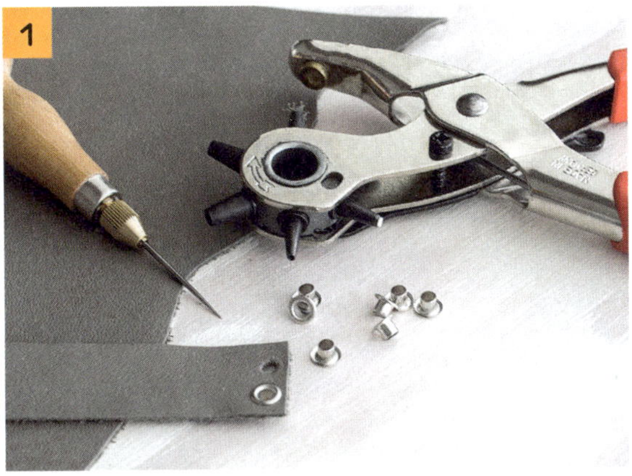

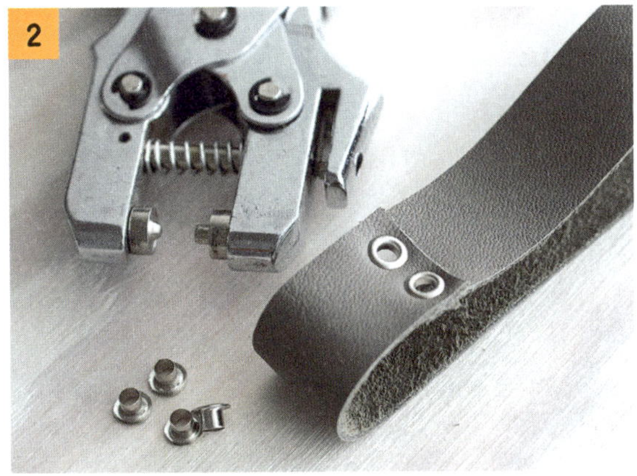

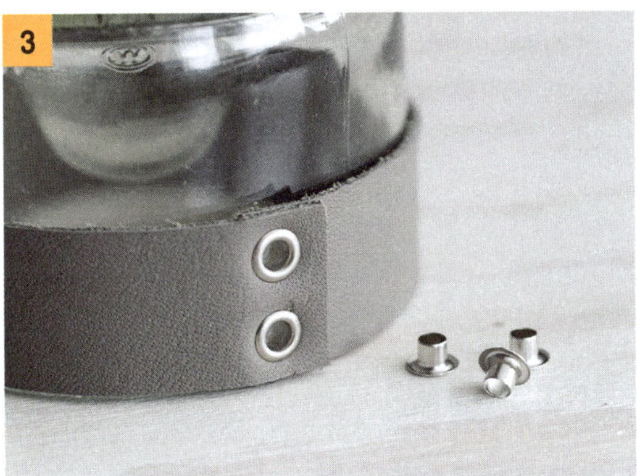

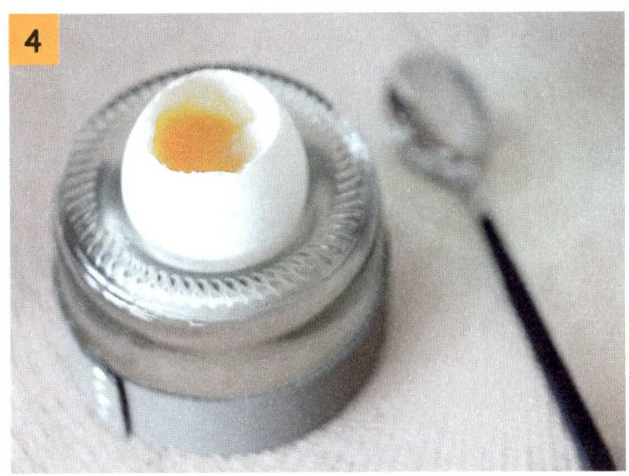

1. Lederstreifen mit der Schere in passender Länge zuschneiden. Die Kanten sollten ca. 1 cm überlappen. Mit einer Gürtelzange an den Enden je 2 Löcher stanzen, diese übereinanderlegen und die Nieten komplett hindurchstecken.

2. Mit einer Nietenzange die Nieten zusammendrücken.

3. Anschließend das Lederband über den Glasrand streifen.

4. Ein gekochtes Ei hineinsetzen. Fertig ist das Frühstück!

Für zarte Pflänzchen

MATERIAL:
FLASCHENUNTERTEIL, KORKPLATTE, FILZSTIFT, CUTTER ODER SCHERE, ZARTES PFLÄNZCHEN MIT WURZEL

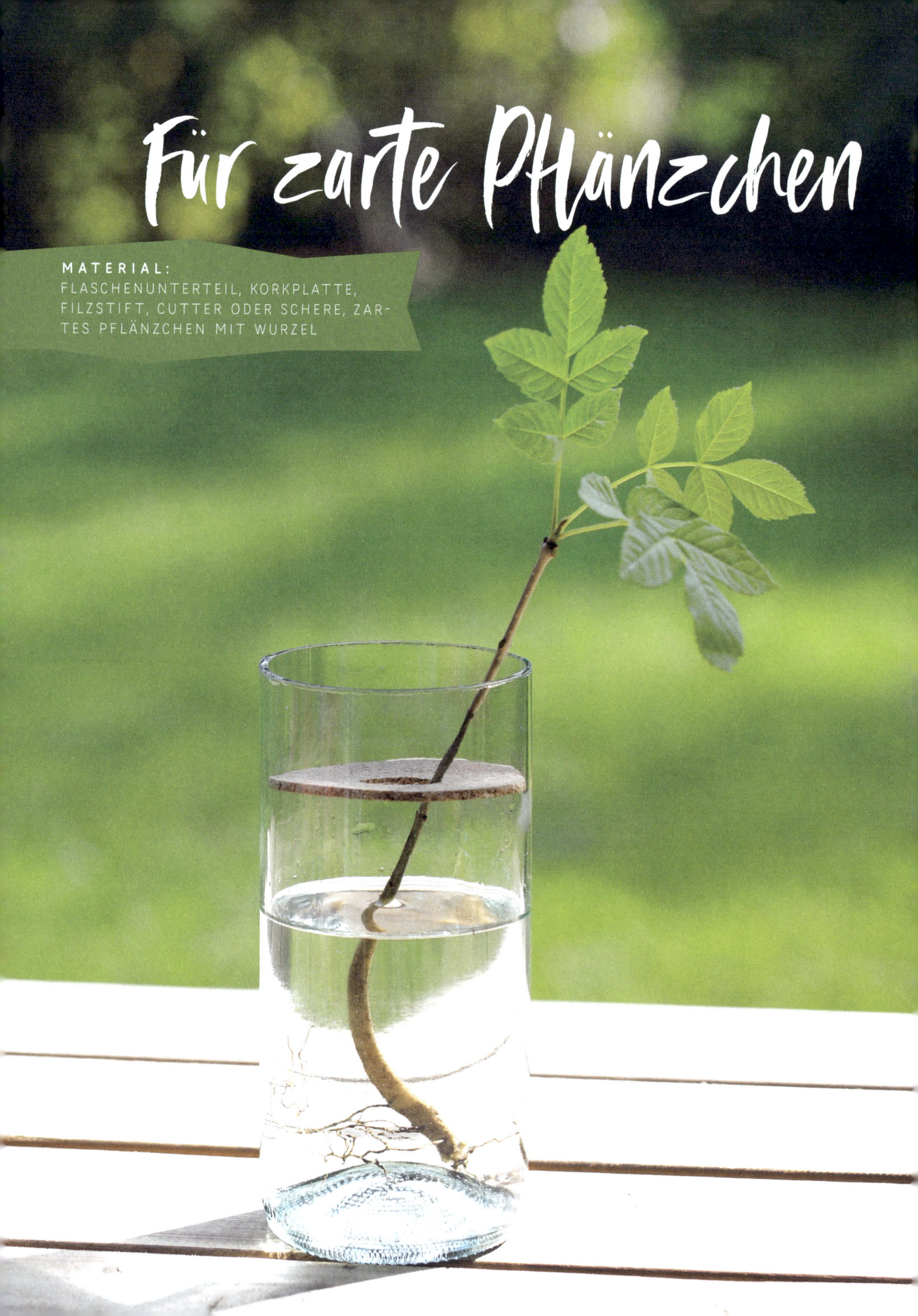

WAS MAN SONST NIE SIEHT, KOMMT HIER ENDLICH MAL ZUM VORSCHEIN. ZARTE PFLÄNZCHEN MÜSSEN SICH NICHT VERSTECKEN, DENN AUCH AM UNTEREN ENDE SEHEN SIE OFT GANZ SPANNEND AUS. SO SCHAUT MAN DER PFLANZE AN BEIDEN ENDEN BEIM WACHSEN ZU.

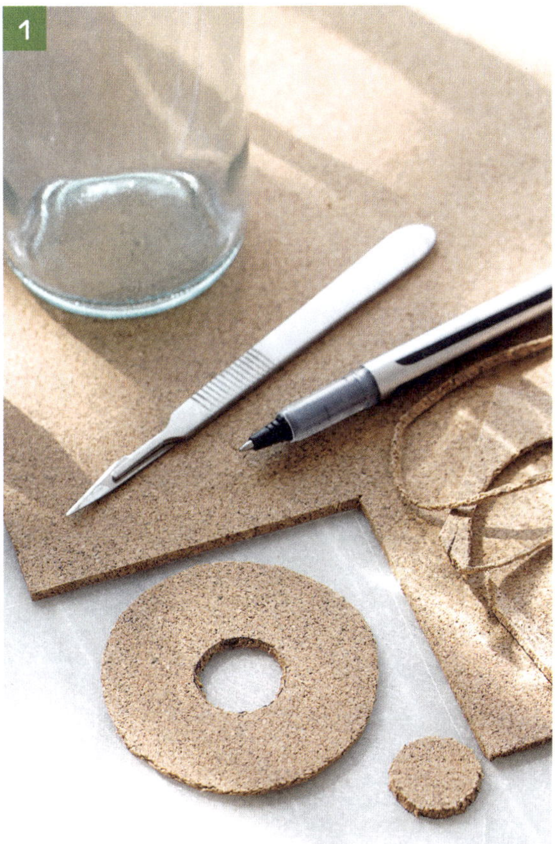

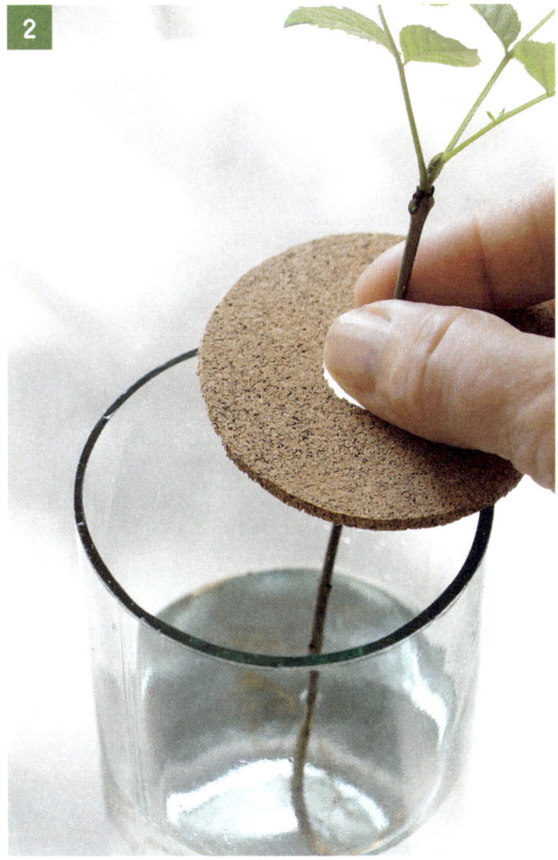

1. Das Glas kann man als Schablone für den Kreis nehmen. Den zeichnet man mit einem Filzstift auf eine dünne, ca. 3 mm starke Korkplatte (alternativ Moosgummi).

Den Kreis anschließend ausschneiden. Dabei etwas mehr abschneiden, damit er in das Innere des Glases passt. In der Mitte der Korkscheibe einen kleinen Kreis ausschneiden.

2. Das Flaschenunterteil mit Wasser füllen. Die Pflanze durch das Loch in der Korkscheibe stecken und die Scheibe dann im Glas ausrichten.

Später kann man das Pflänzchen natürlich in den Garten setzen.

Supermodels

MATERIAL:
FLASCHENUNTERTEIL, LUFTTROCKNENDE MODELLIERMASSE, NUDELMASCHINE ODER ROLLE, SCHMIRGELPAPIER, FARBLOSER LACK

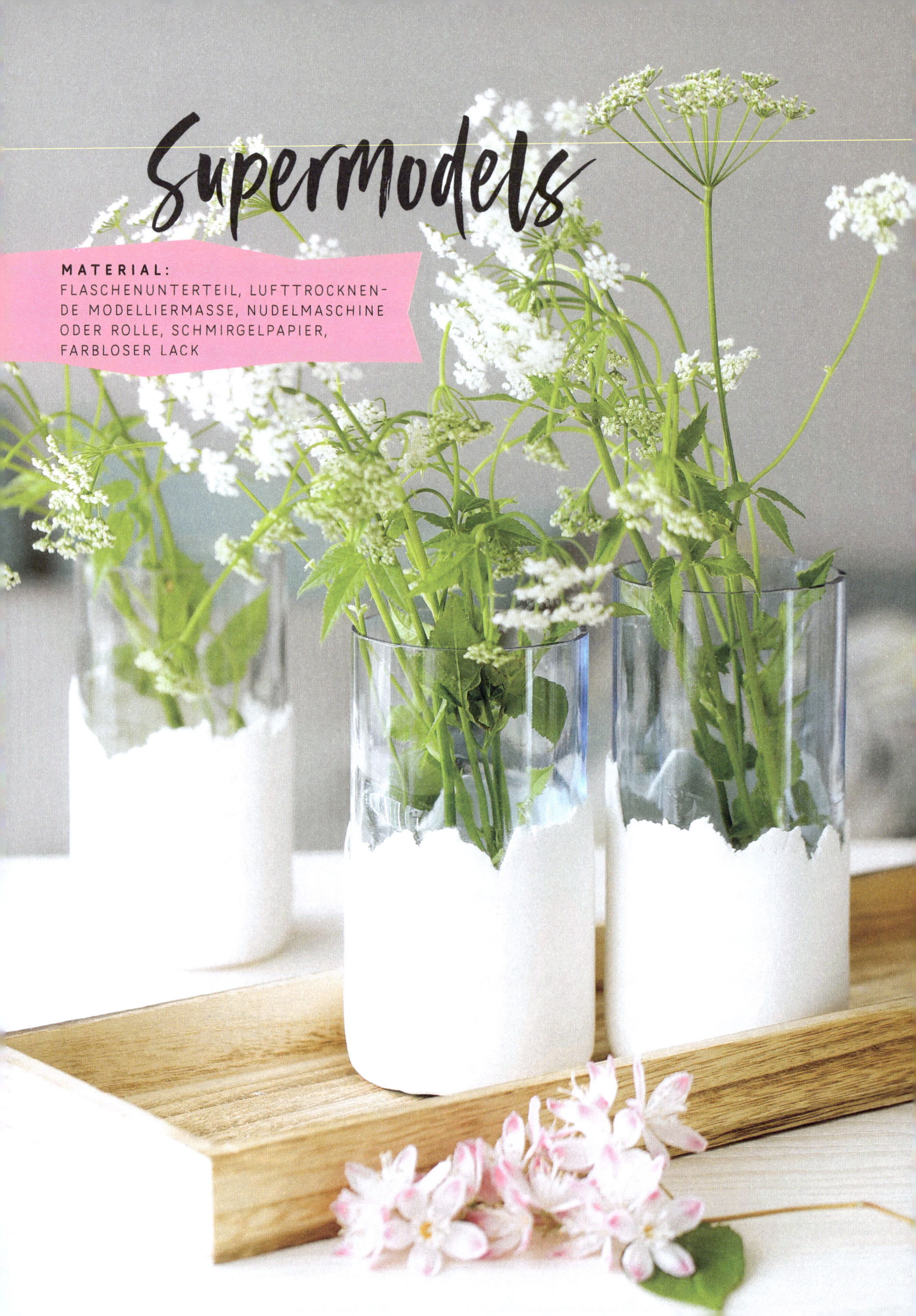

BLUMEN, DIE MAN AM STRASSENRAND ODER AUF DEM FELD SAMMELT, SEHEN OFT GANZ BEZAUBERND AUS. UND WAS EIGNET SICH FÜR SOLCH EINEN STRAUSS BESSER ALS EINE UPCYCLINGVASE AUS WEISSEN ODER HELLBLAUEN GLASFLASCHEN? VERKLEIDET NUR MIT EINEM WEISSEN MANTEL AUS LUFTTROCKNENDER MODELLIERMASSE.

1

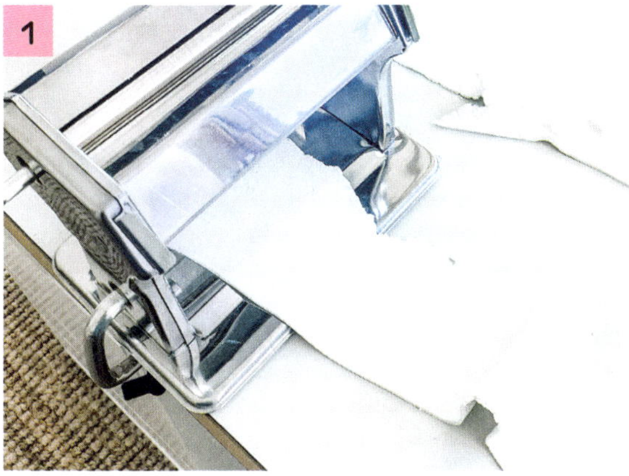

2

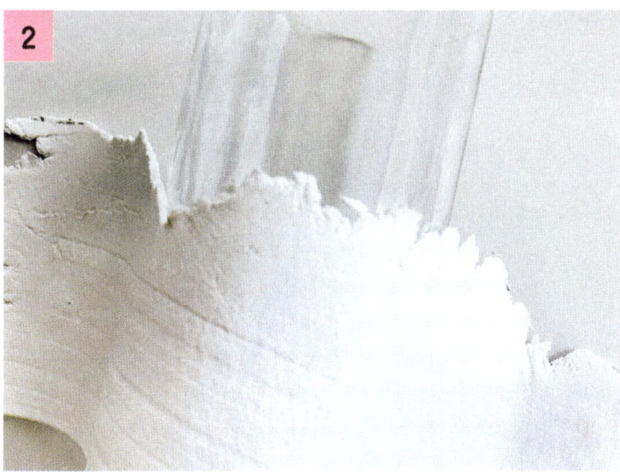

3

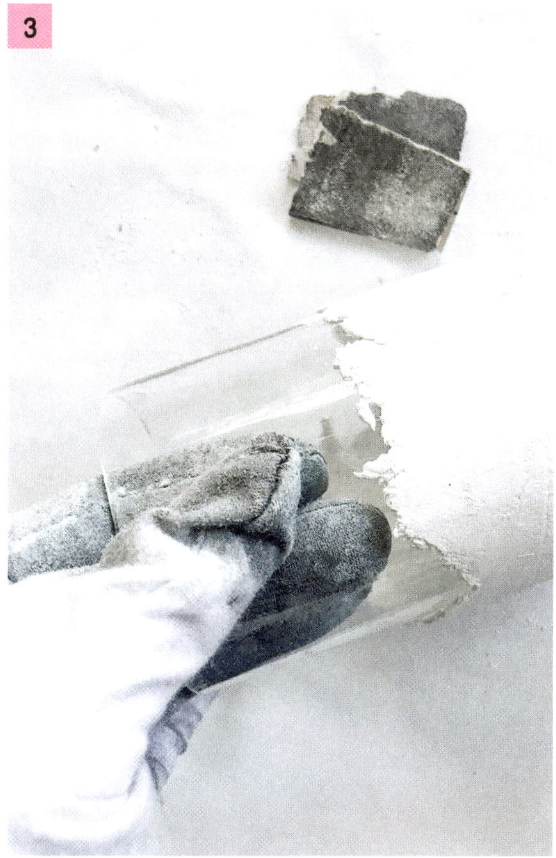

1. Eine Nudelmaschine auf Abwegen. Natürlich kann man die Modelliermasse auch mit einer Rolle auswellen, aber mit der Nudelmaschine geht es weitaus besser, da die Masse hier eine leichmäßige Stärke bekommt.

2. Zwischendurch immer mal die Länge begutachten, damit die Masse am Ende einmal komplett um das Glas passt. Die überlappenden Kanten gut zusammendrücken und glatt streichen. Auch an der unteren Kante, am Glasboden, etwas um die Rundung drücken.

3. Danach lässt man die Modelliermasse erst einmal gut durchtrocknen. Dann glättet man Unebenheiten mit etwas Schmirgelpapier und bringt vielleicht auch noch eine Lackschicht auf.

Trotzdem muss man natürlich vorsichtig sein, dass die Modelliermasse später nicht nass wird.

Stimmungsmacher

MATERIAL:
FLASCHENBODEN, KLEBEBAND, SPRÜHLACK GOLD, KERZENRESTE ODER WACHSPASTILLEN, GEFÄSS ZUM EINSCHMELZEN, KERZENDOCHTE, EVTL. PINZETTE

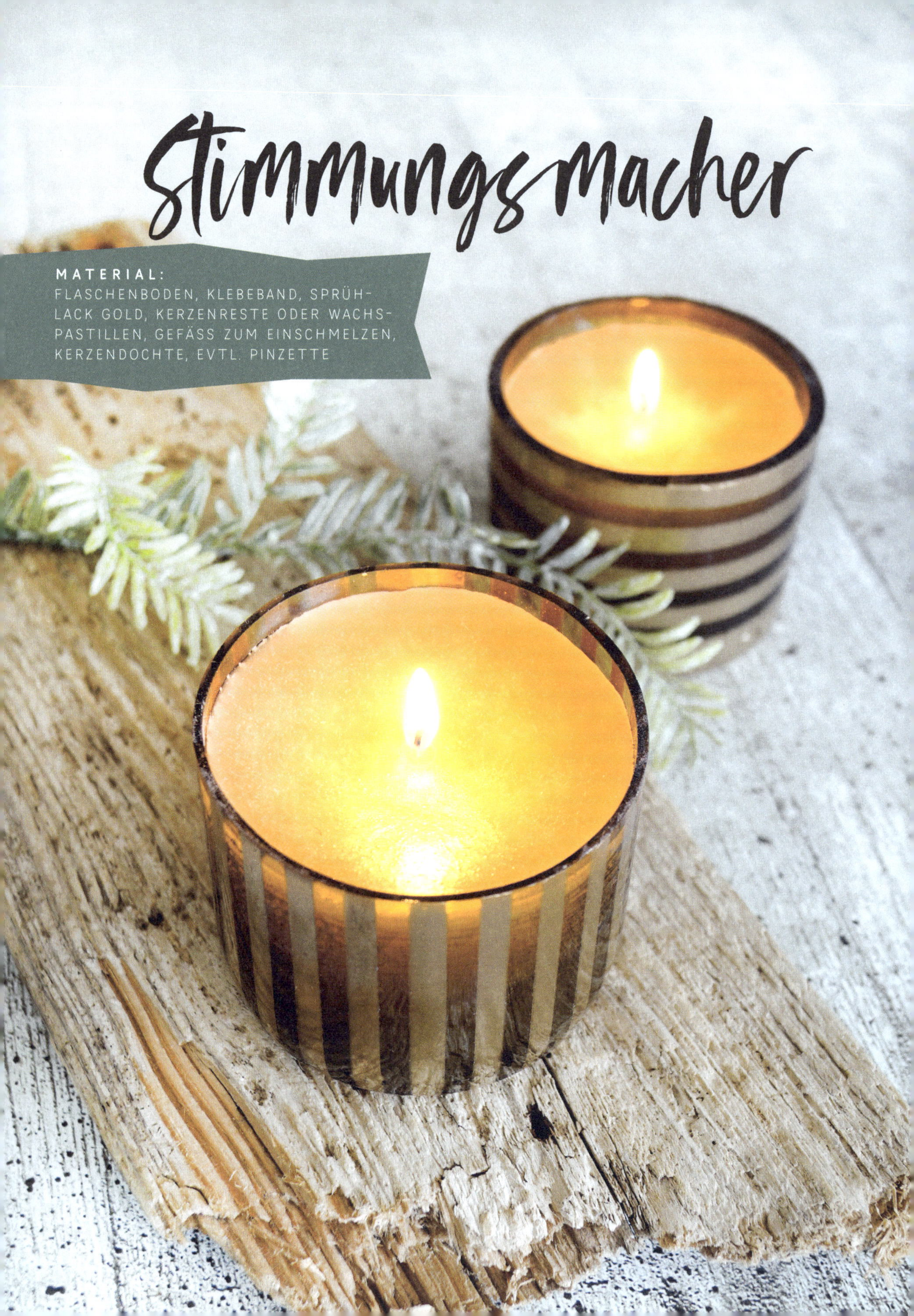

KERZEN KANN MAN BEKANNTLICH NIE GENUG HABEN. OB IM SOMMER DRAUSSEN AUF DER TERRASSE UND IM GARTEN ODER ABENDS, WENN MAN ES SICH AUF DEM SOFA GEMÜTLICH MACHT. IRGENDWIE SIND DIESE KLEINEN FLACKERNDEN LICHTER BERUHIGEND, ODER?

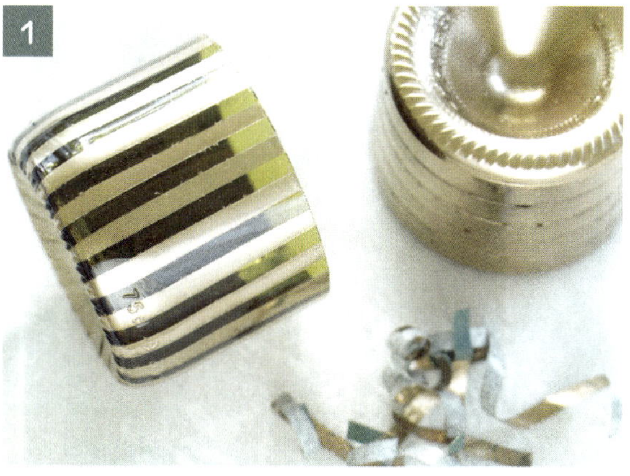

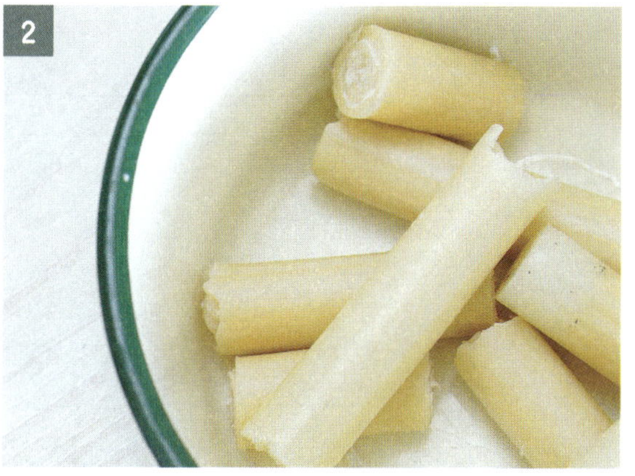

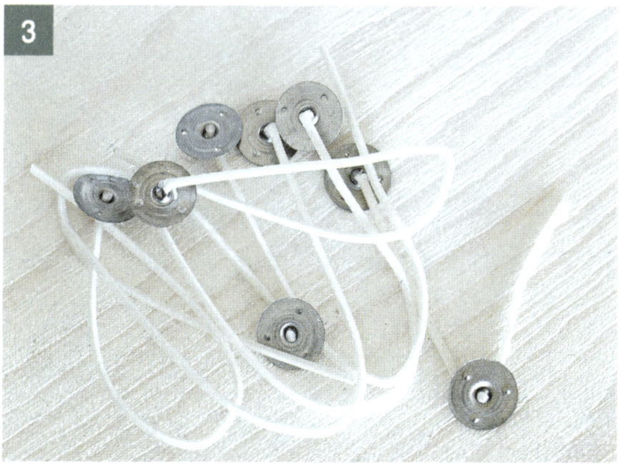

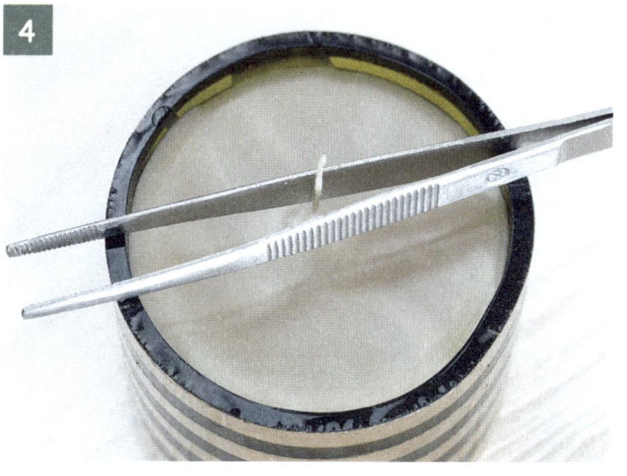

1. Die präparierten Gläser werden zunächst mit sehr schmalem Klebeband, z. B. Maskingtape, rundherum abgeklebt und mit Sprühlack überzogen. Ist die Farbe gut angetrocknet, entfernt man die Klebestreifen wieder vorsichtig.

2. In einem alten Topf kann man dann Kerzenreste oder Wachspastillen einschmelzen.

3. Zum Kerzengießen gibt es spezielle Flachdochte, die einen kleinen Boden haben, um sie positionieren zu können.

4. Solch einen Docht stellt man nun in das Glas. Der Docht sollte so lang sein, dass er ein Stück weit über den Glasrand hinausschaut. Da die meisten Flaschenböden gewölbt sind, muss man den Docht anfangs festhalten. Wenn genügend Wachs im Glas ist, lässt sich der Docht auch mit einer Pinzette stabilisieren.

Wenn man nur einfache Runddochte ohne Metallplättchen hat, knotet man sie um einen kleinen Holzspieß und hängt die Kordel in das Glas.

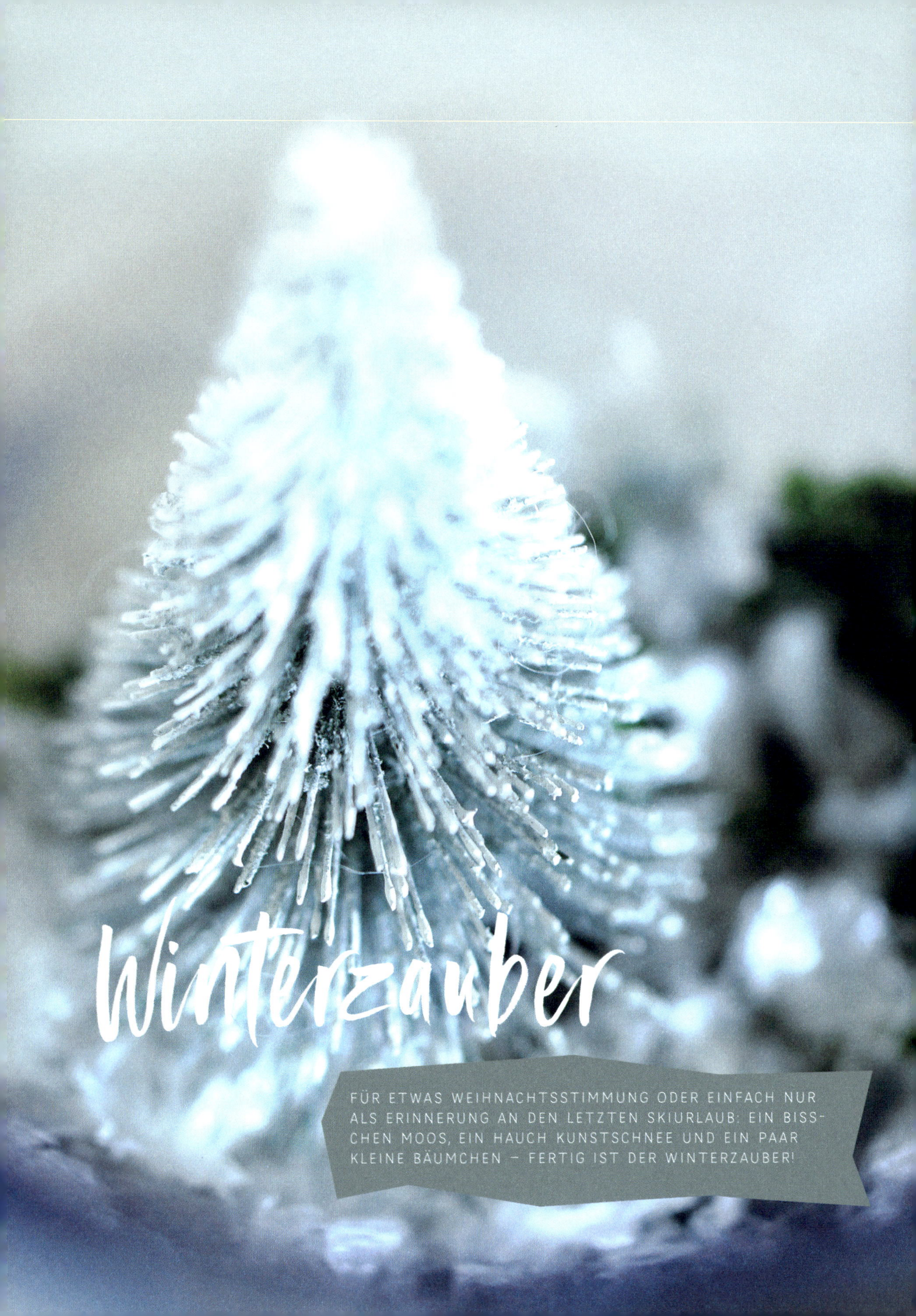

Winterzauber

FÜR ETWAS WEIHNACHTSSTIMMUNG ODER EINFACH NUR ALS ERINNERUNG AN DEN LETZTEN SKIURLAUB: EIN BISSCHEN MOOS, EIN HAUCH KUNSTSCHNEE UND EIN PAAR KLEINE BÄUMCHEN – FERTIG IST DER WINTERZAUBER!

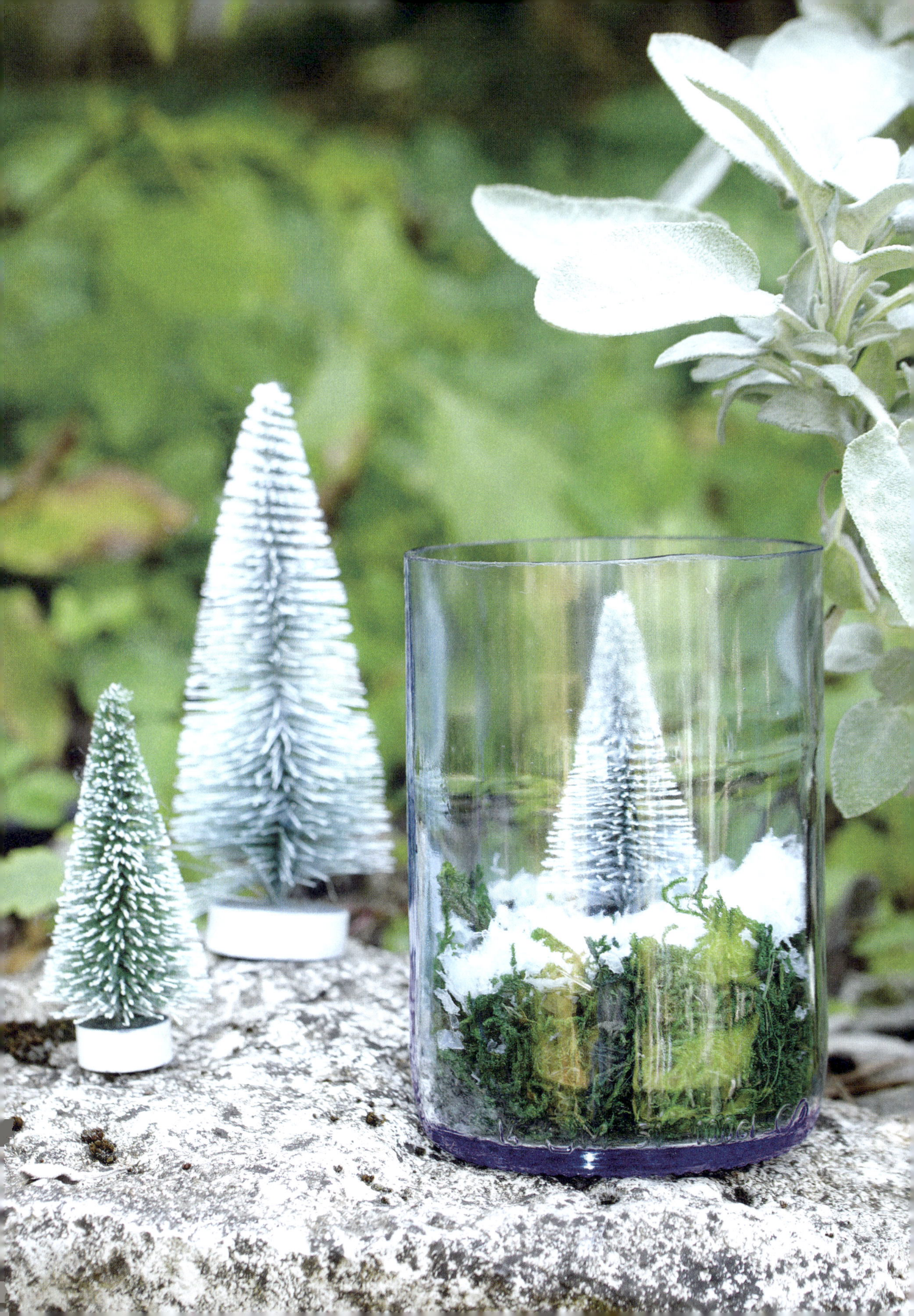

Flaschenoberteile

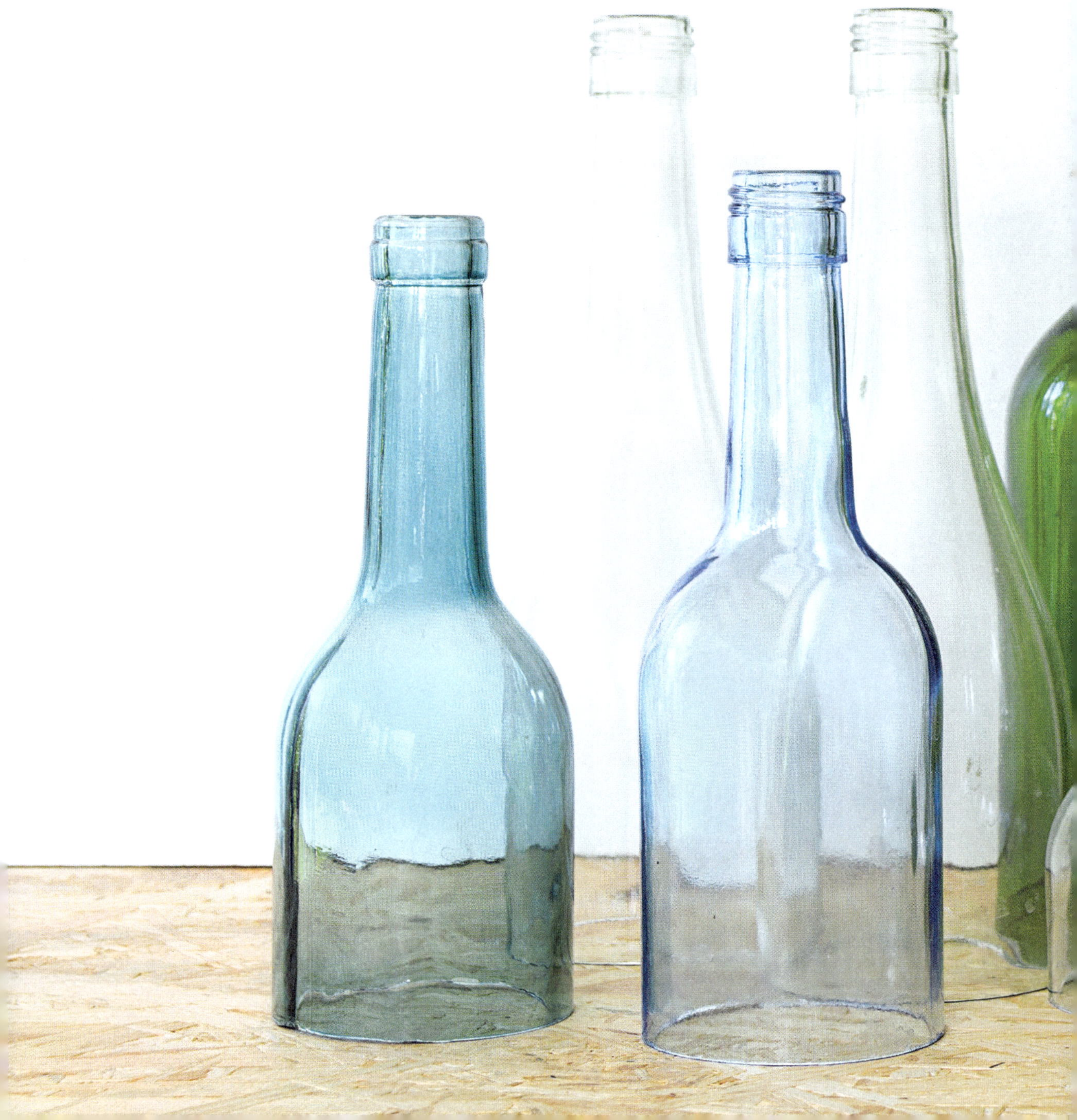

DAS SICH KONISCH VERJÜNGENDE ENDE EINER FLASCHE BEZEICHNET MAN ALS FLASCHENHALS. ER MÜNDET IN EINER RUNDEN ÖFFNUNG, DIE ALS AUSGUSS DIENT UND VERSCHLIESSBAR IST.
EIN GROSSER TEIL DER GETRÄNKE- UND AUFBEWAHRUNGSFLASCHEN HAT HEUTE EINEN SCHRAUBVERSCHLUSS. VOR ALLEM DANN, WENN DAS GEFÄSS WIEDERVERSCHLIESSBAR SEIN MUSS. IST DAS NICHT DER FALL, KÖNNEN GETRÄNKEFLASCHEN AUCH MIT EINEM KRONKOREN VERSEHEN SEIN. DEN ECHTEN KORKEN SIEHT MAN HEUTE NUR NOCH BEI WEINFLASCHEN, ABER AUCH HIER SETZT SICH LANGSAM DER SCHRAUBVERSCHLUSS DURCH.

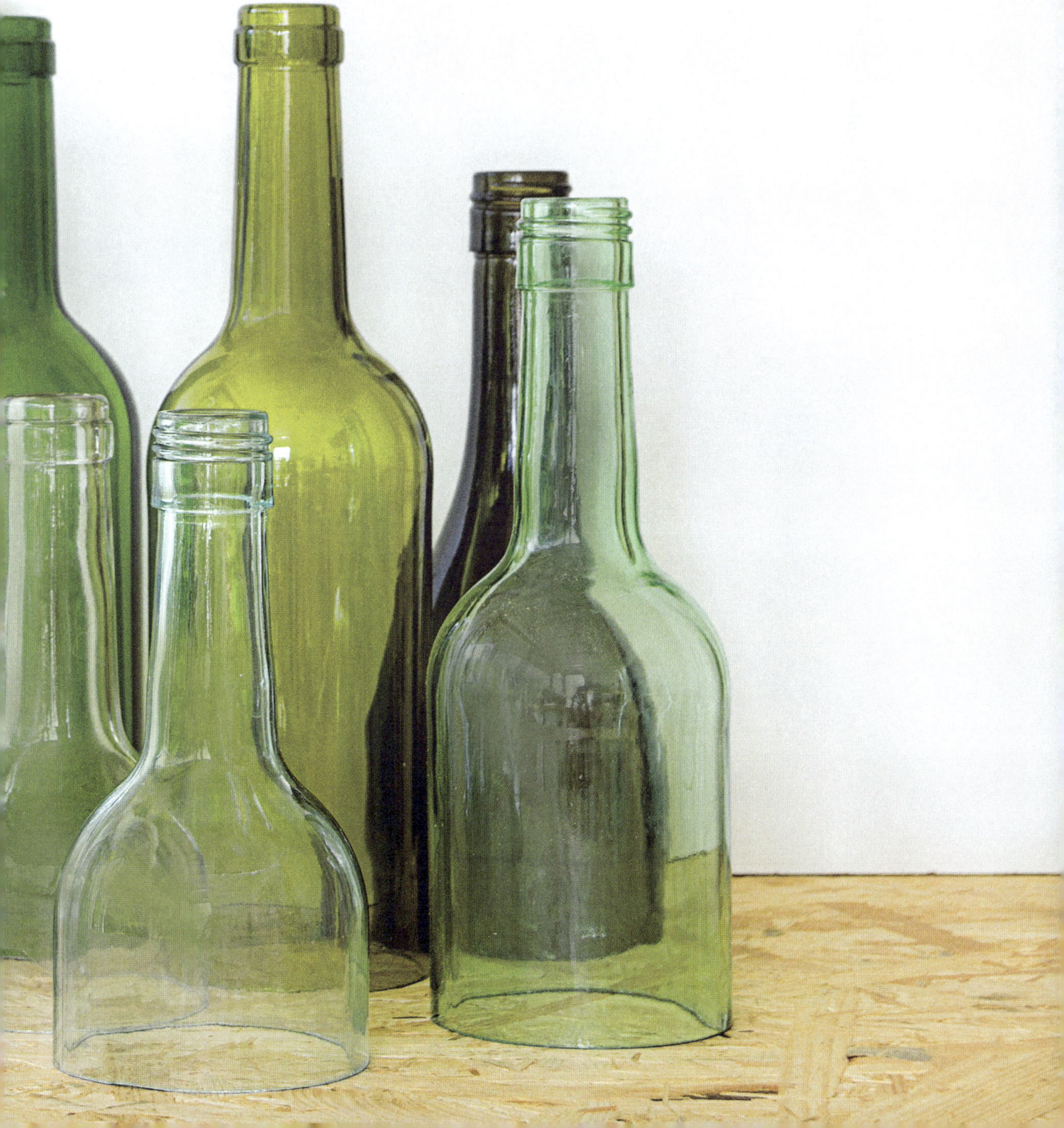

Coole Windlichter

MATERIAL:
FLASCHENOBERTEIL, DEKO,
UNTERSETZER, TEELICHTER

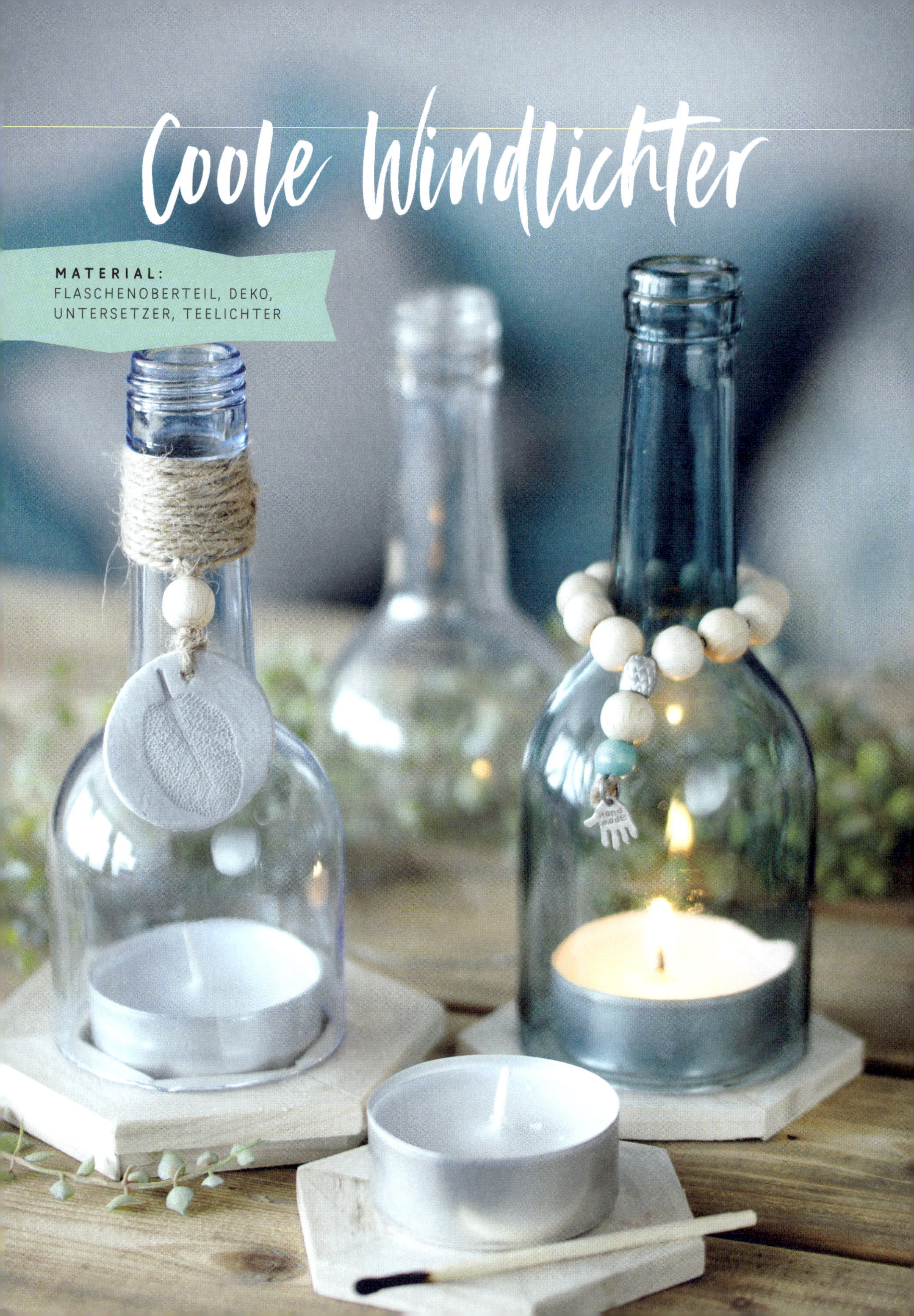

GENAU DAS RICHTIGE, WENN MAL EIN BISSCHEN WIND GEHT. SO MUSS MAN AUCH DRAUSSEN NICHT AUF GEMÜTLICHES KERZENLICHT VERZICHTEN. DIE FLASCHEN-OBERTEILE LASSEN SICH NACH LUST UND LAUNE VERZIEREN UND FINDEN AUF KLEINEN UNTERSETZERN PLATZ.

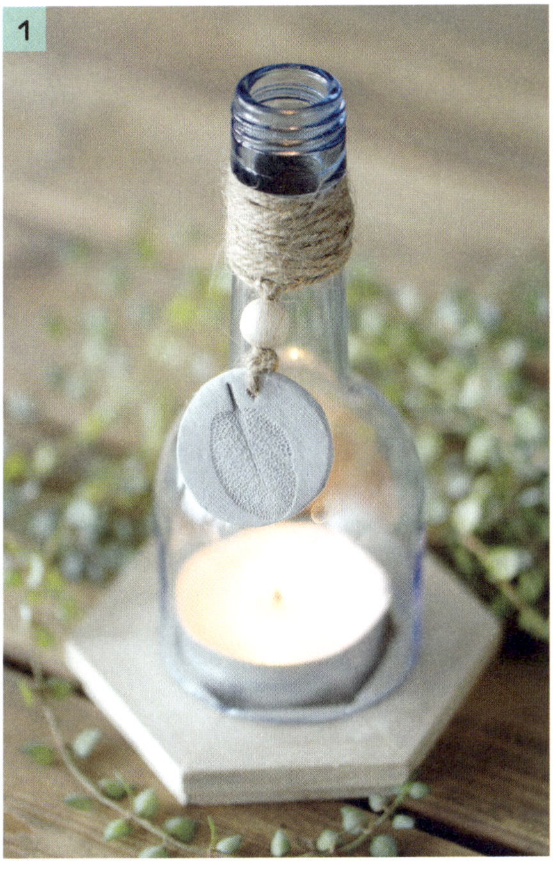

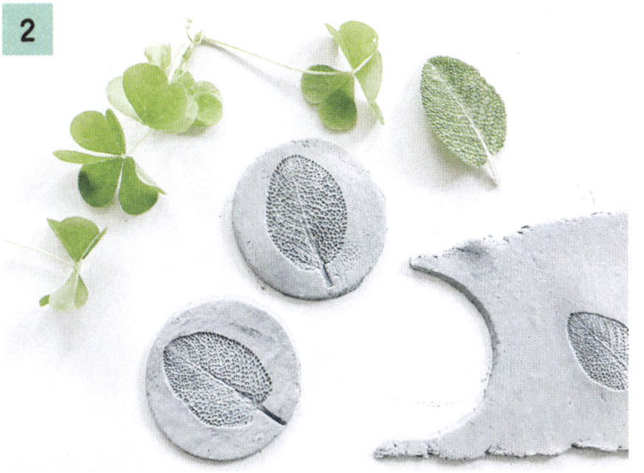

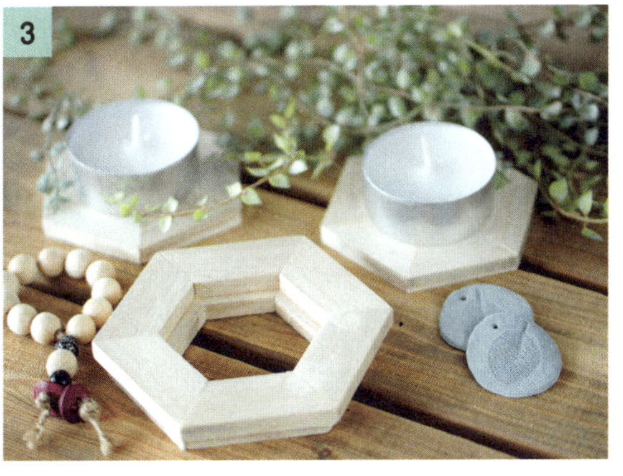

1. Z. B. kann man den oberen Teil der Flasche mit Paketschnur umwickeln. Das ist übrigens nach Gebrauch auch praktisch zum Anfassen der Flasche, wenn sie durch das Kerzenlicht heiß geworden ist.

2. Aus Modelliermasse, z. B. im Zementlook, kann man kleine Anhänger herstellen und sie an die Flaschen binden. Oder man bastelt kleine Ketten aus Holzkugeln und hängt sie über den Flaschenhals.

3. Die Untersetzer kann man sich aus Holzleisten selbst basteln oder man verwendet kleine Schalen, die für wenig Geld im Dekobedarf zu erwerben sind.

Hier ist dann Platz für große Teelichter oder eine kleine Stumpenkerze.

Für Lichtblicke

MATERIAL PRO LAMPE:
FLASCHENOBERTEIL, KLEINES GLAS MIT RAND, DRAHT, ZANGE, GLIEDERKETTE, 2 SCHLÜSSELRINGE

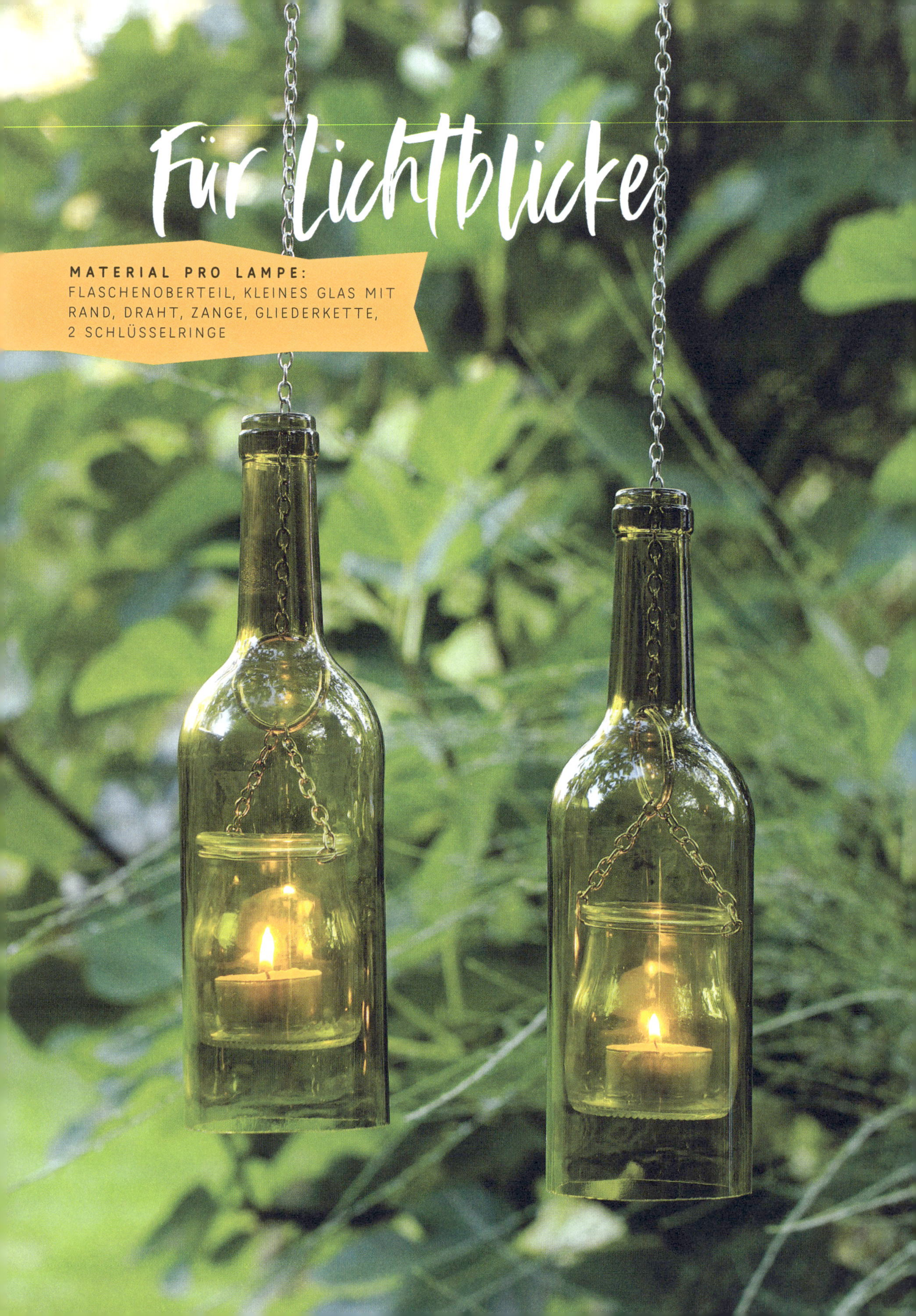

TEELICHTER LASSEN SICH NICHT NUR AUFSTELLEN – MAN KANN SIE AUCH AUFHÄNGEN. BESONDERS SCHÖN WIRKT DAS IM GARTEN ODER AUF DEM BALKON. WENN SICH DIE FLASCHEN IM WIND LEICHT BEWEGEN, MACHT DAS DEN TEELICHTERN NICHTS AUS.

1

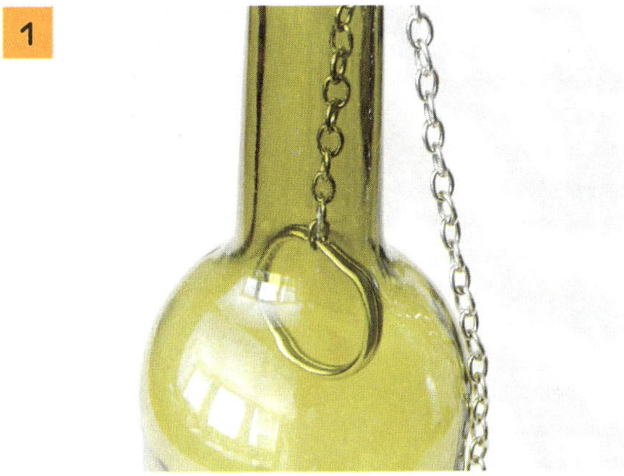

2

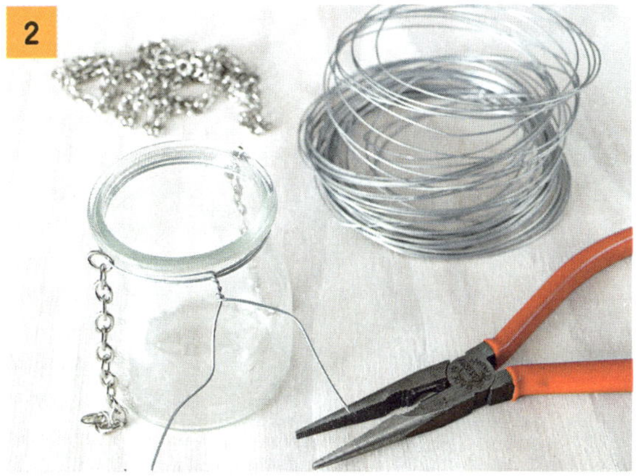

3

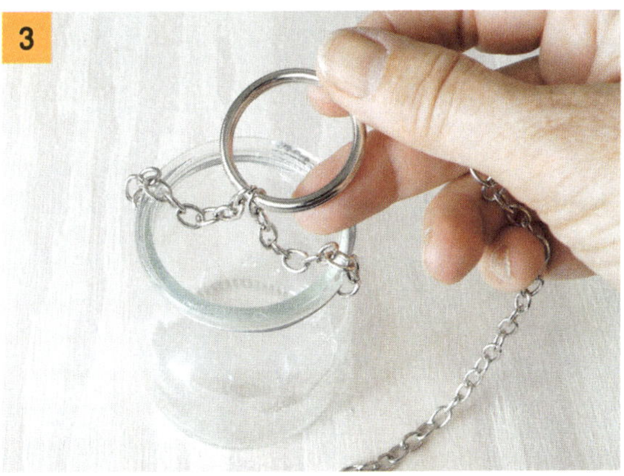

4

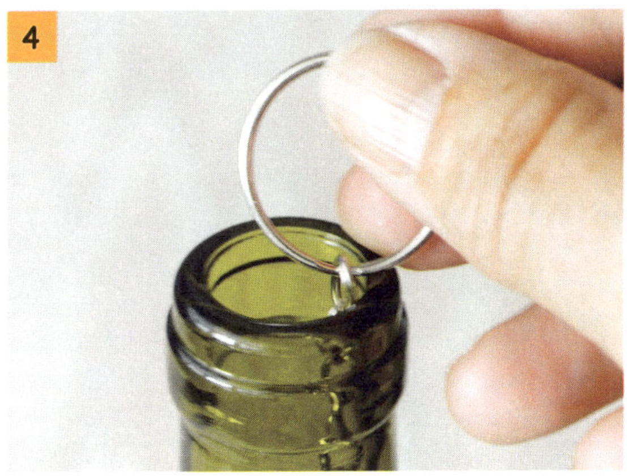

1. Die Gliederkette auf die gewünschte Länge kürzen und einen Schlüsselring anbringen.

2. Auf ein Stück Draht, das locker zweimal um das kleine Gläschen passt, werden 2 kurze Stücke der Gliederkette aufgefädelt. Die Länge ist abhängig von der Höhe der Gläser. Dann den Draht um das Glas wickeln und die Enden verzwirbeln.

3. Die freien Enden der kurzen Gliederketten auf den Schlüsselring der langen Kette aufziehen.

4. Nun die ganze Kette von unten in die Flasche einfädeln und am oberen Ende noch einen Schlüsselring einhängen. Dieser Ring verhindert, dass die Kette zurück in die Flasche rutscht, und dient zugleich als Aufhänger für die fertige Lampe.

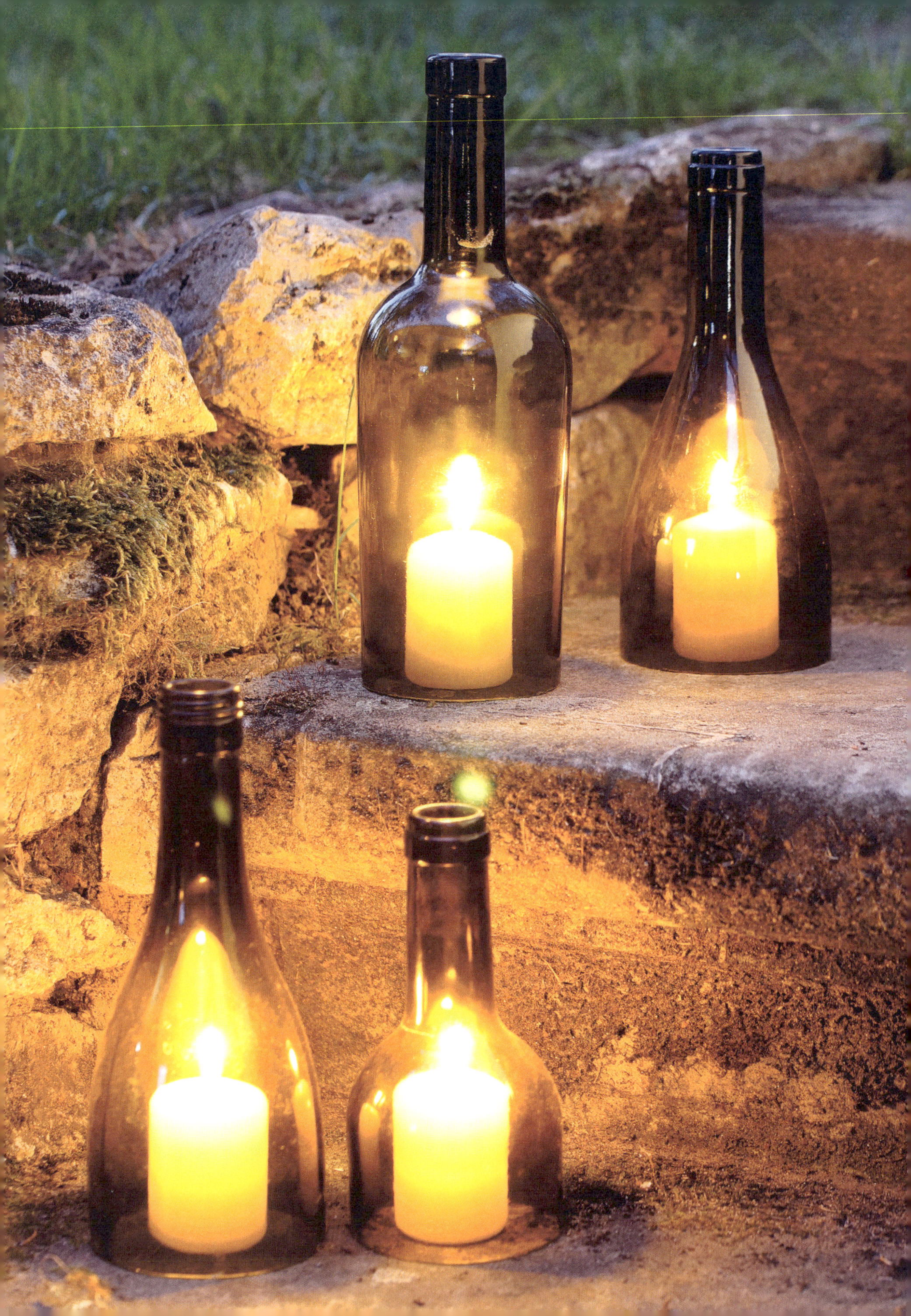

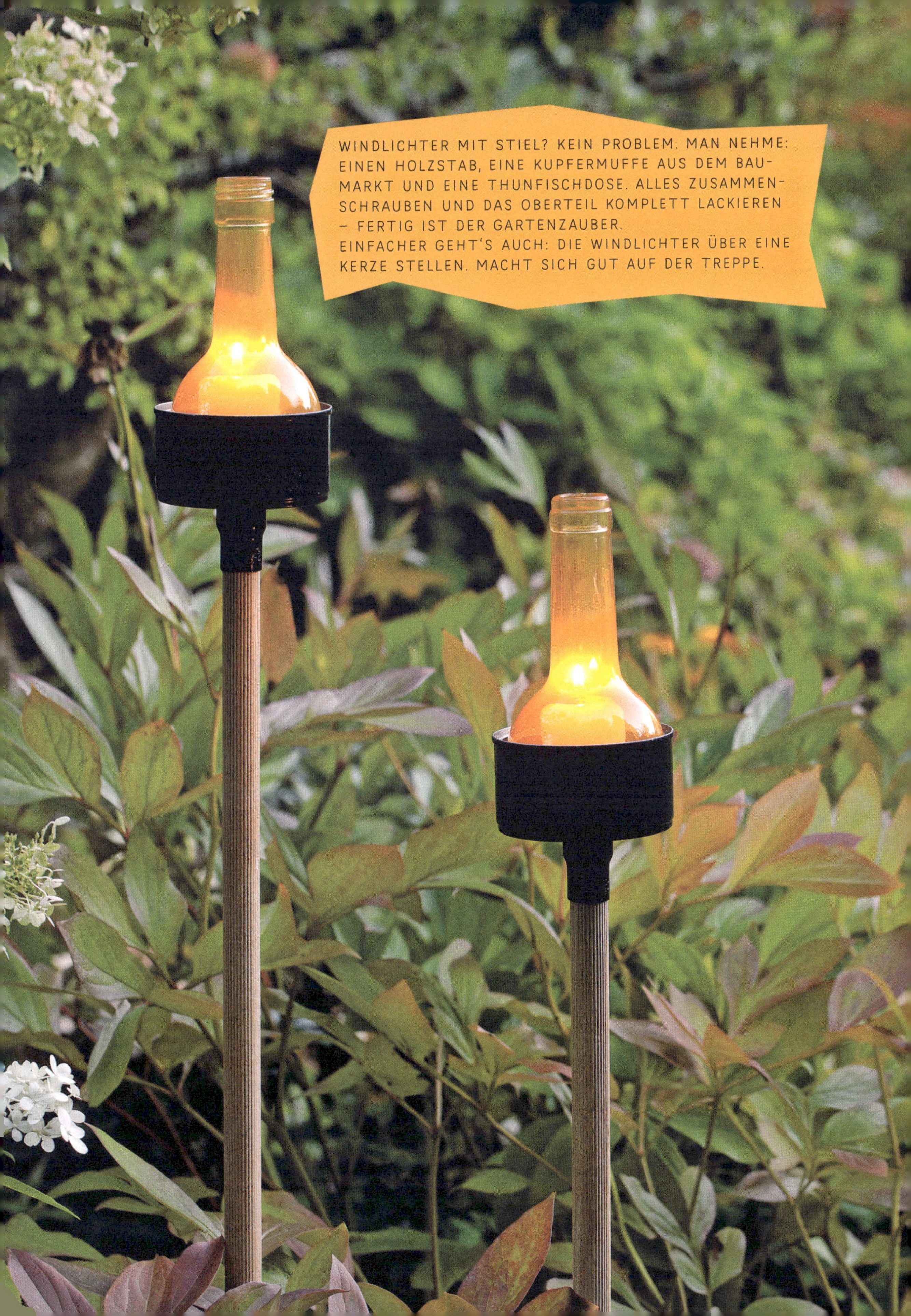

WINDLICHTER MIT STIEL? KEIN PROBLEM. MAN NEHME: EINEN HOLZSTAB, EINE KUPFERMUFFE AUS DEM BAUMARKT UND EINE THUNFISCHDOSE. ALLES ZUSAMMENSCHRAUBEN UND DAS OBERTEIL KOMPLETT LACKIEREN – FERTIG IST DER GARTENZAUBER.
EINFACHER GEHT'S AUCH: DIE WINDLICHTER ÜBER EINE KERZE STELLEN. MACHT SICH GUT AUF DER TREPPE.

Beleuchtung garantiert

MATERIAL:
FLASCHENOBERTEIL, LAMPENSET, SCHRAUBENZIEHER, KORKEN, BOHRER

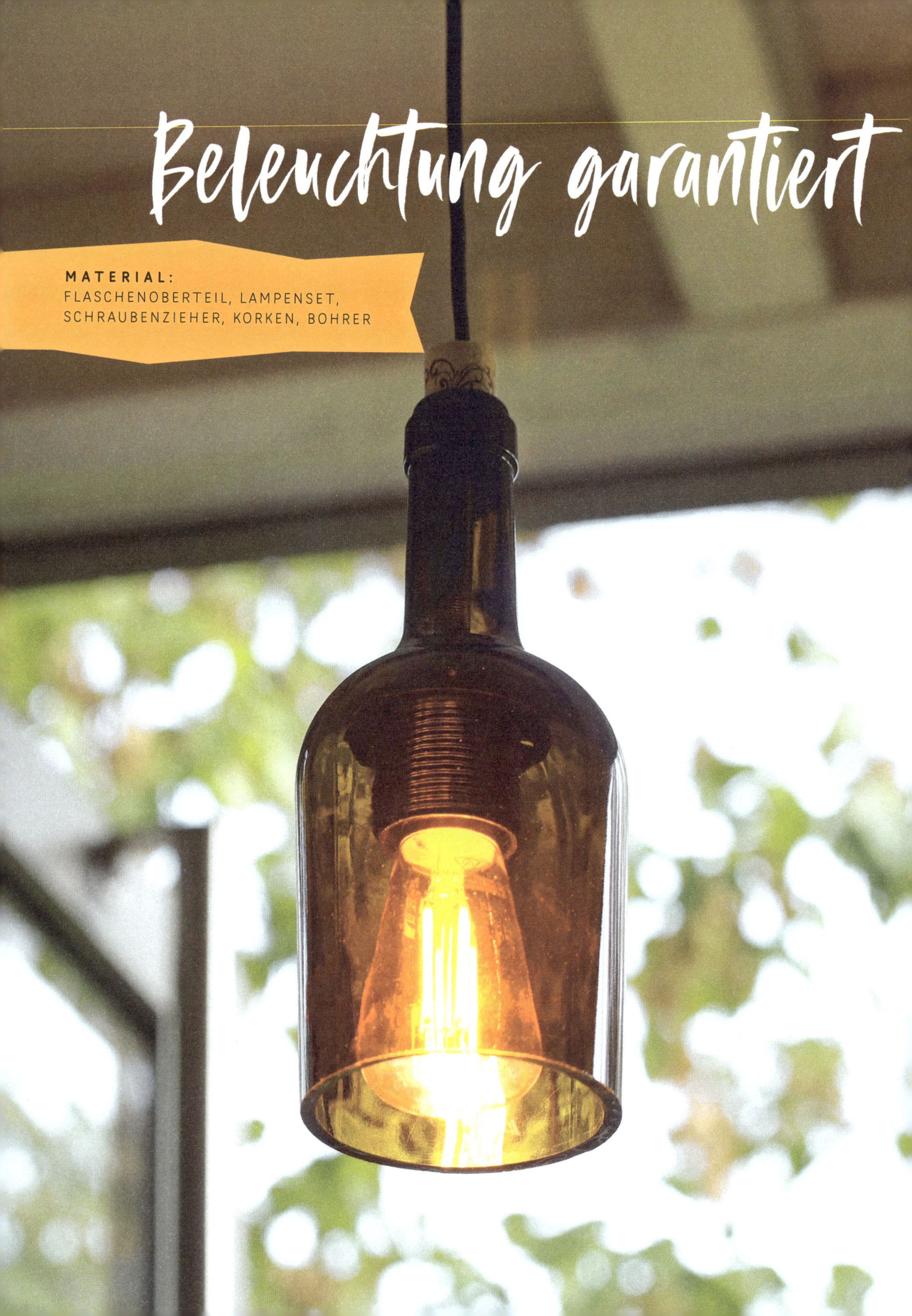

EINMAL EIN LAMPENDESIGNER SEIN? DAS IST GANZ EASY. DIE SETS FÜR DIE ANSCHLÜSSE GIBT ES IM ELEKTROFACHHANDEL ODER IM BAUMARKT. DIE FLASCHE MUSS MAN ENTWEDER VORHER LEERTRINKEN ODER SICH SCHENKEN LASSEN.

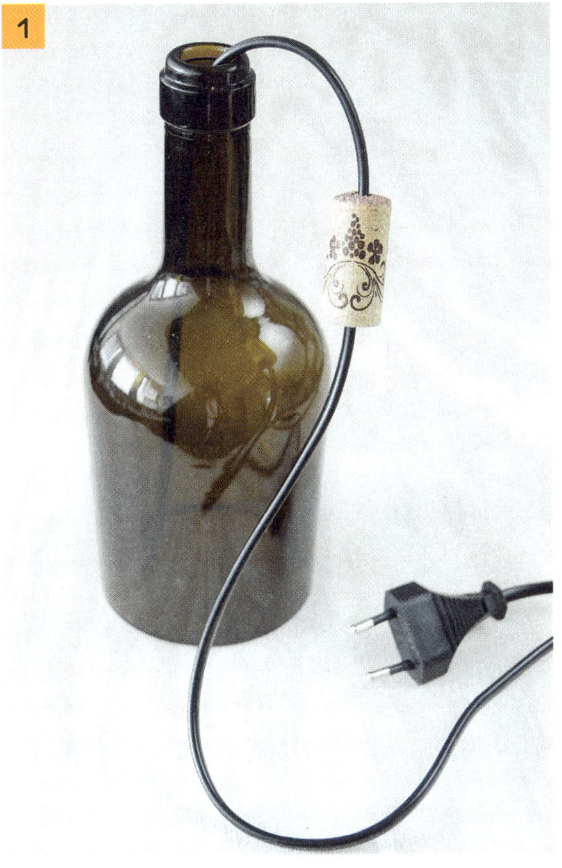

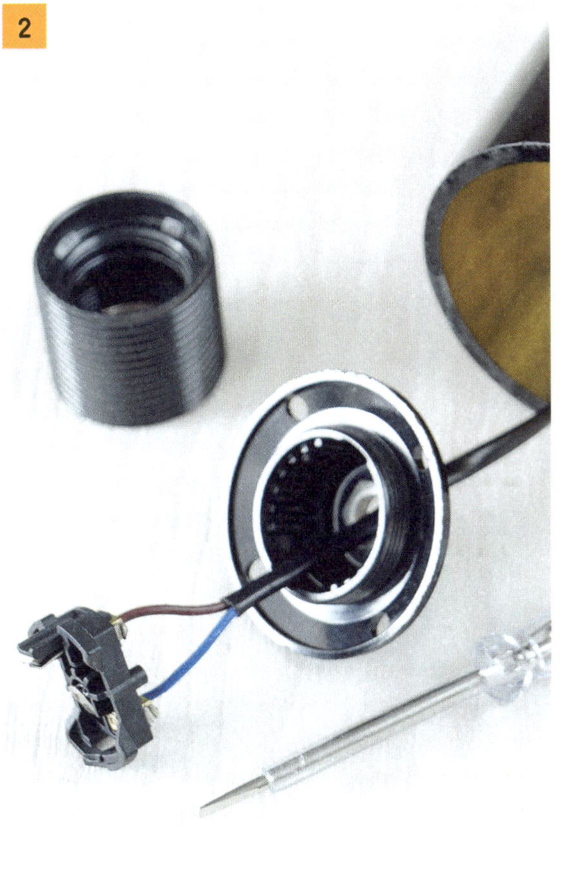

1. Am einfachsten besorgt man sich ein fertiges Set für den Bau von Lampen, vielleicht auch schon mit eingebautem Schalter und einem Stecker. Der Vorteil ist, dass meist die entsprechende Anleitung dabei ist.

Wichtig ist, die richtige Reihenfolge zu beachten. Das heißt in diesem Fall, zuerst die Schnur durch den gebohrten Korken stecken und das Kabel von oben in die Flasche einführen.

2. Dann erst die Fassung gemäß Anleitung zusammenschrauben. Wer sich unsicher ist, lässt sich von einem Fachmann helfen.

Fortsetzung auf der nächsten Seite

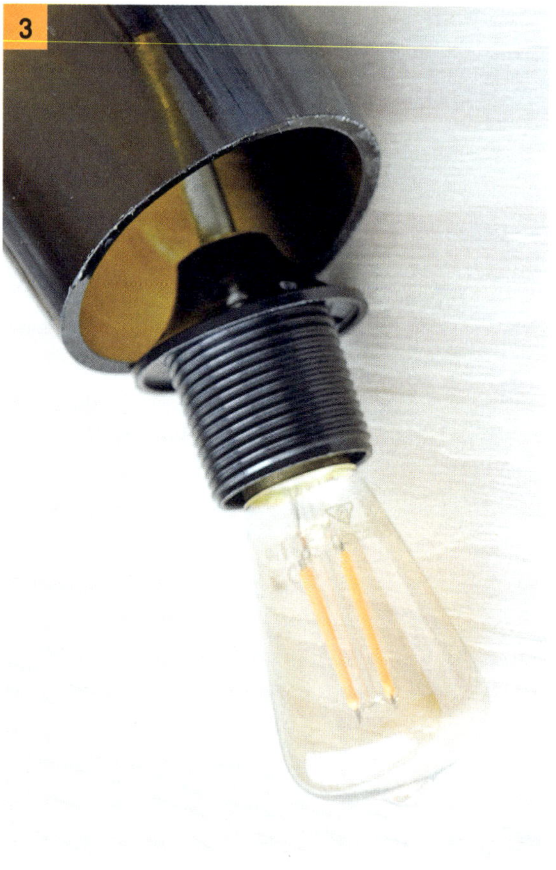

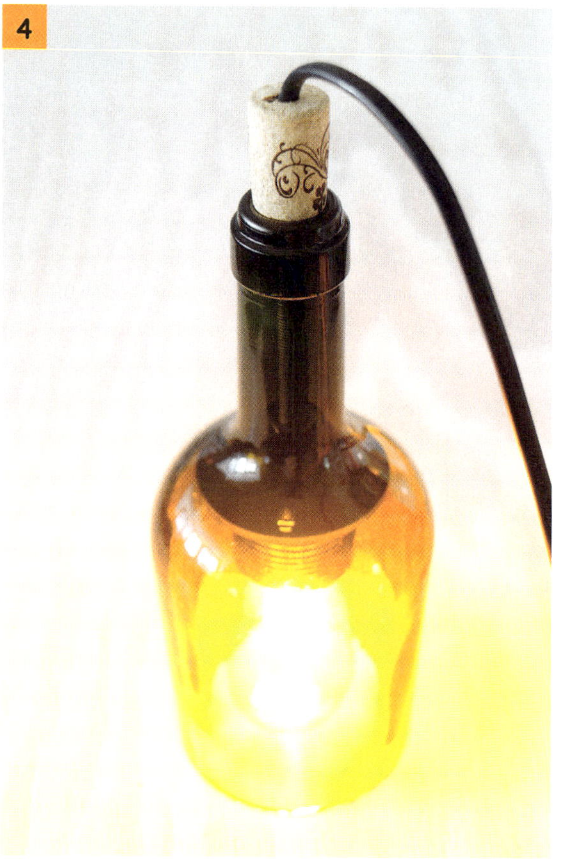

3. Manchmal enthalten die Sets auch noch eine kleine Gewindestange, durch die das Kabel geführt werden kann. Ist alles am richtigen Platz, schraubt man eine passende Glühbirne in die Fassung.

4. Nun das Kabel vorsichtig nach oben ziehen und den Korken fest in die Flasche stopfen.

Sicherheitshalber kann man den Korken mit Sekundenkleber oder der Heißklebepistole am Glasrand verkleben, damit er nicht aus der Flasche rutscht, wenn die Lampe hängt. Das Kabel kann man in der Bohrung weiterhin verschieben. Es sollte allerdings sehr stramm sitzen.

Die Flasche kann man nun z. B. mit einem Knoten an einem Haken aufhängen.

NATÜRLICH KANN MAN DIE LAMPEN NOCH VERZIEREN ODER LACKIEREN. WER MAG, VERWENDET SEIN DESIGNERSTÜCK ALS NACHTTISCHLAMPE.

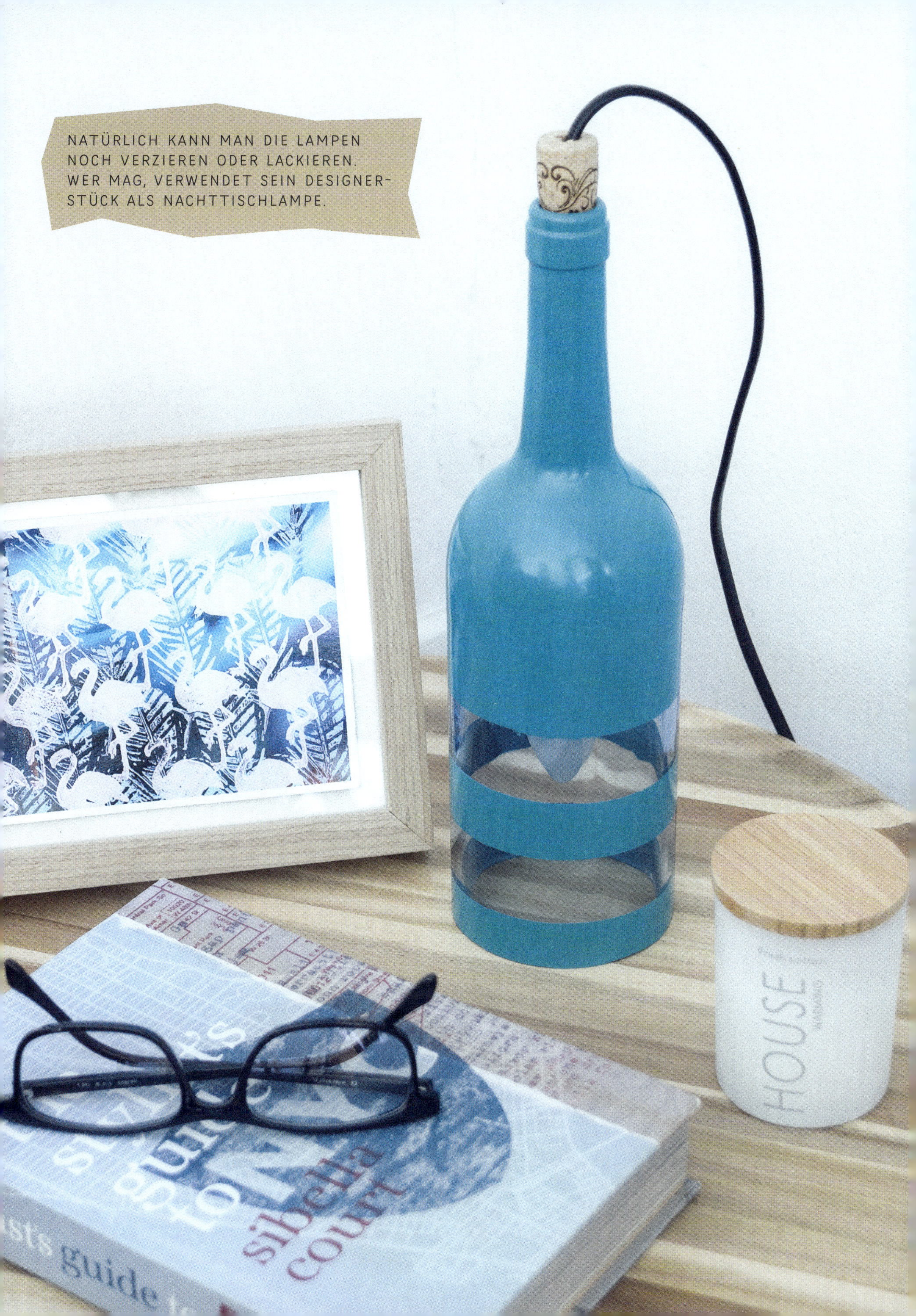

Das Runde muss ins Eckige

MATERIAL:
FLASCHENOBERTEIL, HOLZKLOTZ, EVTL. SÄGE, BOHRMASCHINE MIT FORSTNER-BOHRER, SCHNUR

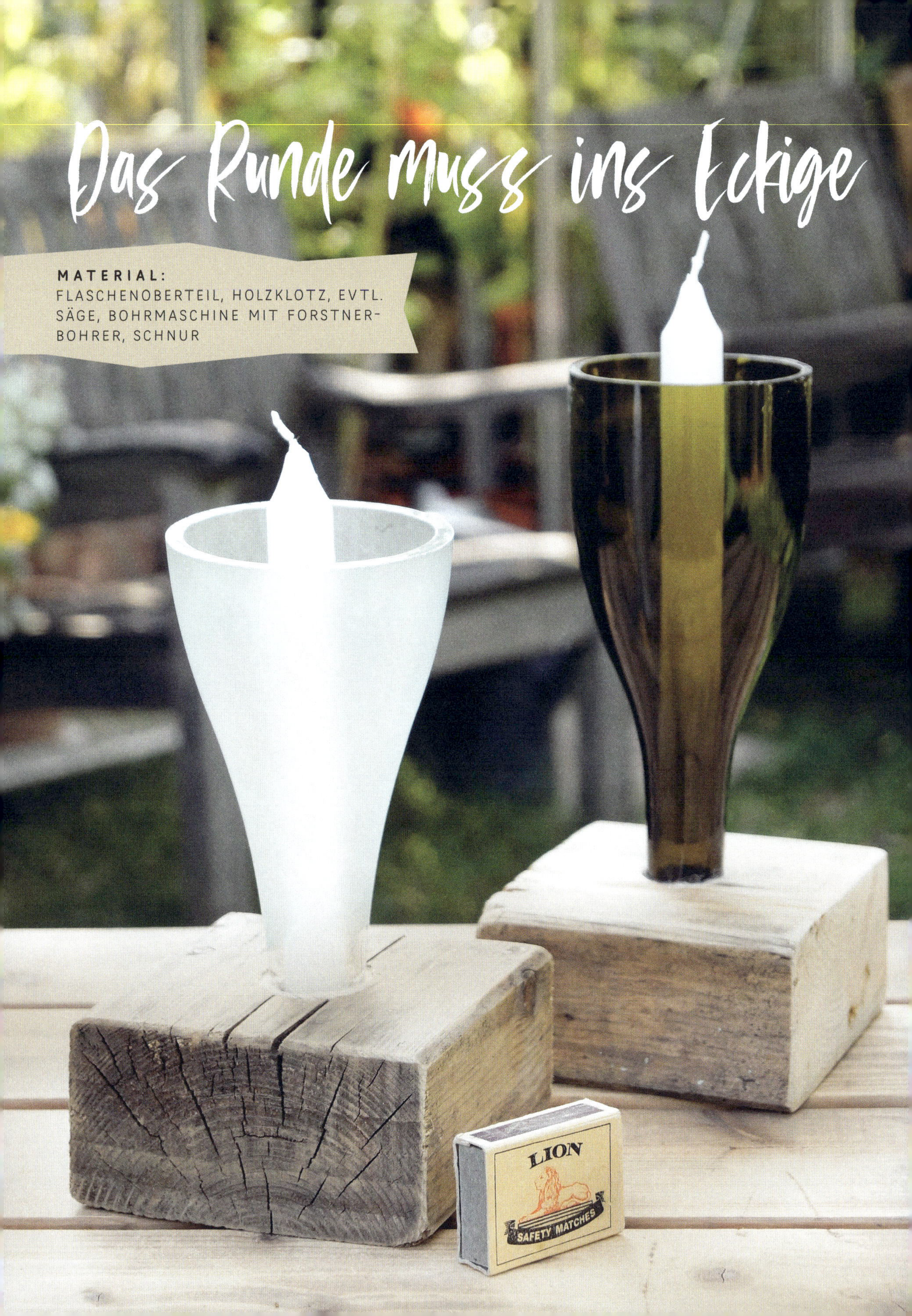

WAS ANFANGEN MIT ALL DEN FLASCHENOBERTEILEN, DIE ÜBRIG BLEIBEN BEIM SCHNEIDEN VON GLÄSERN UND VASEN? DIE EINFACHE LÖSUNG: KERZENHALTER BAUEN. SUPER PRAKTISCH, DENN IN DEN SICH VERJÜNGENDEN FLASCHENHALS PASSEN STABKERZEN HINEIN.

1

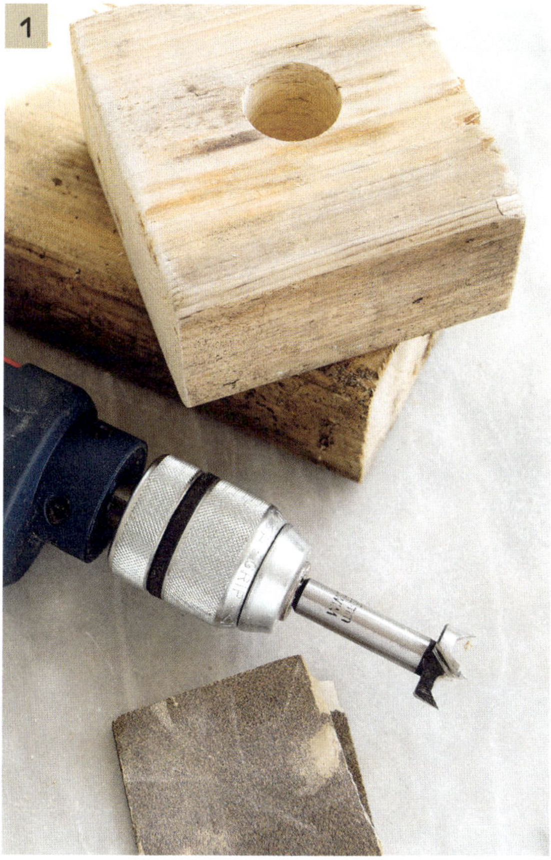

2

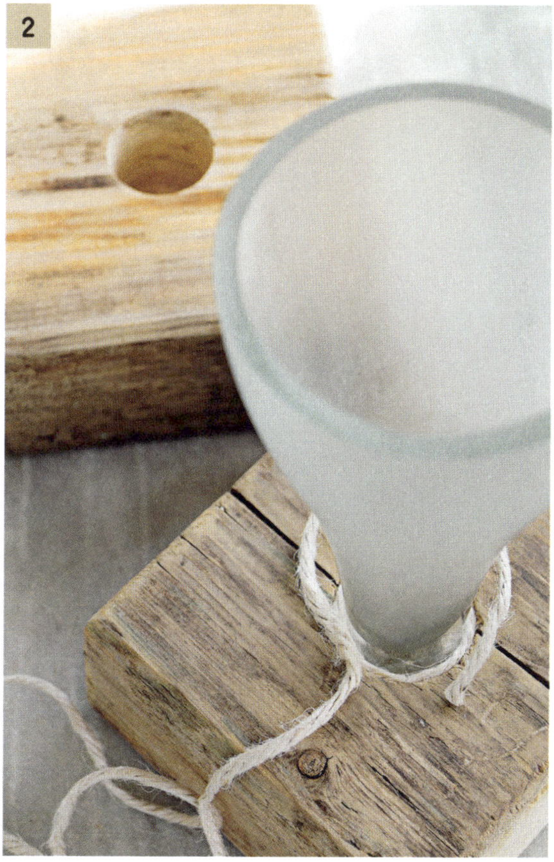

1. Für den Flaschenhalter lässt man sich entweder beim Schreiner oder im Baumarkt einen entsprechenden Klotz zuschneiden. Der sollte mindestens eine Stärke von 5 cm haben. Die Holzklötzchen in diesem Beispiel sind aus einem alten Balken herausgesägt und haben eine Größe von 11 x 11 cm und sind 5 cm dick.

Mit einem Forstnerbohrer bohrt man nun in die Mitte des Klotzes ein tiefes Loch (Achtung: nicht durchbohren!). Der Durchmesser des Bohrers sollte in etwa dem Durchmesser des Flaschenhalses entsprechen, lieber etwas größer. Alle Kanten anschließend mit Schmirgelpapier glätten.

2. Dann das Flaschenoberteil anpassen. Sollte die Flasche zu viel Spiel in der Öffnung haben, kann man das Ganze mit einer dicken Schnur ausgleichen. Dazu die Schnur um den Flaschenhals legen und mit einem spitzen Gegenstand (z. B. Zahnstocher) die Schnur hinein drücken, bis der Raum ausgefüllt ist.

Wenn alles fest ist, kann man eine Stabkerze hineinstecken – fertig!

Silber und Gold

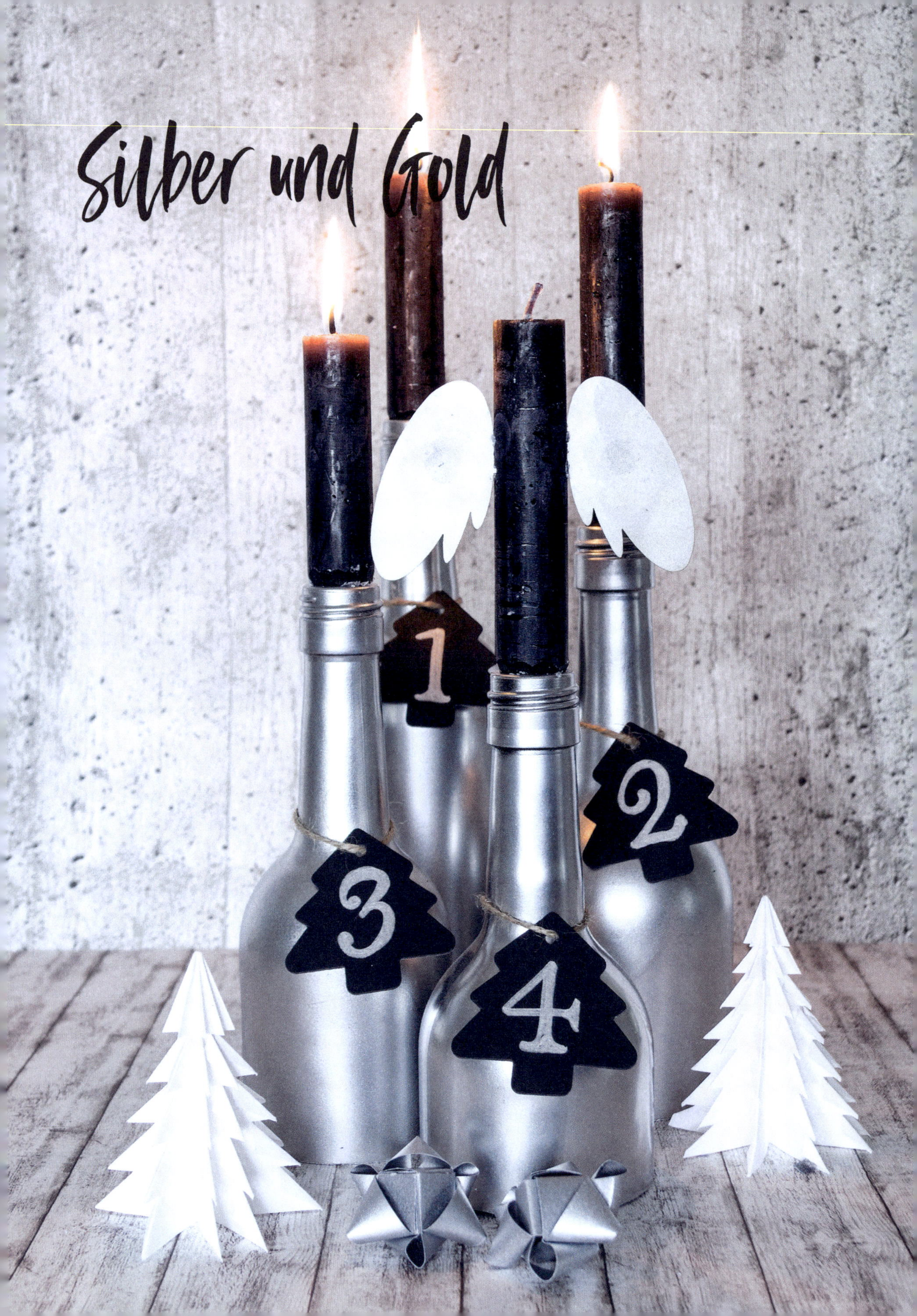

SILBER LACKIERTE FLASCHENOBERTEILE EIGNEN SICH PRIMA ALS ALTERNATIVER ADVENTSKRANZ. UND EINE TROPFKERZE AUF EINEM GOLDENEN FLASCHENHALS KANN AUCH SEHR DEKORATIV AUSSEHEN.

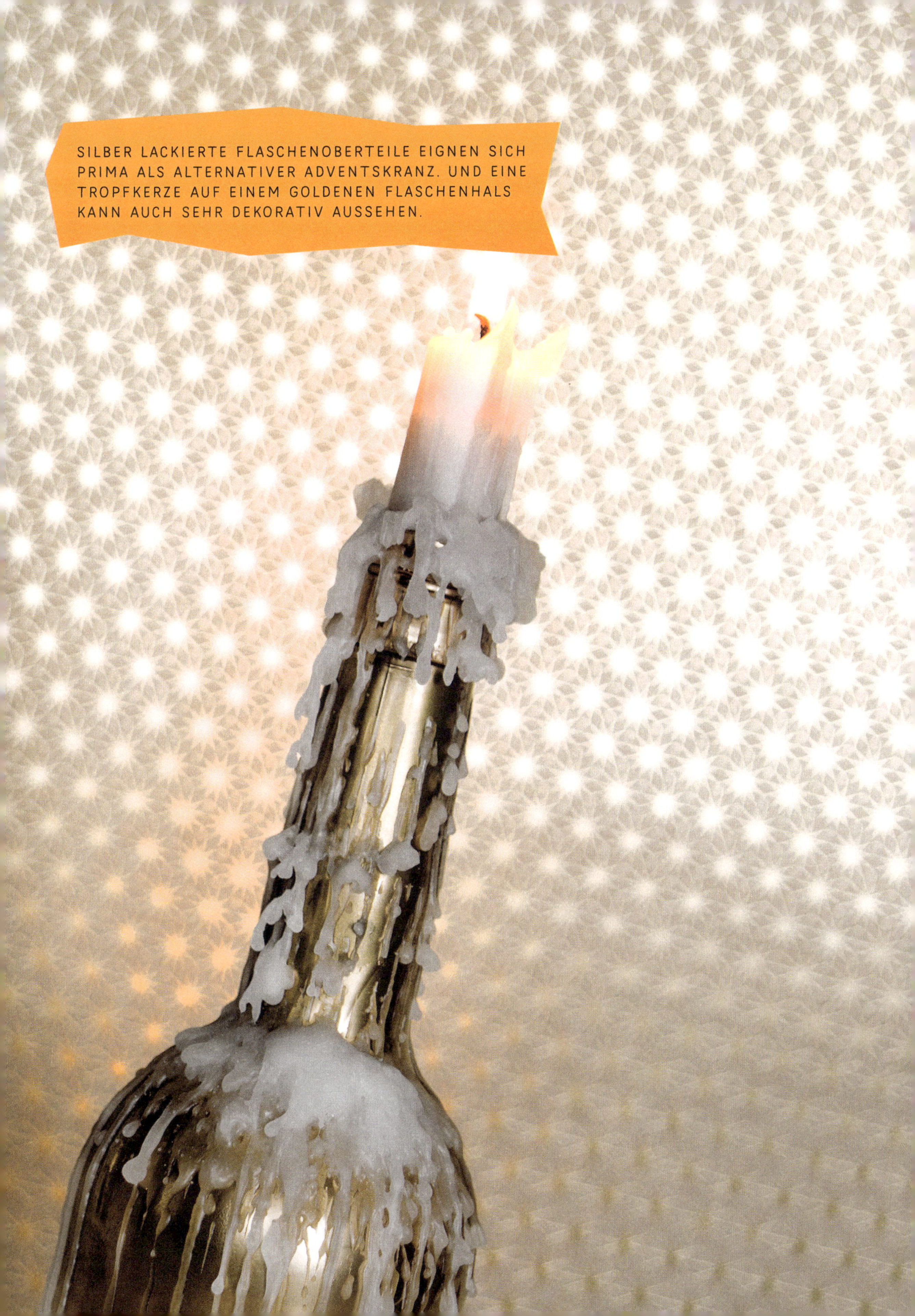

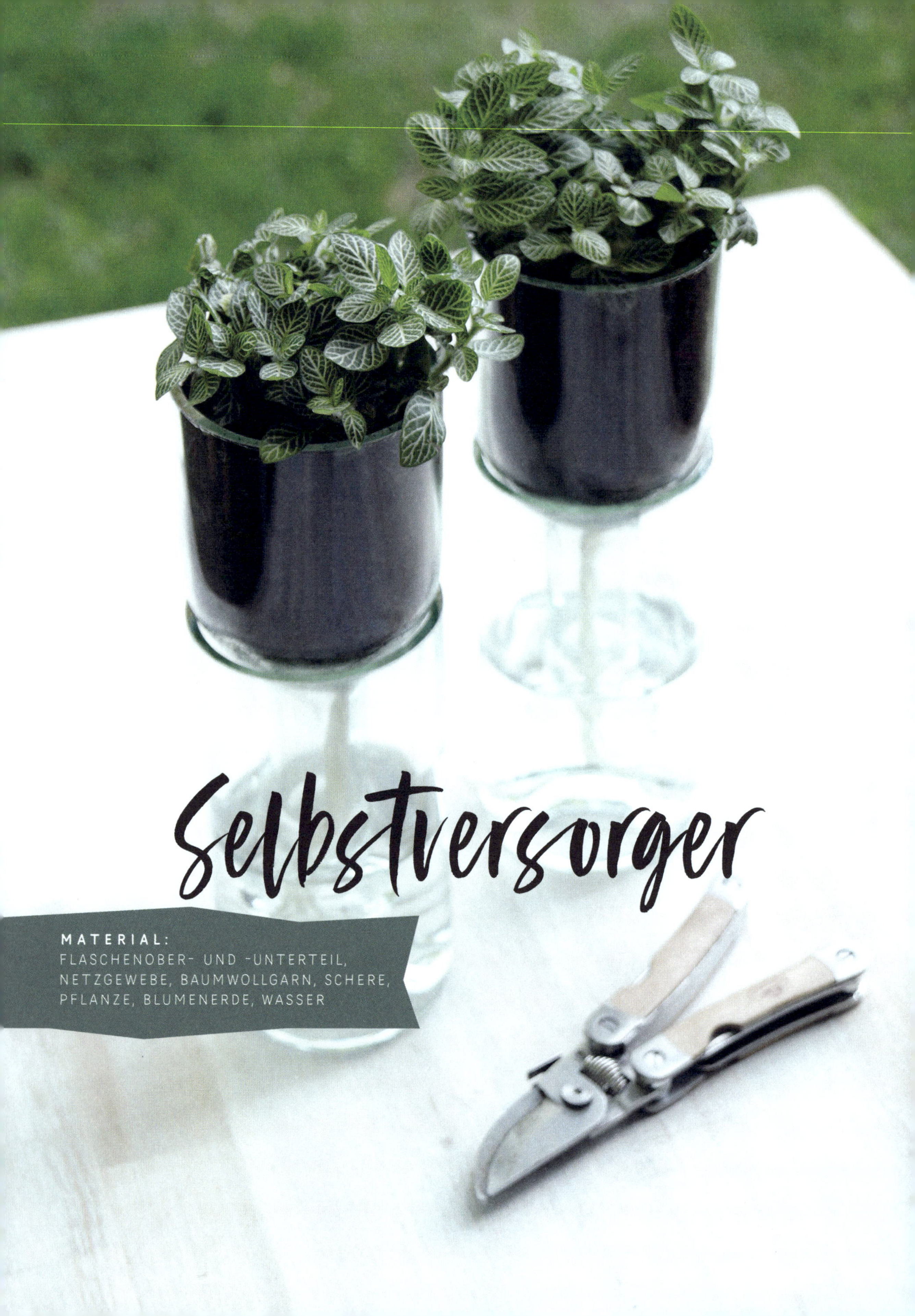

Selbstversorger

MATERIAL:
FLASCHENOBER- UND -UNTERTEIL, NETZGEWEBE, BAUMWOLLGARN, SCHERE, PFLANZE, BLUMENERDE, WASSER

WEM DER GRÜNE DAUMEN FEHLT, DER FINDET IN DIESEM PROJEKT EINE PRIMA LÖSUNG. BLUMENGIESSEN WAR GESTERN. NUR HIN UND WIEDER DEN UNTEREN TEIL EIN WENIG MIT WASSER AUFFÜLLEN. DER REST ERGIBT SICH VON SELBST.

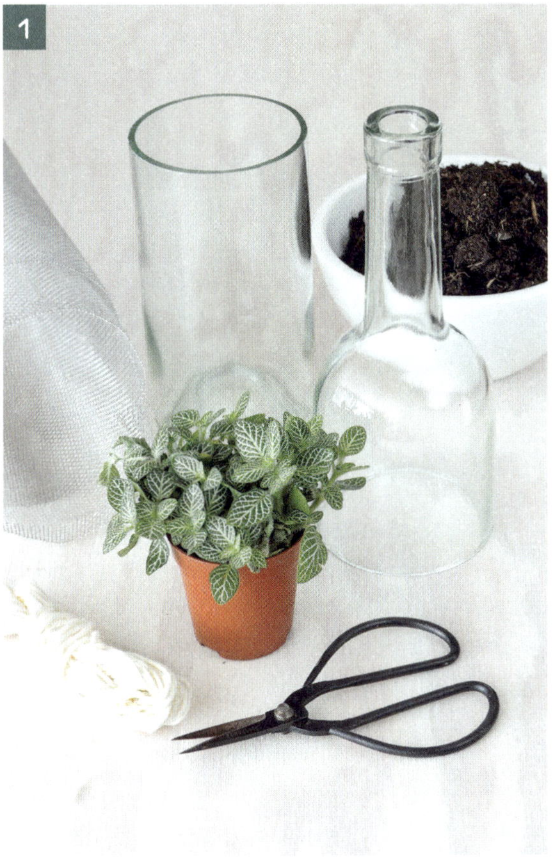

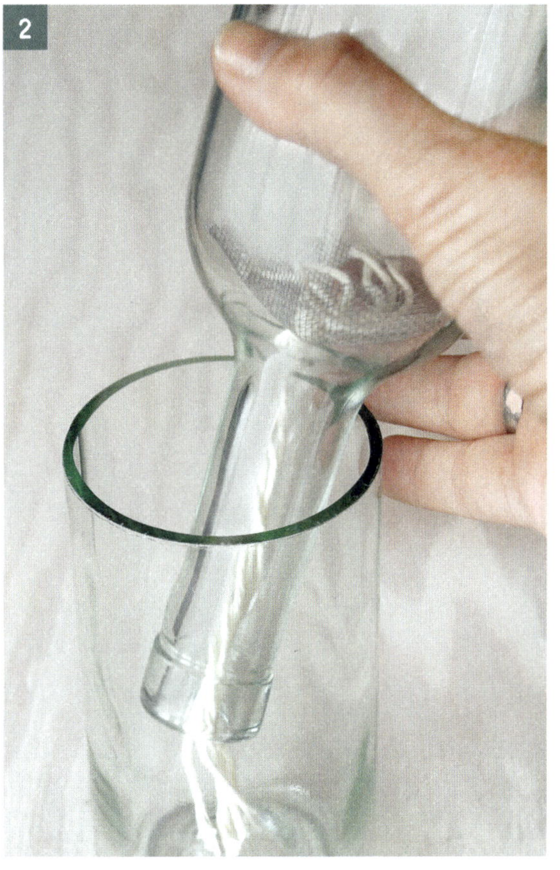

1. Hierfür benötigt man beide Teile einer zerschnittenen Flasche. Der obere Teil sollte aber nicht zu lang sein.

Ein kleines genügsames Pflänzchen, vielleicht eine Sukkulente, die eignet sich sehr gut.

2. Von dem feinen Netzgewebe schneidet man 2 kleine Stücke heraus, legt sie übereinander und schneidet in der Mitte ein kleines Loch. Dort hindurch fädelt man ein paar Stränge der Baumwolle. Sie sollten unten aus dem Flaschenhals herausschauen. Die Fäden oberhalb des Gewebes verknoten.

Fortsetzung auf der nächsten Seite

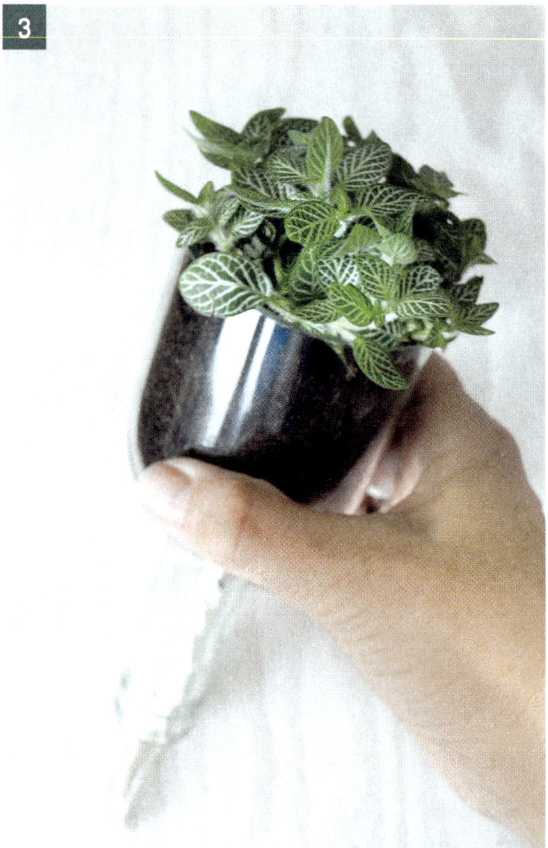

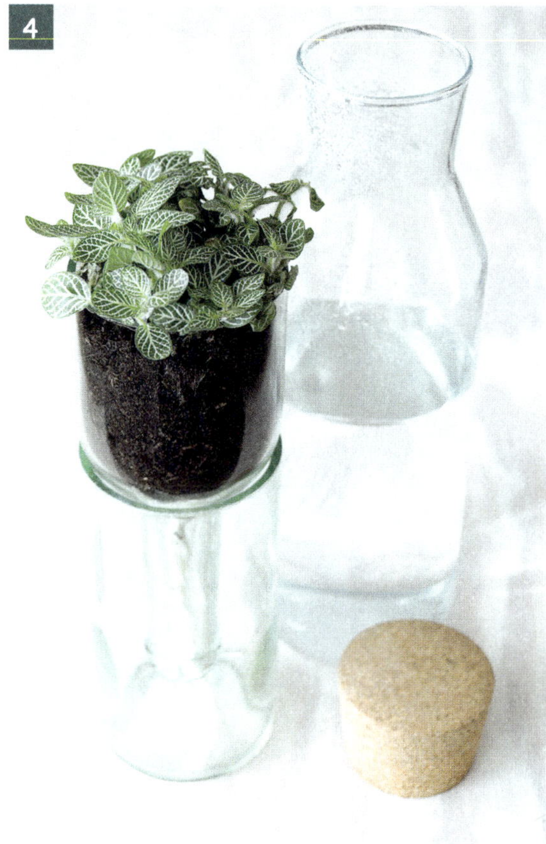

3. Das Glas vorsichtig mit Erde befüllen und die kleine Pflanze einsetzen.

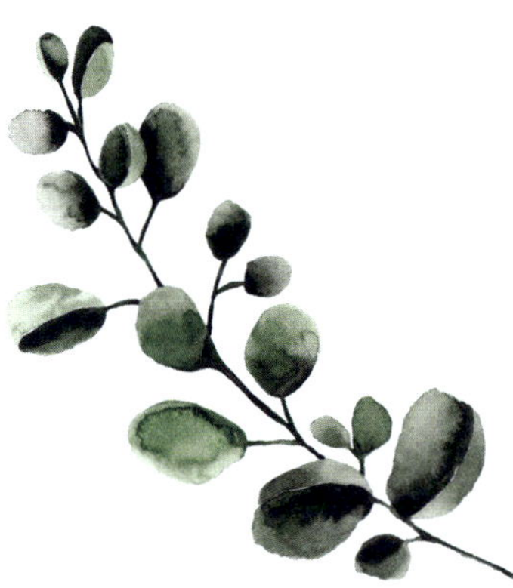

4. Den unteren Teil der Flasche zur Hälfte mit Wasser füllen und den oberen Teil mit der Pflanze hineinstellen.

Da es eine Weile dauert, bis die Fäden wirklich Wasser ziehen, sollte man die Pflanze nun doch erst einmal ein wenig von oben gießen.

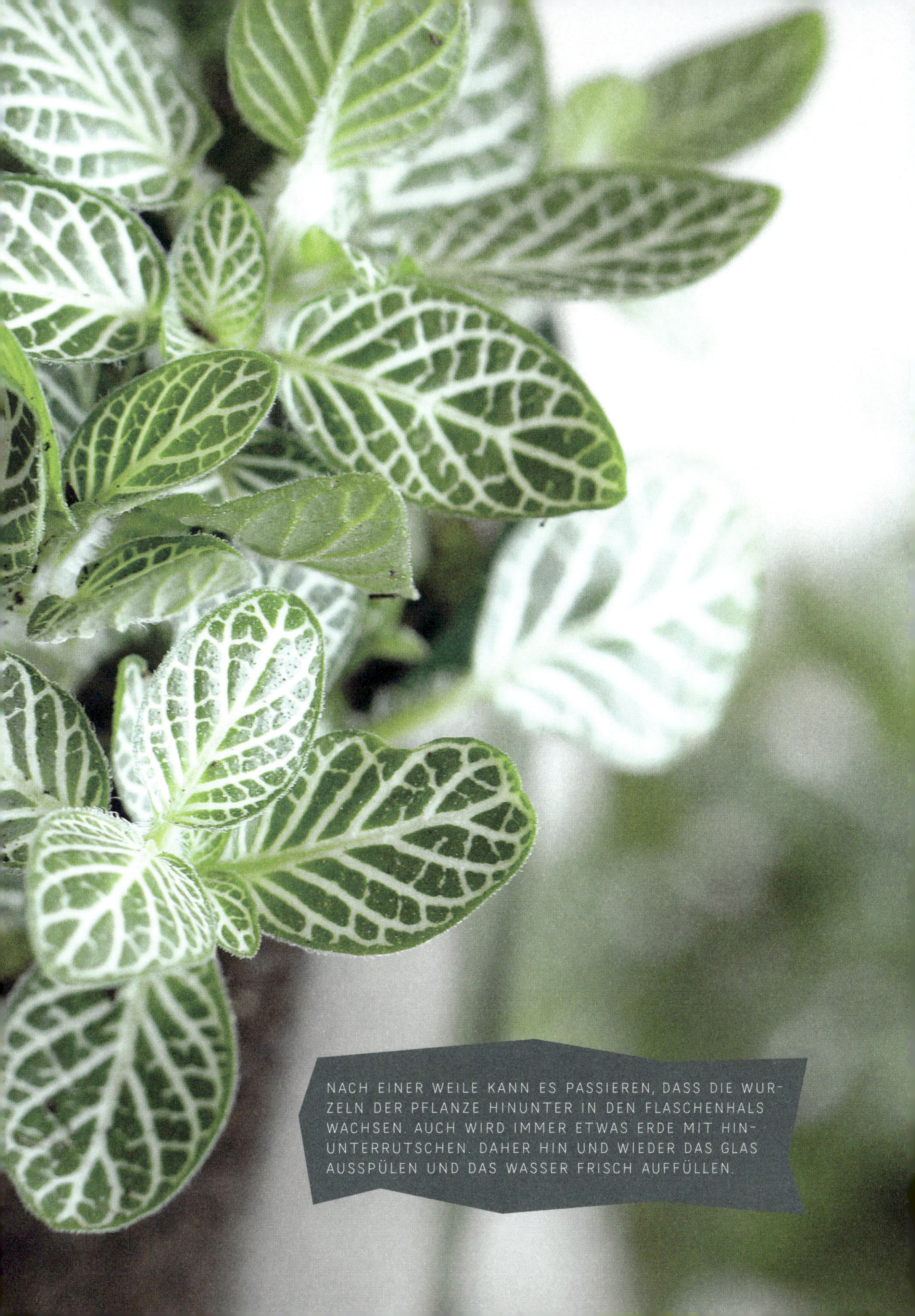

NACH EINER WEILE KANN ES PASSIEREN, DASS DIE WURZELN DER PFLANZE HINUNTER IN DEN FLASCHENHALS WACHSEN. AUCH WIRD IMMER ETWAS ERDE MIT HINUNTERRUTSCHEN. DAHER HIN UND WIEDER DAS GLAS AUSSPÜLEN UND DAS WASSER FRISCH AUFFÜLLEN.

Bunte Vasen

MANCHE FLASCHEN SIND SO SCHÖN, DIE MUSS MAN NICHT WEITER GESTALTEN. DIE EINZELNEN TEILE KANN MAN NACH LUST UND LAUNE ZUSAMMENSTELLEN.

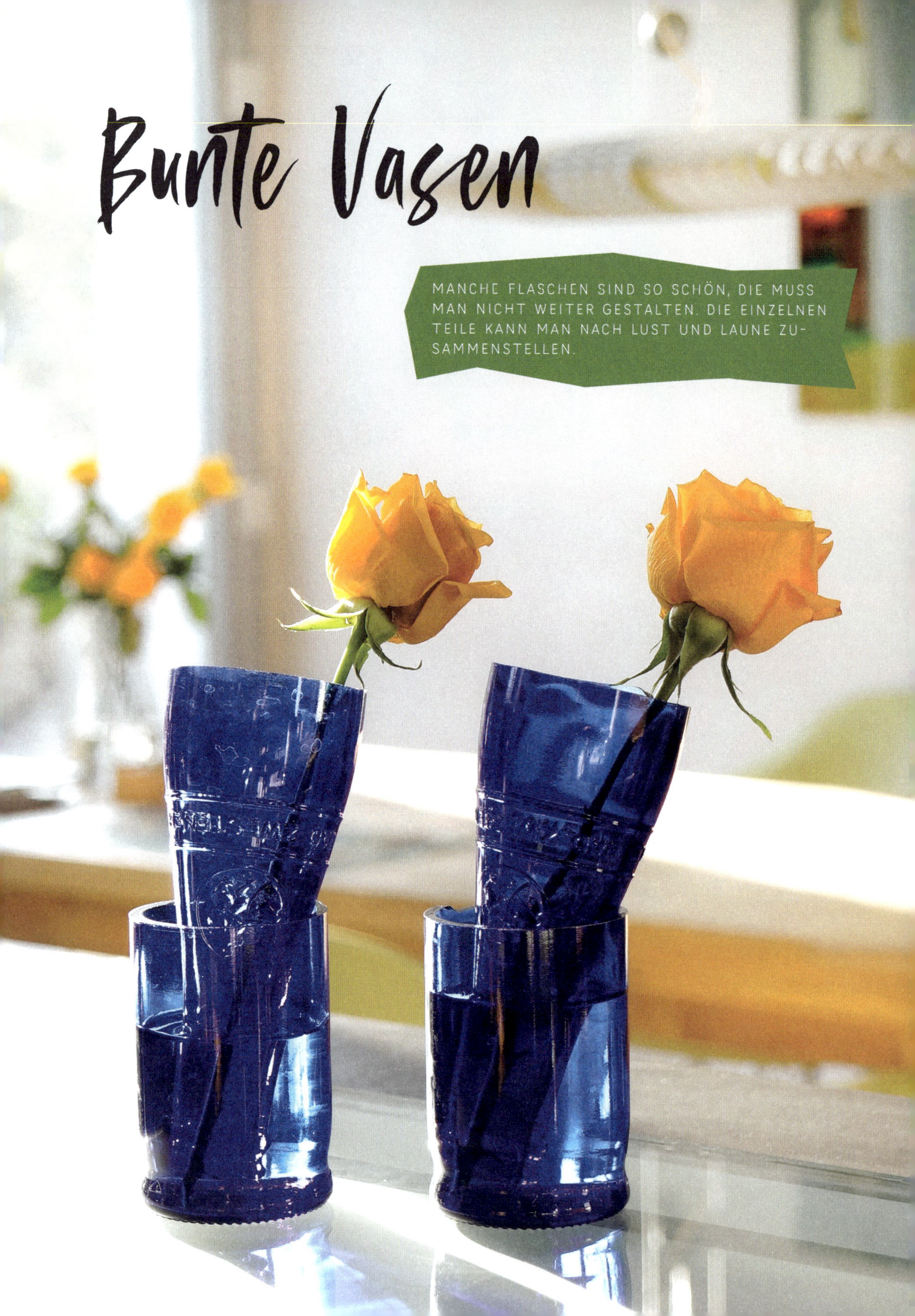

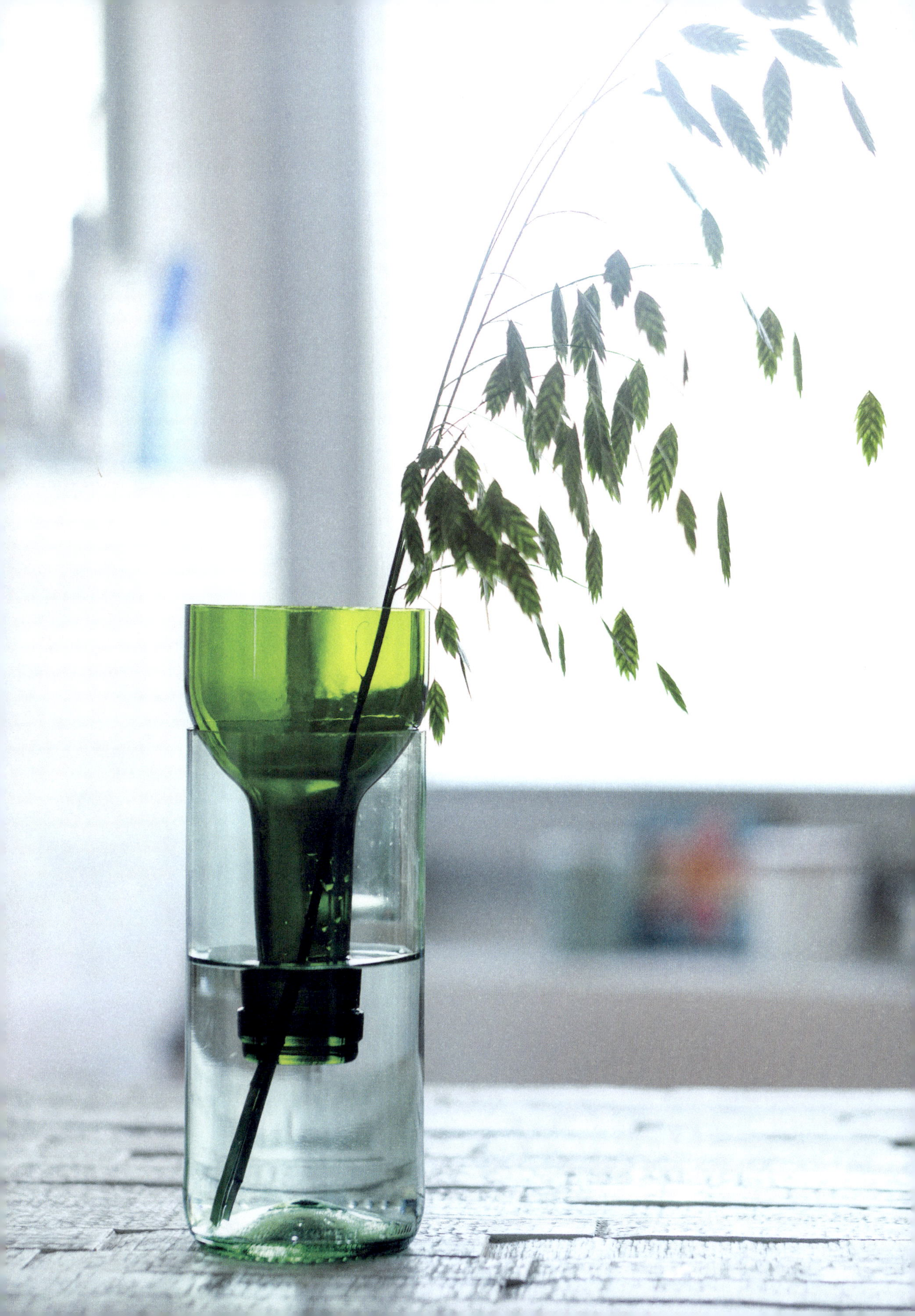

Ganze Flaschen

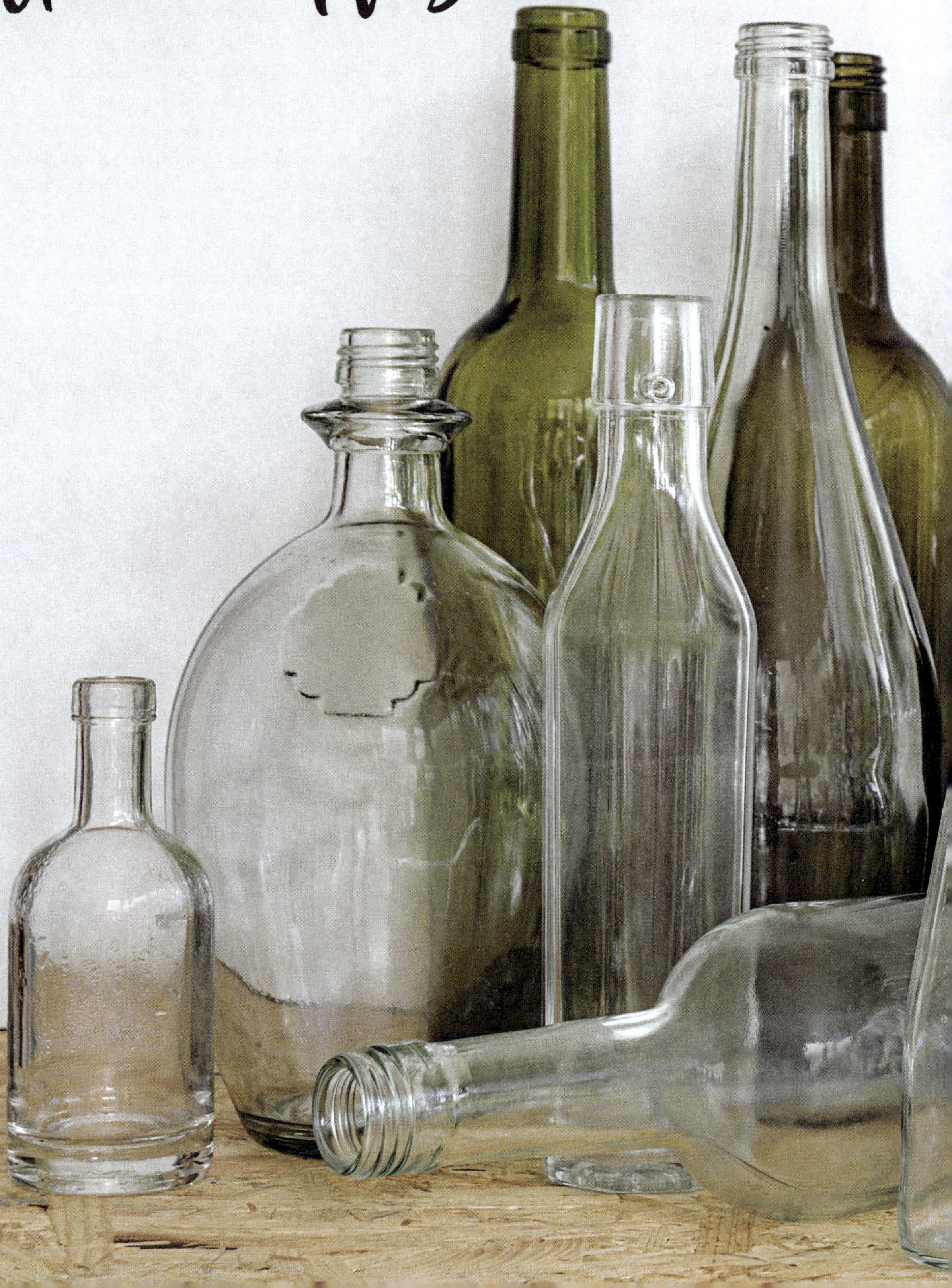

AM HÄUFIGSTEN WERDEN IN FLASCHEN GETRÄNKE AUFBEWAHRT. DIE VERSCHLOSSENE FLASCHE SCHÜTZT DAS GETRÄNK VOR DEM EINDRINGEN VON FREMDSTOFFEN WIE BAKTERIEN ODER DER VERDUNSTUNG. VIELE FLASCHEN BESTEHEN AUS GETÖNTEM MATERIAL, UM DIE SONNENEINSTRAHLUNG, INSBESONDERE UV-STRAHLEN, ABZUSCHIRMEN.

AUSSERDEM GIBT ES NATÜRLICH FLASCHEN IN DER HAUSHALTSANWENDUNG, ZUM BEISPIEL FÜR REINIGUNGSMITTEL ODER ÖLE, ABER AUCH IM CHEMIKALIENHANDEL. HIER WERDEN MEIST FLASCHEN MIT EINEM BREITEREN FLASCHENHALS VERWENDET. ZUM BEISPIEL FÜR PULVER ODER ANDERE FESTSTOFFE.

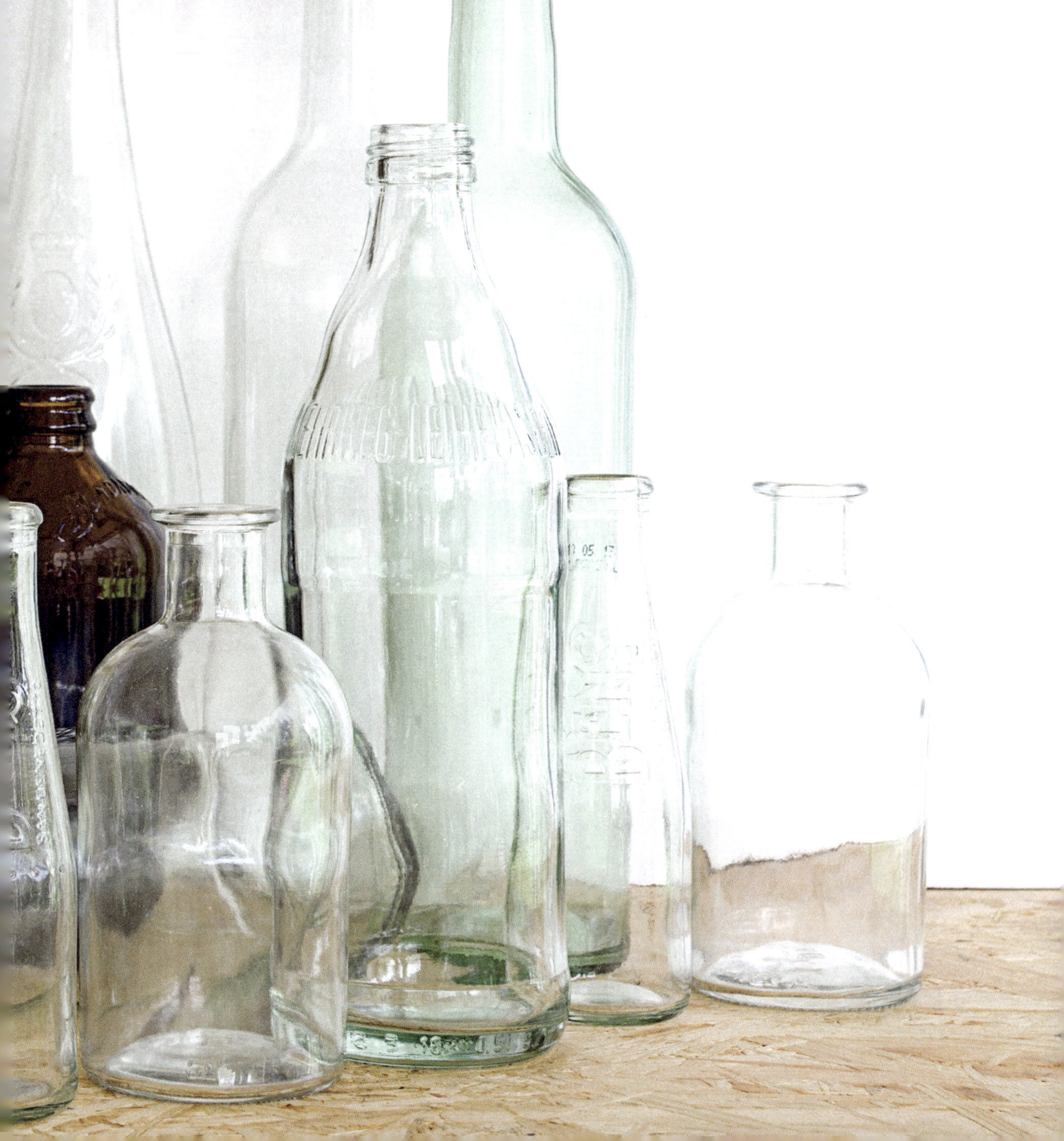

White Beauty

MATERIAL:
GANZE FLASCHE, KLEBEBAND, SPRÜHLACK

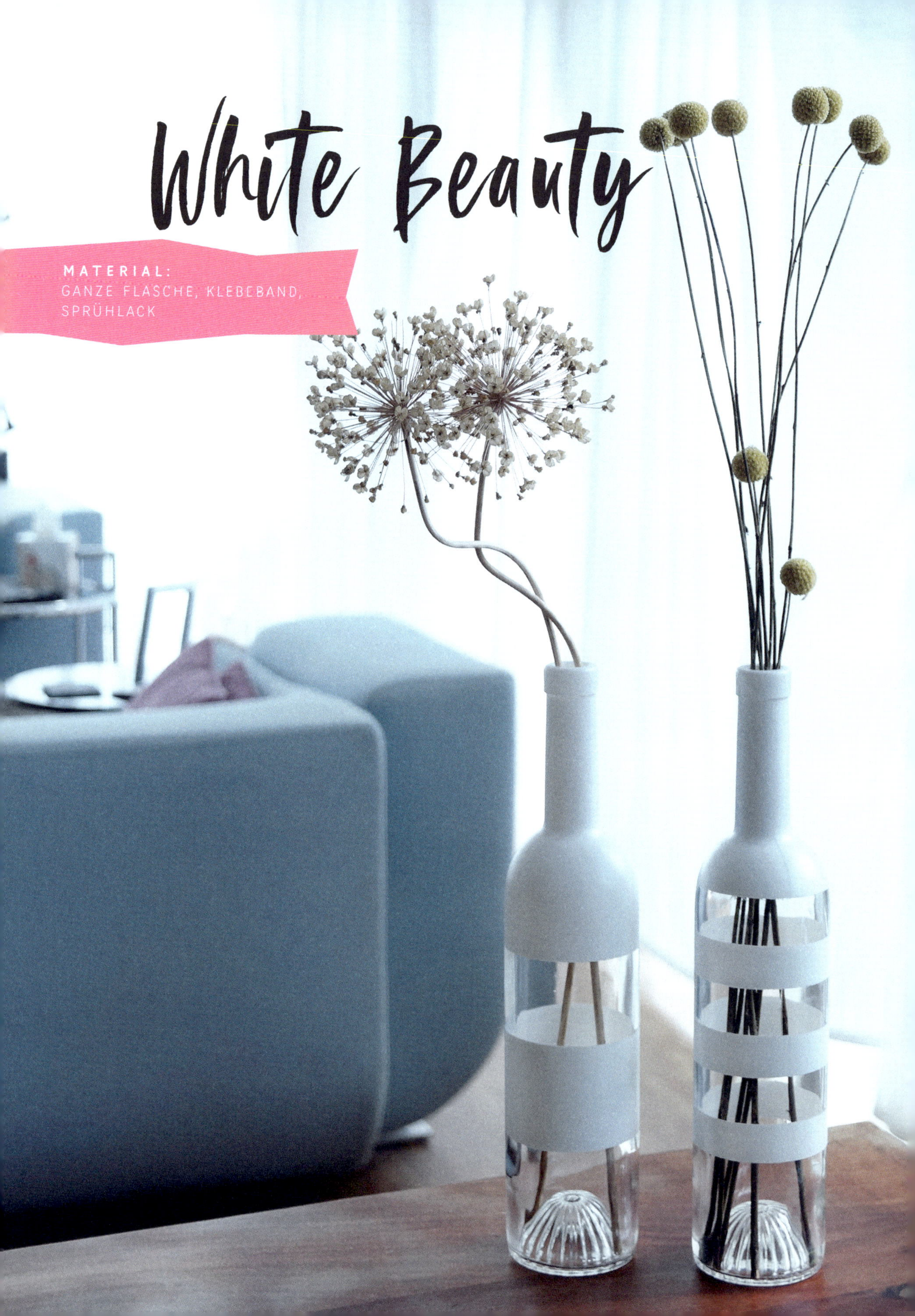

SOLCHE SCHICKEN VASEN LASSEN SICH SCHNELL UND EINFACH HERSTELLEN. SEHR EDEL SEHEN DIE FLASCHEN IN WEISS AUS, DANN PASST JEDE BLUME ODER JEDES GRAS HINEIN, OHNE MIT DER FLASCHE ZU KONKURRIEREN. MAN SOLLTE AUSSCHAU HALTEN NACH FLASCHEN MIT EINEM BESONDERS GEWÖLBTEN BODEN.

1

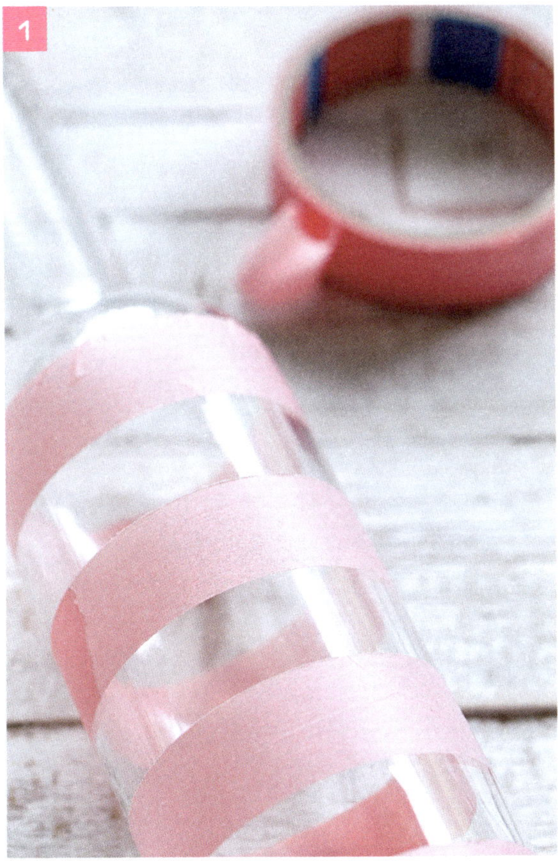

2

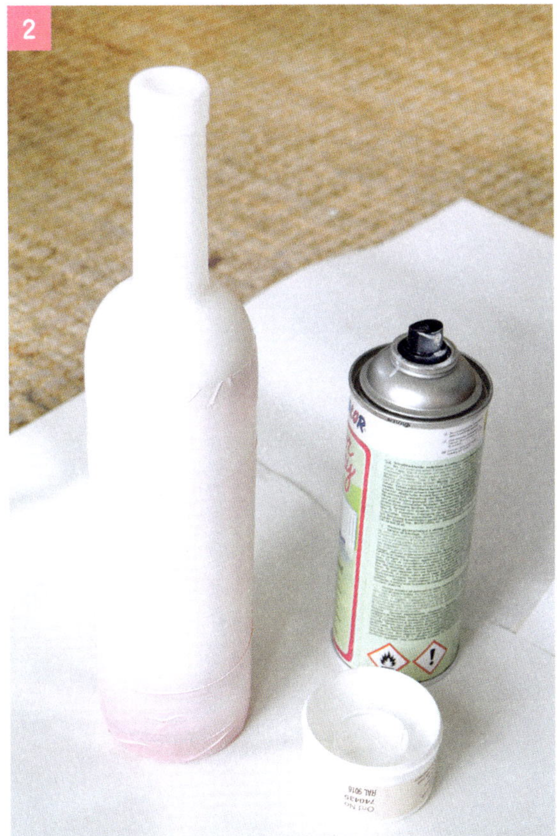

1. Die gereinigten Flaschen mit Malerkrepp abkleben. Die Ränder gut andrücken, damit keine Farbe unter das Band laufen kann.

2. Dann die Flaschen auf einer Unterlage und bei ausreichend Frischluft lackieren. Anschließend gut trocknen lassen. Später das Klebeband vorsichtig wieder abziehen. Hat die Flasche einen besonders schönen, gewölbten Boden, sollte man den unteren Bereich frei lassen.

Hell in Pastell

MATERIAL:
GANZE FLASCHEN, KREIDEFARBEN, SCHWÄMMCHEN ODER PINSEL, GOLDFOLIE, ANLEGEMILCH, EVTL. PINZETTE, PINSEL

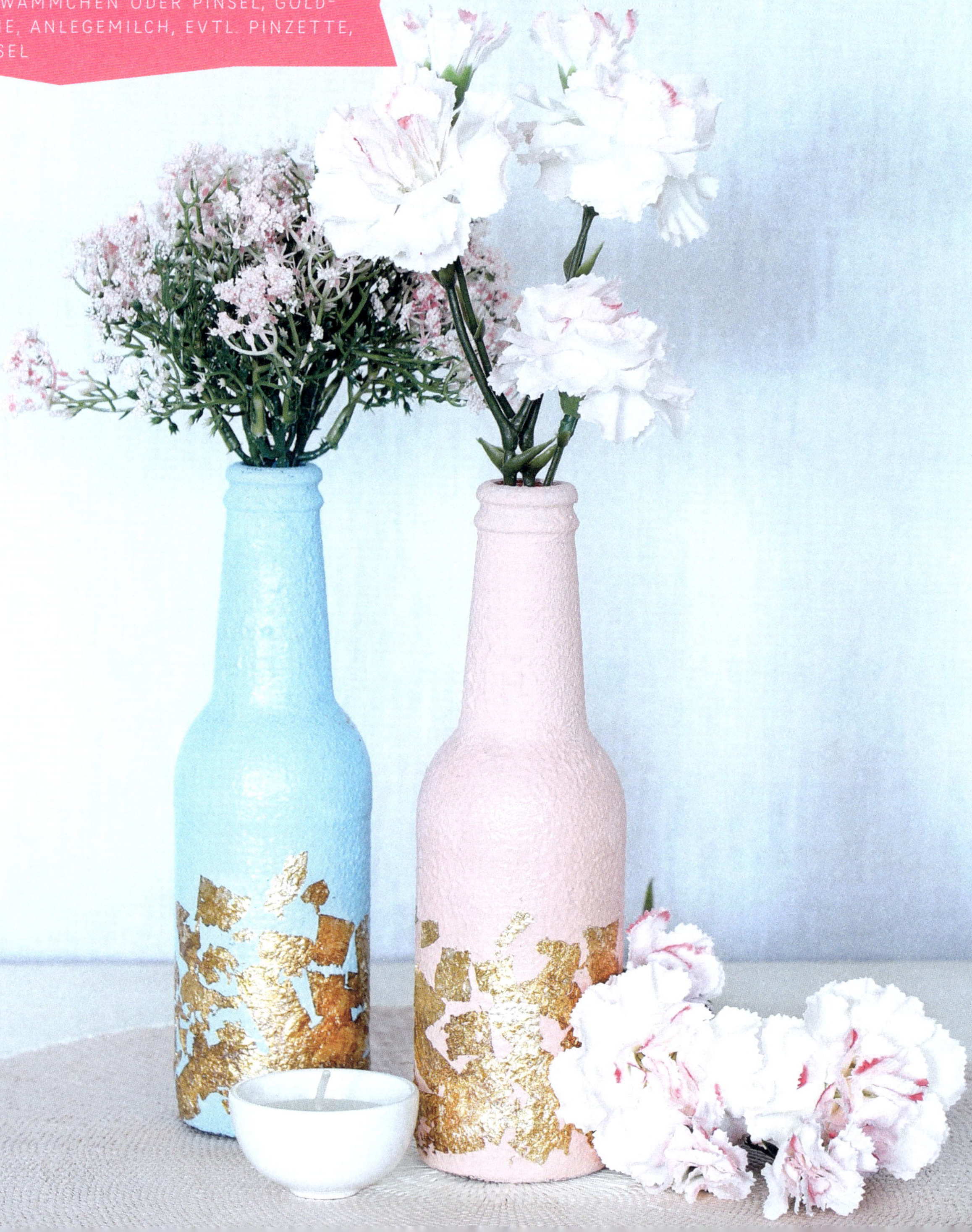

FÜR ALLE, DIE ES ETWAS PASTELLIGER MÖGEN, SIND DIESE VASEN GENAU DAS RICHTIGE. MIT KREIDEFARBE BETUPFT BEKOMMT DAS GLAS EINE GANZ EIGENE STRUKTUR UND AUCH DIE AUFGEBRACHTE GOLDFOLIE WIRKT VIEL PLASTISCHER.

1

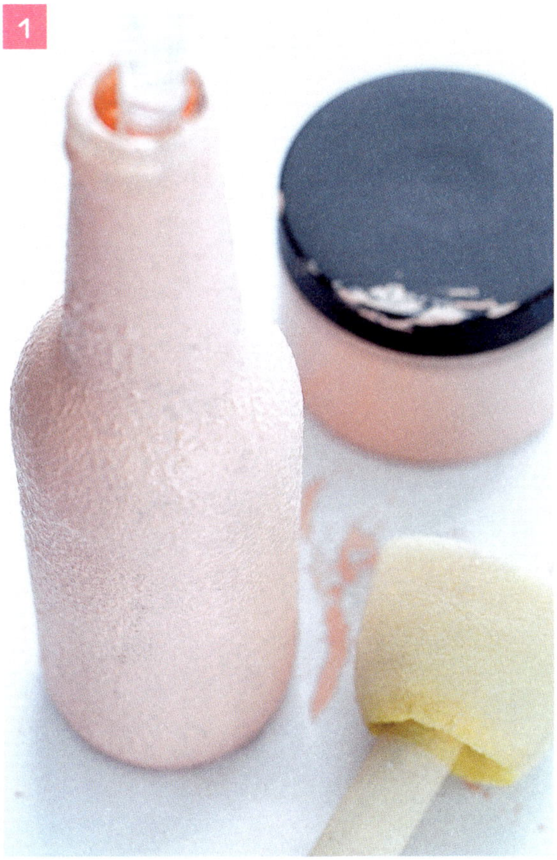

2

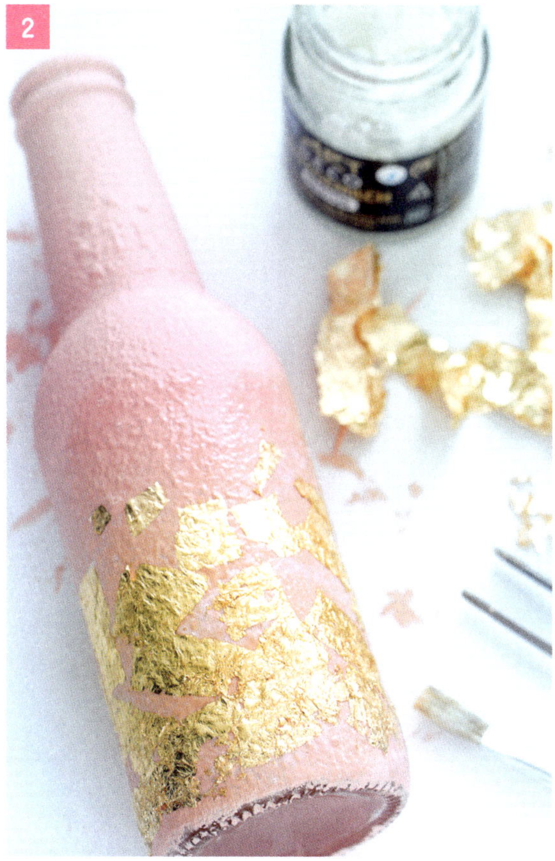

1. Nachdem die Etiketten von der Flasche entfernt sind, kann man das Glas mit der Kreidefarbe betupfen. Danach sollte die Farbe erst einmal richtig durchtrocknen.

2. Die Goldfolie wird mit einem Pinsel und der entsprechenden Anlegemilch auf die Flasche geklebt.

Hier kann eine Pinzette hilfreich sein, denn die Folie ist so fein, dass sie sofort zerreißt, wenn man sie zu grob anfasst. Außerdem sollten die Finger nicht klebrig sein.

Nach dem Antrocknen kann man die komplette Flasche noch einmal mit einem Lack überziehen, um die Goldfolie besser zu schützen.

Im Dschungel-Look

MATERIAL:
GANZE FLASCHE, SPRÜHLACK, SCHERE, SERVIETTENKLEBER, SERVIETTEN, PINSEL

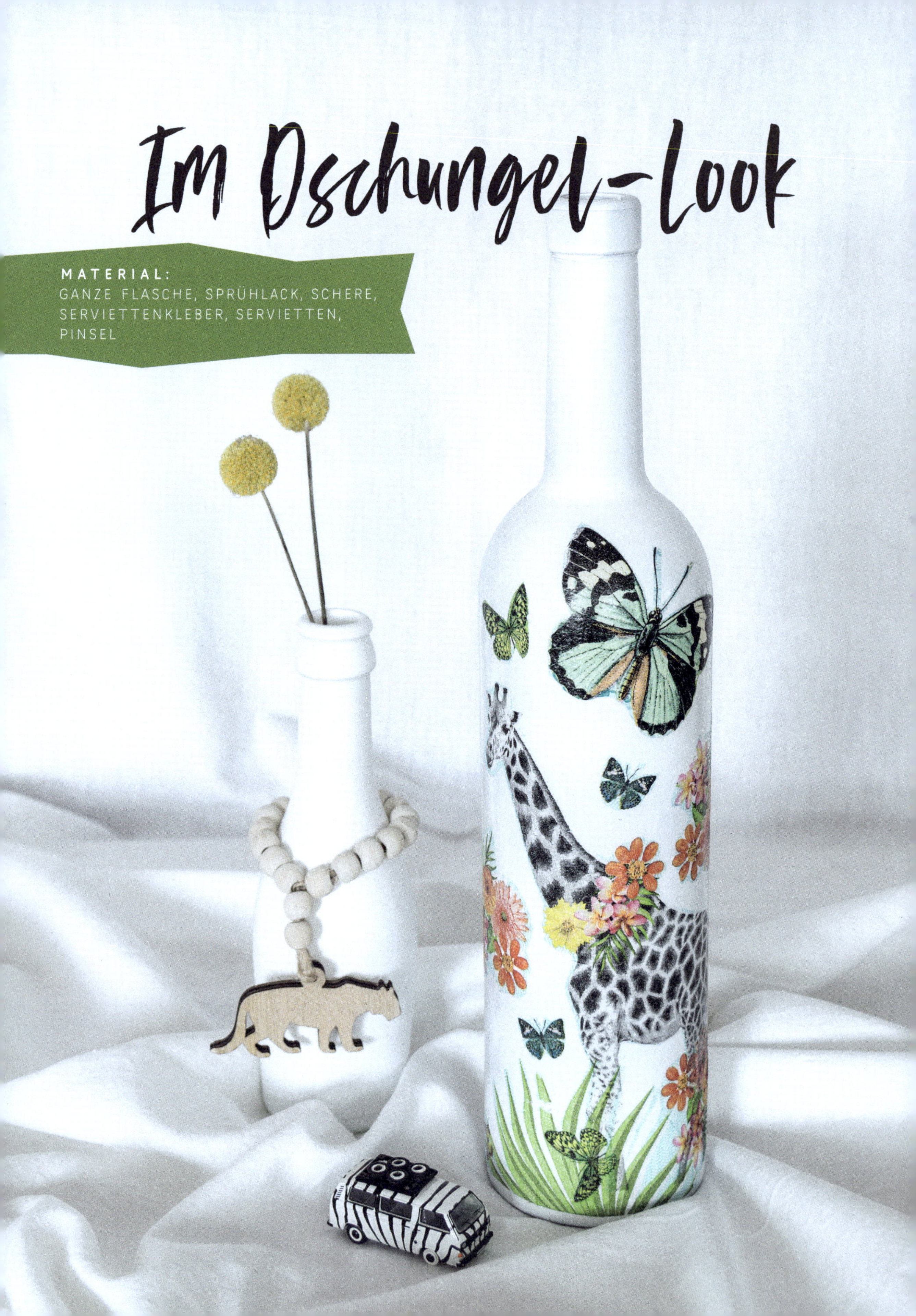

JETZT WIRD ES DSCHUNGELIG. DIE SERVIETTENTECHNIK IST FÜR GLASFLASCHEN BESTENS GEEIGNET. HIER KANN MAN NACH LUST UND LAUNE SEINE MOTIVE ANBRINGEN UND WAHRE KUNSTWERKE ERSCHAFFEN – ODER EBEN DEN GANZ EIGENEN KLEINEN DSCHUNGEL.

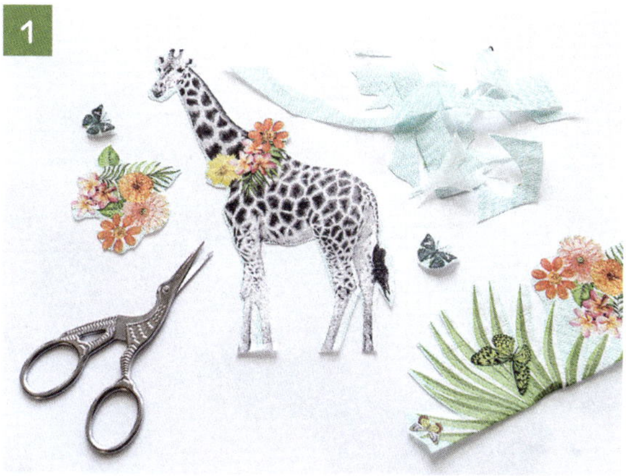

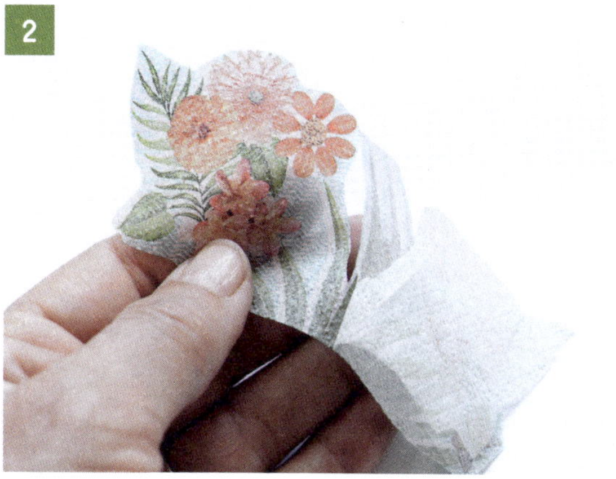

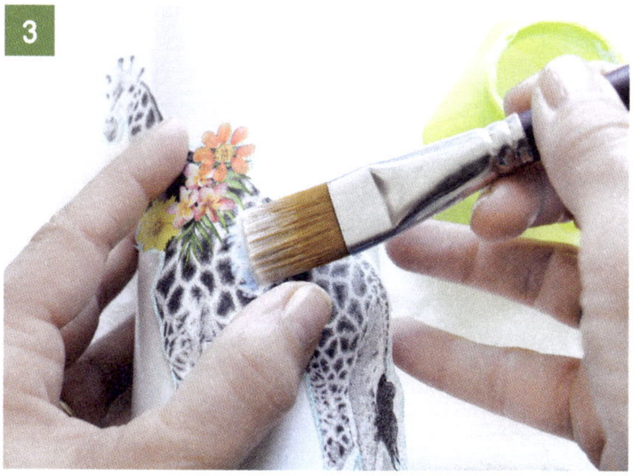

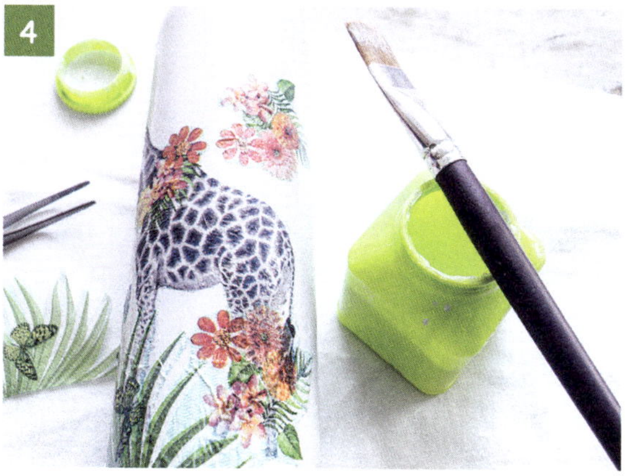

1. Für den Servietten-Look muss man die Flaschen zuvor weiß lackieren, damit die Muster auch zur Geltung kommen. Vor dem Bekleben die lackierten Flaschen gut trocknen lassen.

Die Serviettenmotive kann man fein mit der Schere ausschneiden oder ausreißen, je nachdem, welches Muster man verwendet. Oder ob man mit Überlappungen arbeiten möchte.

2. Nach dem Ausschneiden zieht man die oberste Schicht der 3 Lagen von der Serviette ab. Es wird nur diese eine dünne Schicht verwendet.

3. Das Motiv an die entsprechende Stelle legen, leicht festhalten und mit einem Pinsel den Serviettenkleber von innen nach außen vorsichtig über das Motiv streichen.

4. Wenn alle Motive aufgeklebt und angetrocknet sind, kann man die komplette Flasche noch einmal mit einer Lackschicht überziehen.

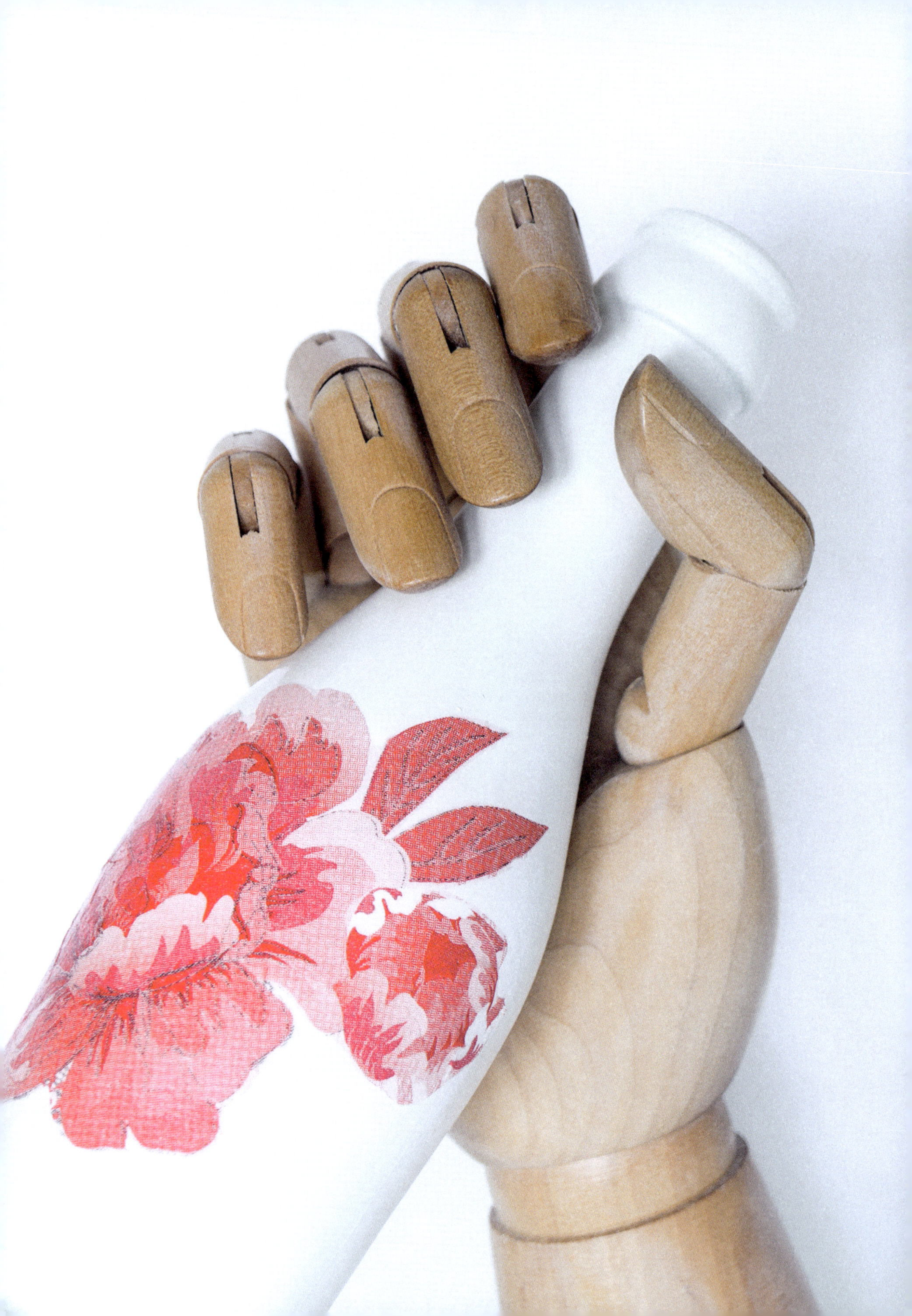

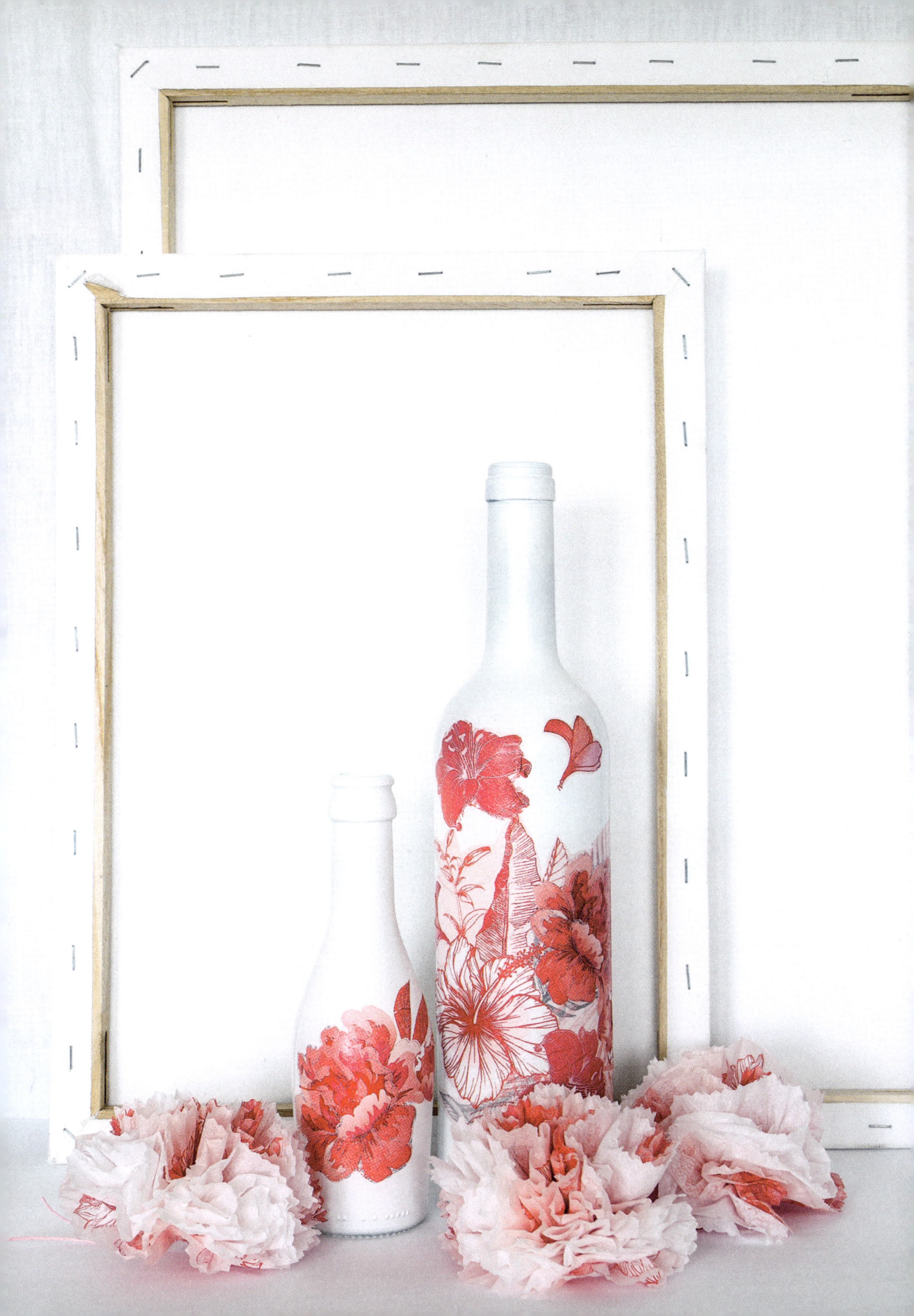

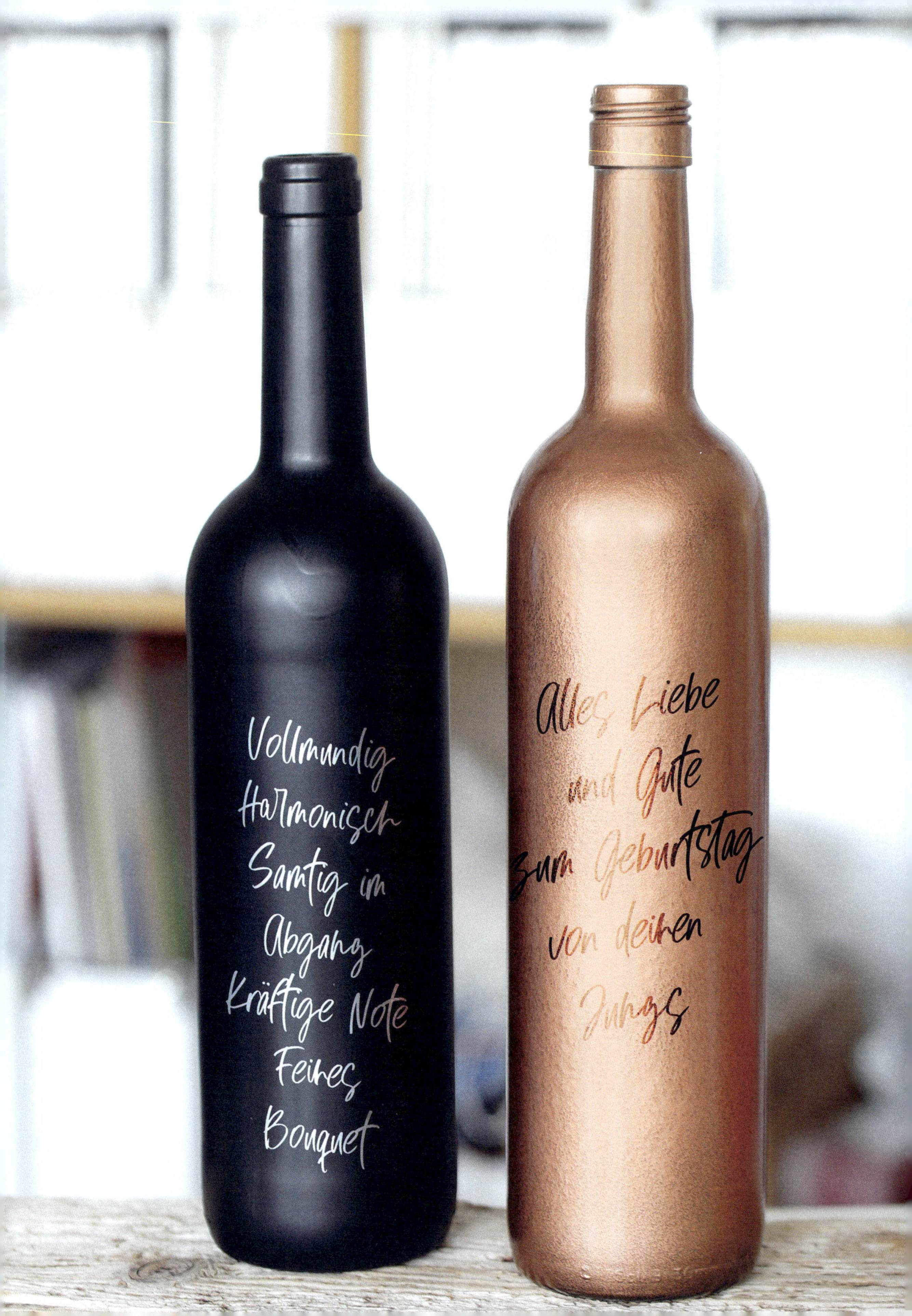
Vollmundig
Harmonisch
Samtig im
Abgang
Kräftige Note
Feines
Bouquet
Alles Liebe
und Gute
zum Geburtstag
von deinen
Jungs

Lackierte Flaschen

WER EINE SCHÖNE HANDSCHRIFT HAT, KANN LACKIERTE FLASCHEN MIT EINEM LACK- ODER KREIDESTIFT BESCHRIFTEN. SO HAT MAN ZUM BLUMENGESCHENK AUCH SCHNELL DIE PASSENDE VASE.

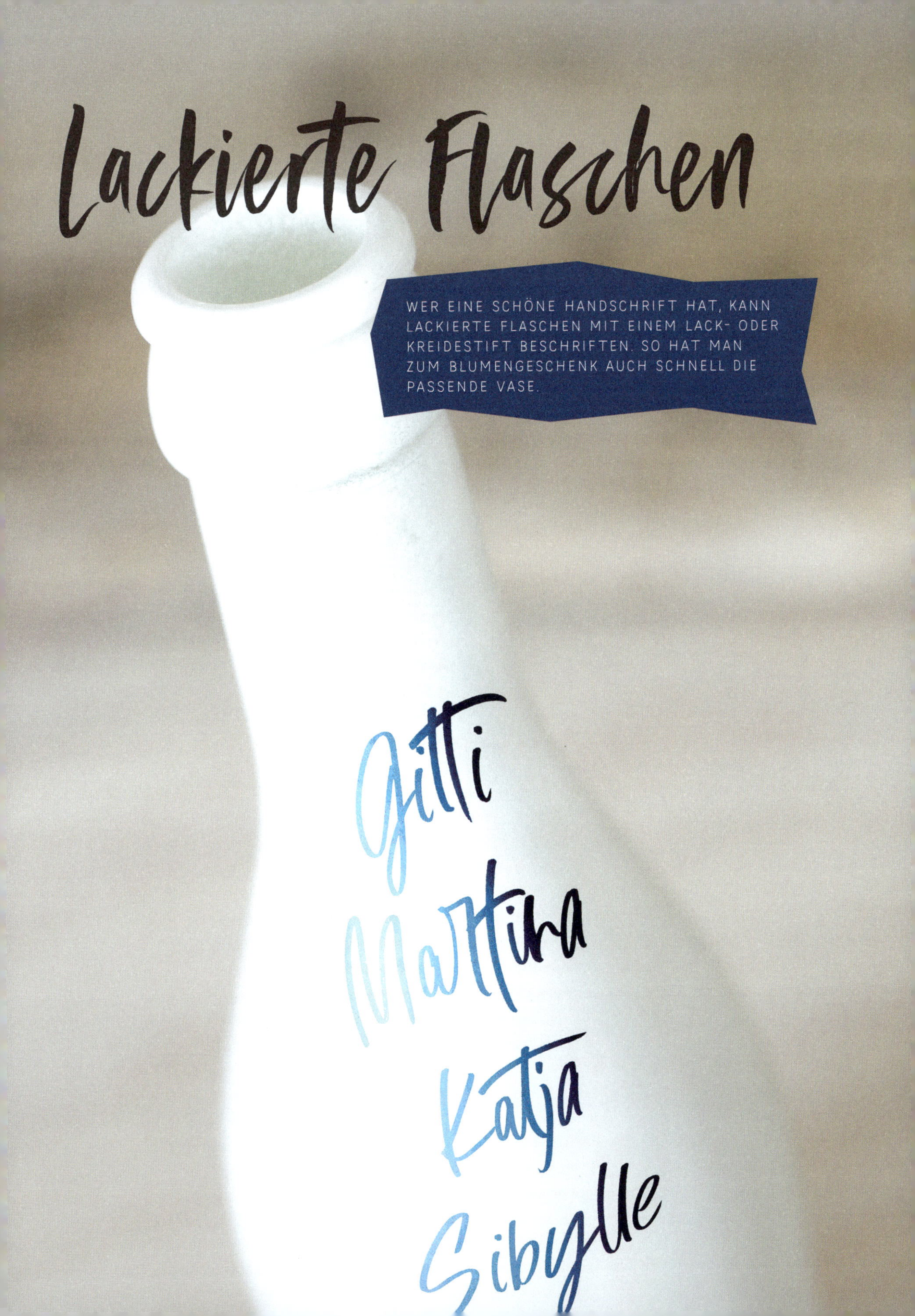

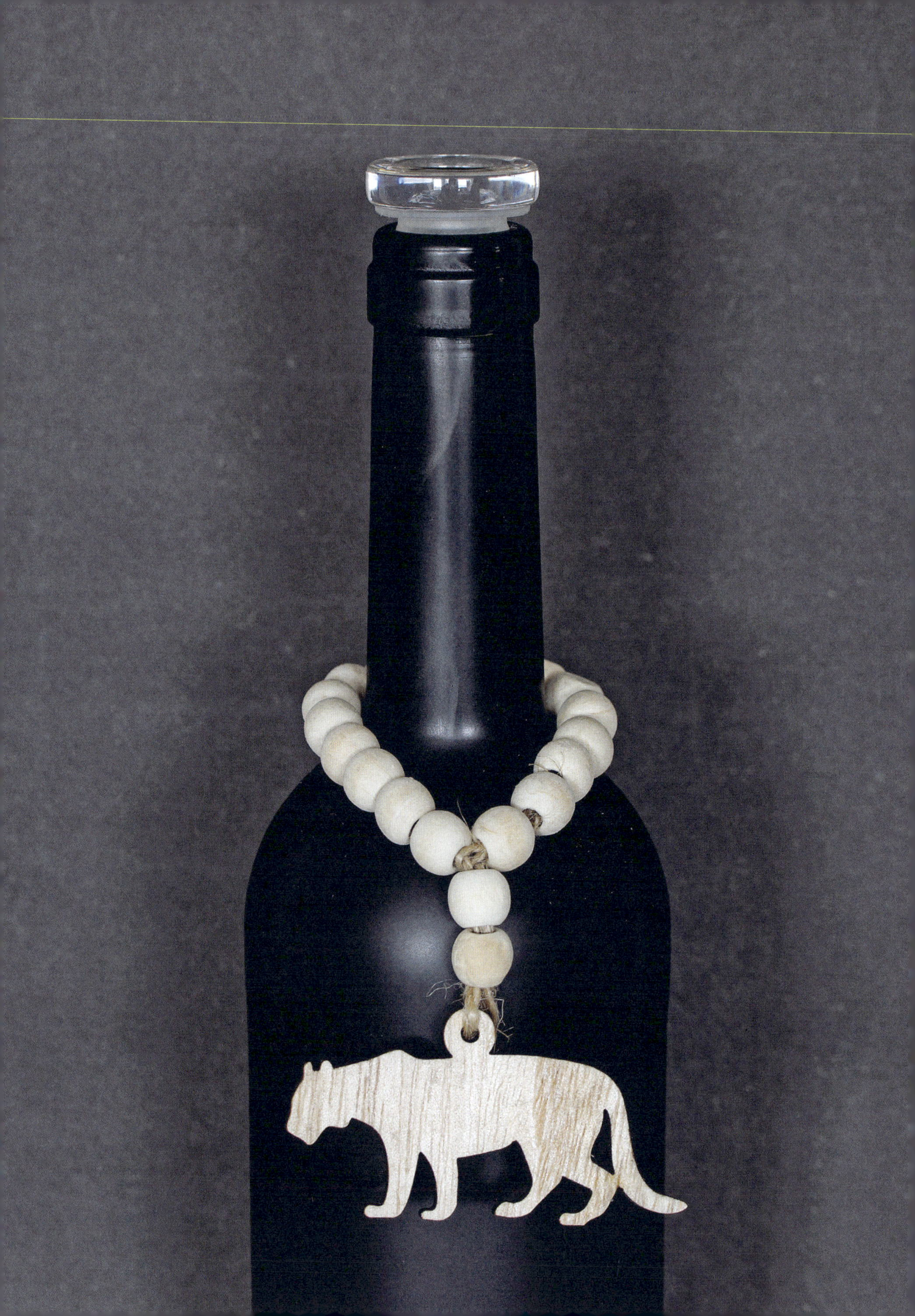

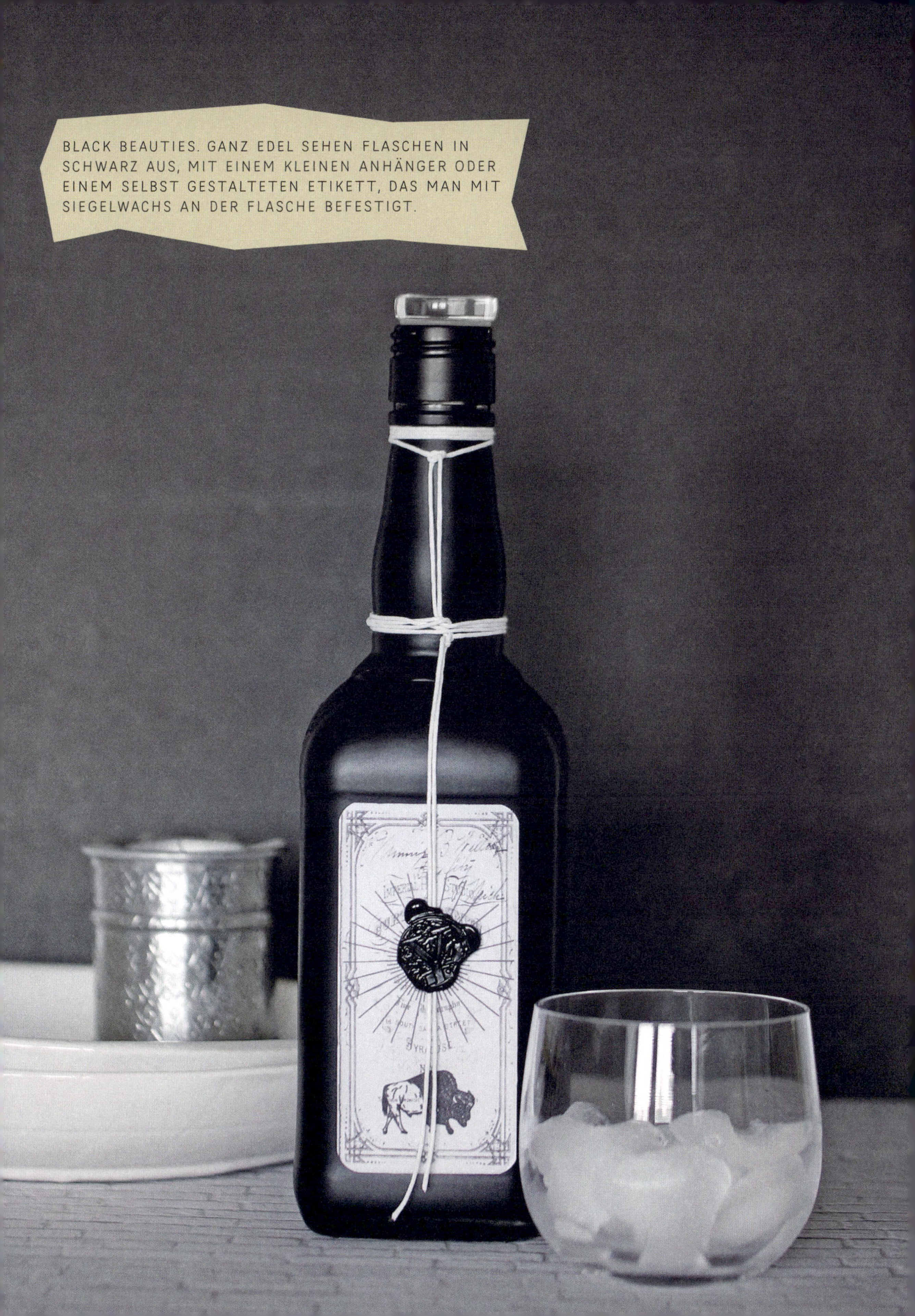

BLACK BEAUTIES. GANZ EDEL SEHEN FLASCHEN IN SCHWARZ AUS, MIT EINEM KLEINEN ANHÄNGER ODER EINEM SELBST GESTALTETEN ETIKETT, DAS MAN MIT SIEGELWACHS AN DER FLASCHE BEFESTIGT.

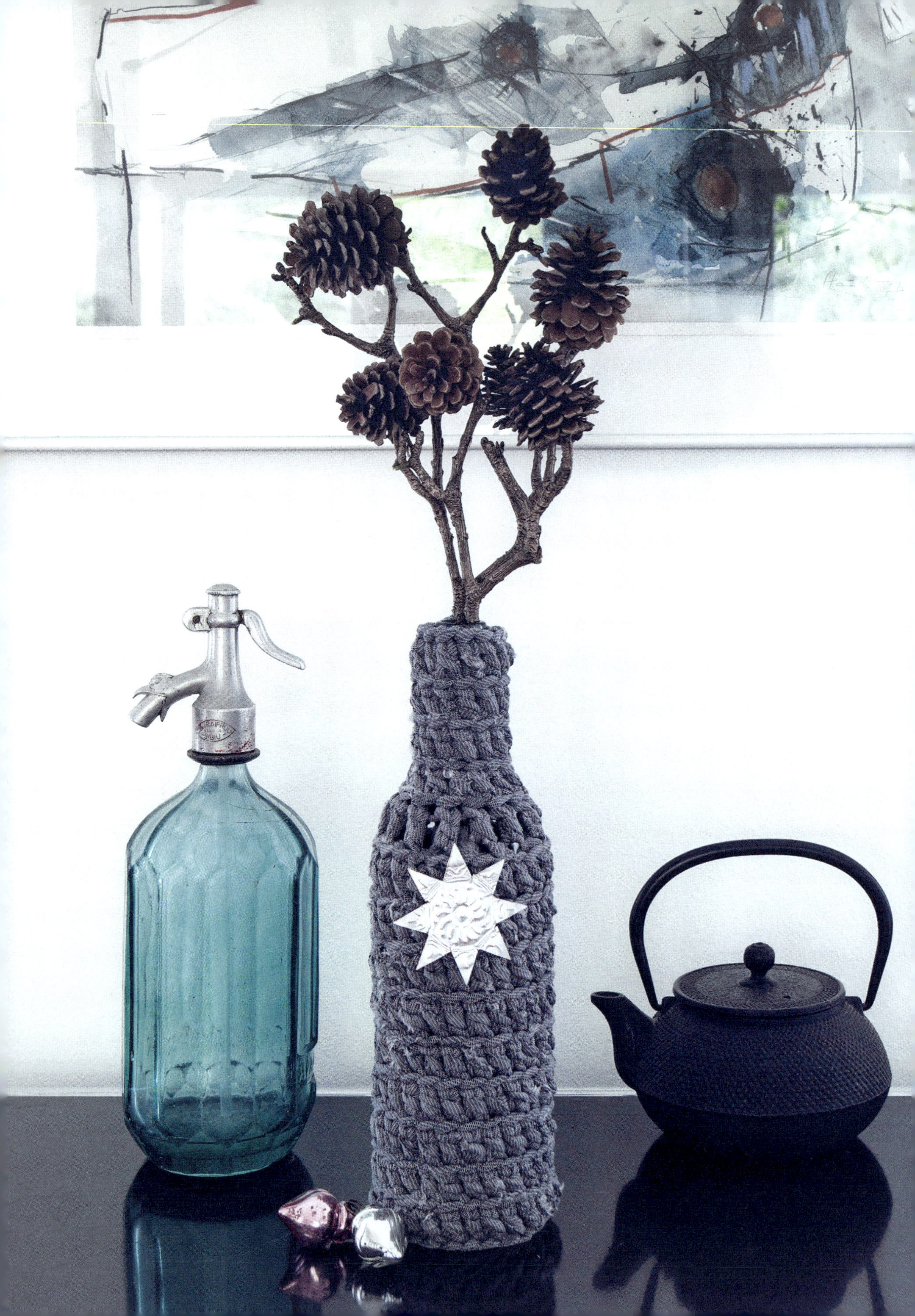

Flaschenmäntelchen

WENN ES DRAUSSEN RICHTIG FROSTIG WIRD, KANN AUCH MAL DIE FLASCHE EIN MÄNTELCHEN VERTRAGEN. WARUM NICHT AUCH VASEN EIN WENIG EINMUMMELN, SCHADEN KANN ES DOCH NIX.

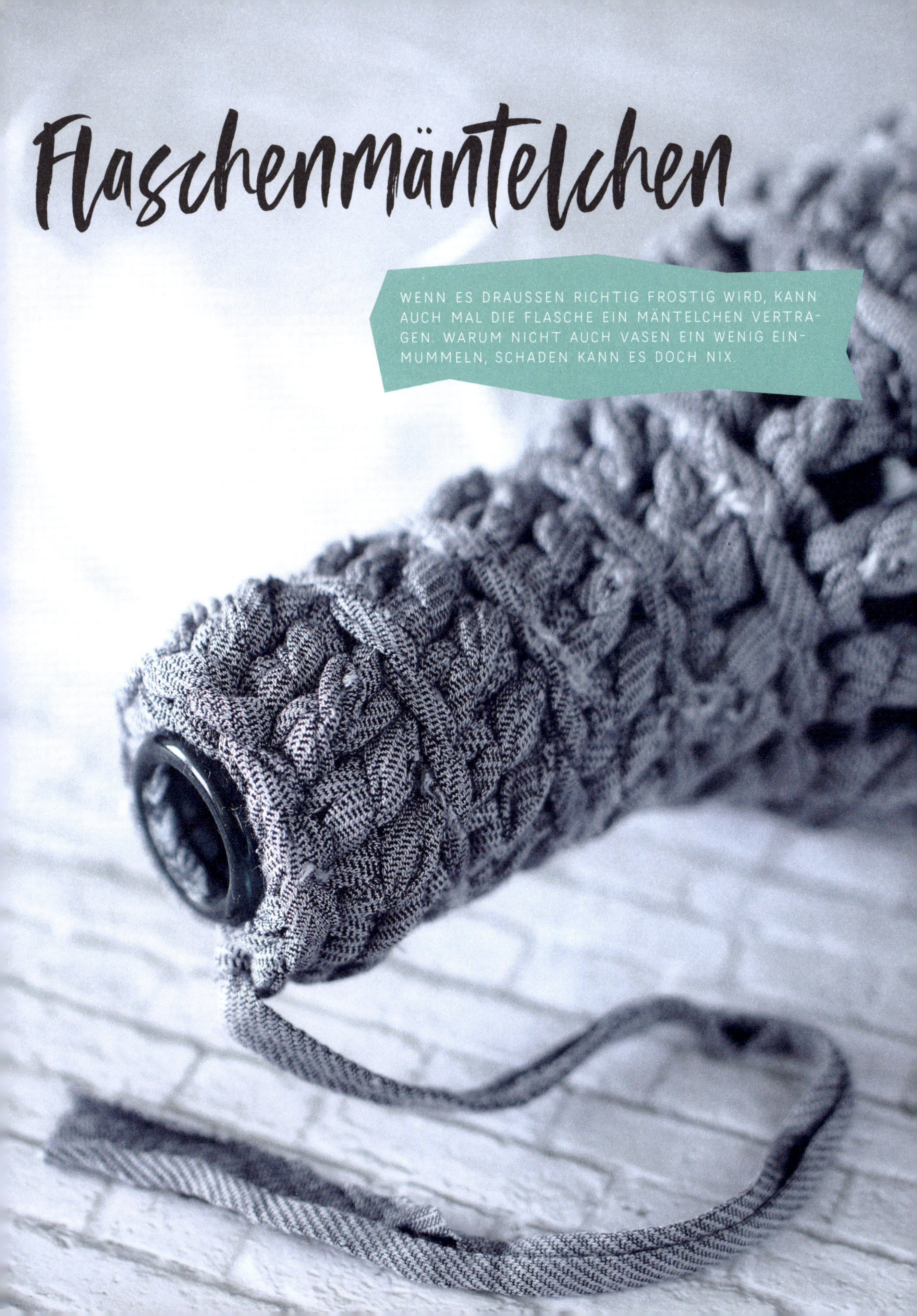

Ins Netz gegangen

MATERIAL:
BAUCHIGE FLASCHE, SCHERE,
JUTESCHNUR, HEISSKLEBER

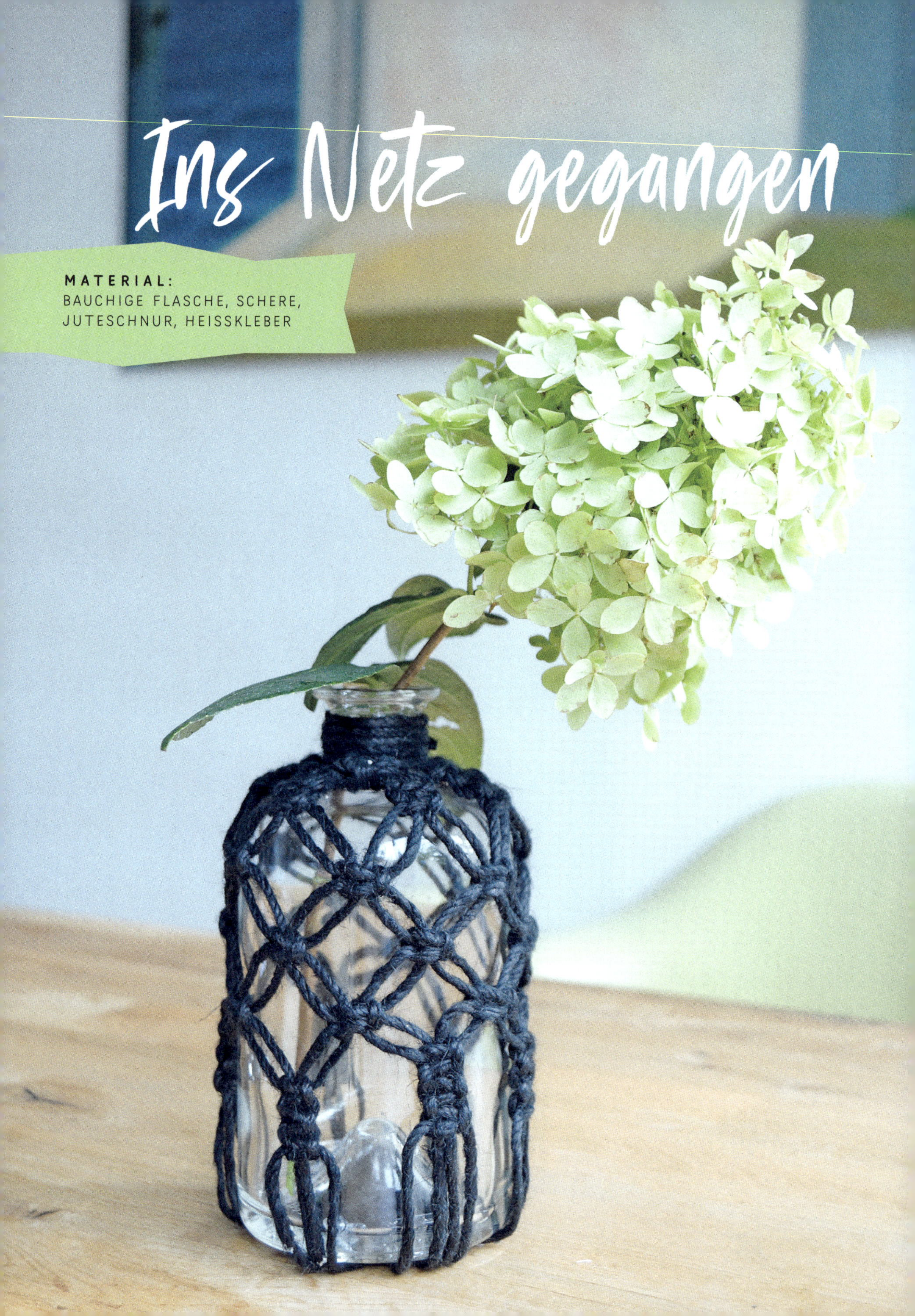

MAKRAMEE WAR MAL SO RICHTIG IN UND IST ES WIEDER. WER HÄTTE DAS GEDACHT? DAS KNOTEN GEHT MIT JEDER ART VON SCHNUR, EGAL AUS WELCHEM MATERIAL UND EGAL WIE STARK ES IST. UND DER KNOTEN IST AUCH NICHT WIRKLICH SCHWER.

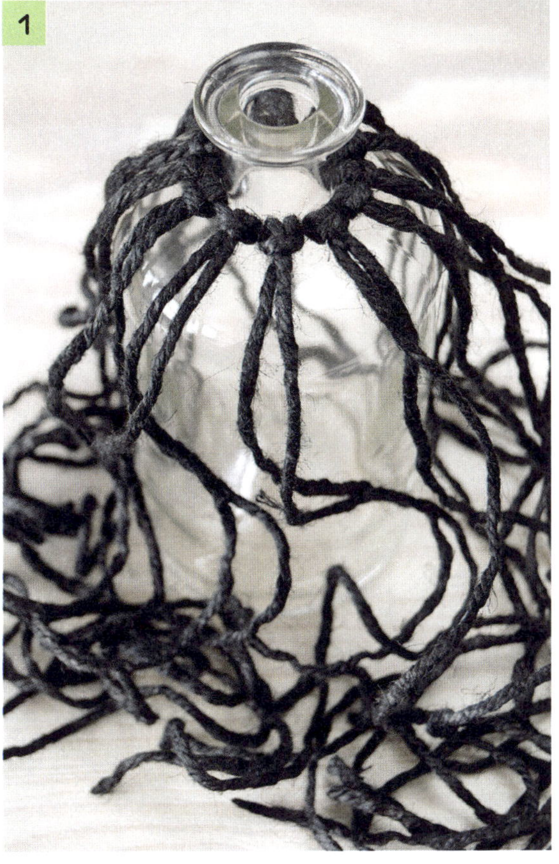

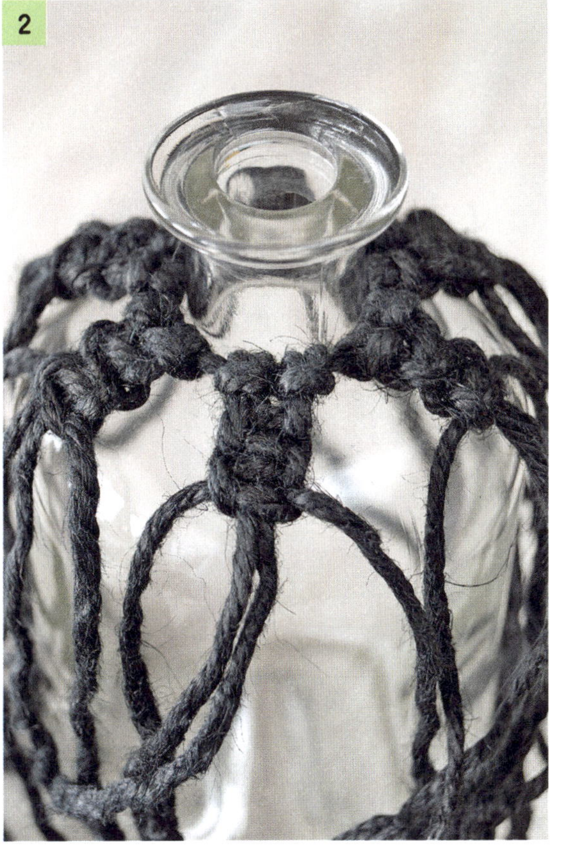

1. Für dieses Projekt sind 12 lange Fäden an eine Schur geknüpft, die anschließend um den Flaschenhals gebunden wird. Dazu einen langen Faden zur Schlaufe unter die Schnur legen. Die Schlaufe zeigt nach unten. Dann die Fäden 1 + 2 durch die Schlaufe nach vorne über die Schnur holen und durch die Schlaufe hindurchstecken. Anschließend festziehen. Nach dem Knoten sollten die Schnüre mindestens doppelt so lang sein, wie die Flasche hoch ist.

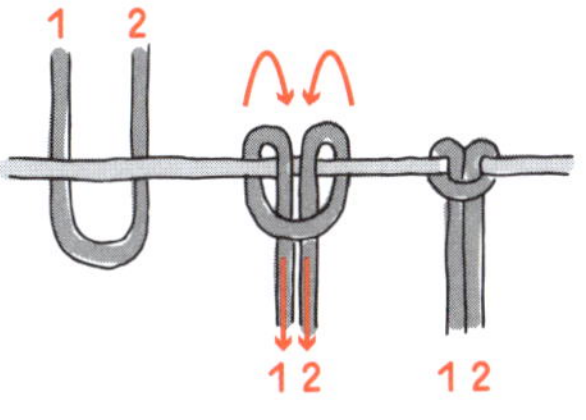

2. Dann beginnt man mit den Knoten, die jeweils aus 4 Fäden bestehen. Der erste Knoten beginnt von links. Dazu den Faden 1 *über* die Fäden 2 + 3 und *unter* den Faden 4 legen. Dann den Faden 4 nach links *unter* die Fäden 2 + 3 und *vor* dem Faden 1 wieder nach vorne holen. Leicht festziehen. Das Gleiche wiederholt man anschließend von der rechten Seite. Den zweiten Knoten beginnt man dann von rechts. Fortsetzung auf der nächsten Seite.

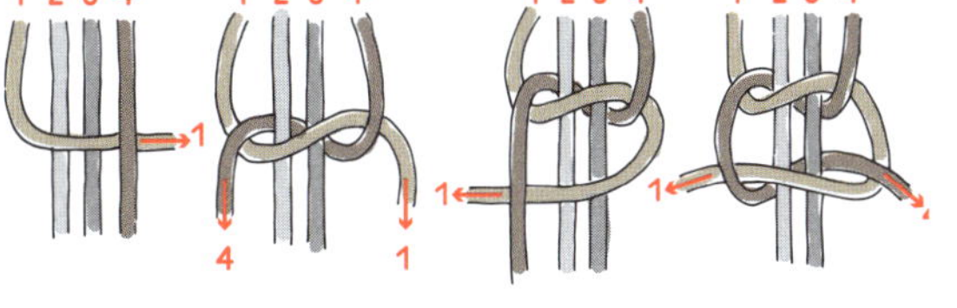

1. KNOTEN (BEGINNEND VON LINKS)

Fortsetzung auf der nächsten Seite

3

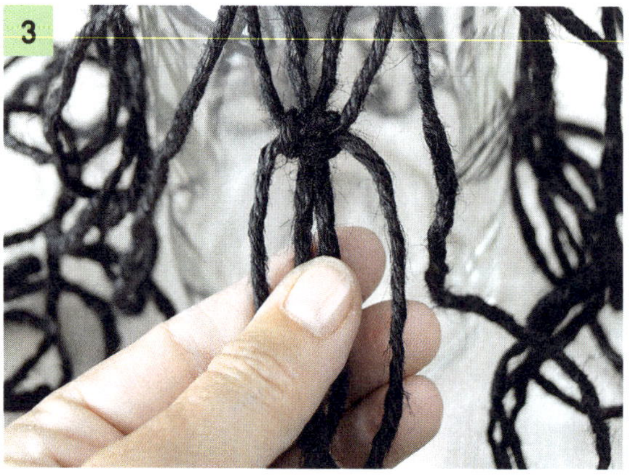

4

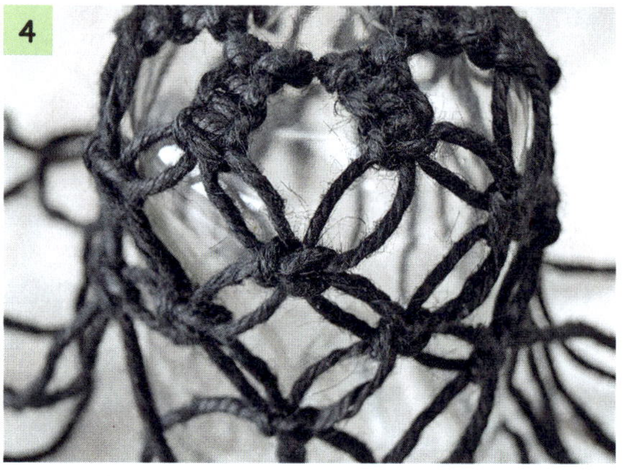

5

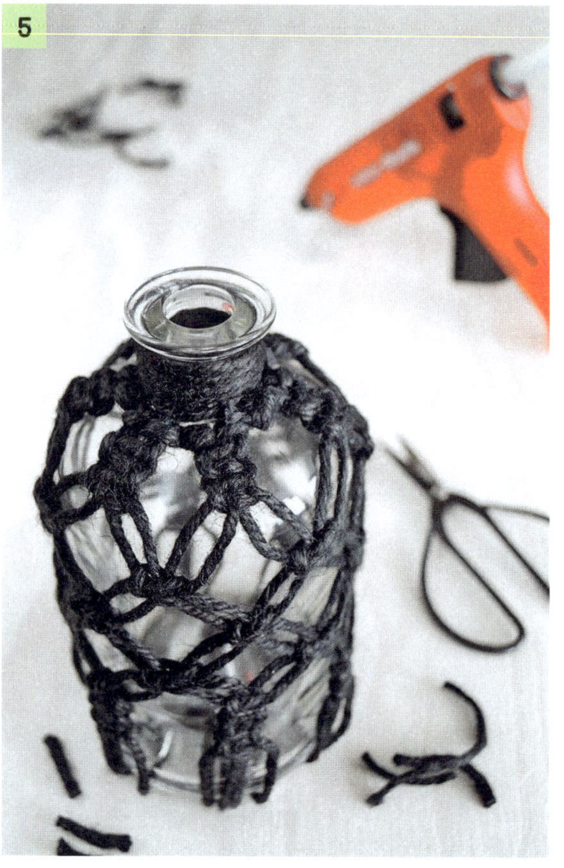

3. Nun nimmt man die benachbarten Paare und verknotet sie ebenfalls. Hier reicht ein Knoten.

4. In der nächste Runde fasst man wieder die benachbarten Paare zusammen. So fährt man fort, bis die gesamte Flasche mit einem Netz überzogen ist.

5. In der letzten Runde kann man dann noch mal eine doppelte Knotenreihe knüpfen. Anschließend werden die übrig gebliebenen Schnüre am Boden der Flasche zusammengefasst.

Wenn es geht, vielleicht zunächst verknoten, dann mit der Heißklebepistole festkleben.

Da es ein ziemliches Geknäule unter der Flasche gibt, wenn die Schur sehr dick ist, sollte man vorher darauf achten, dass die Flasche einen eher hohlen Boden hat, wo man die Schnur ein wenig verstecken kann.

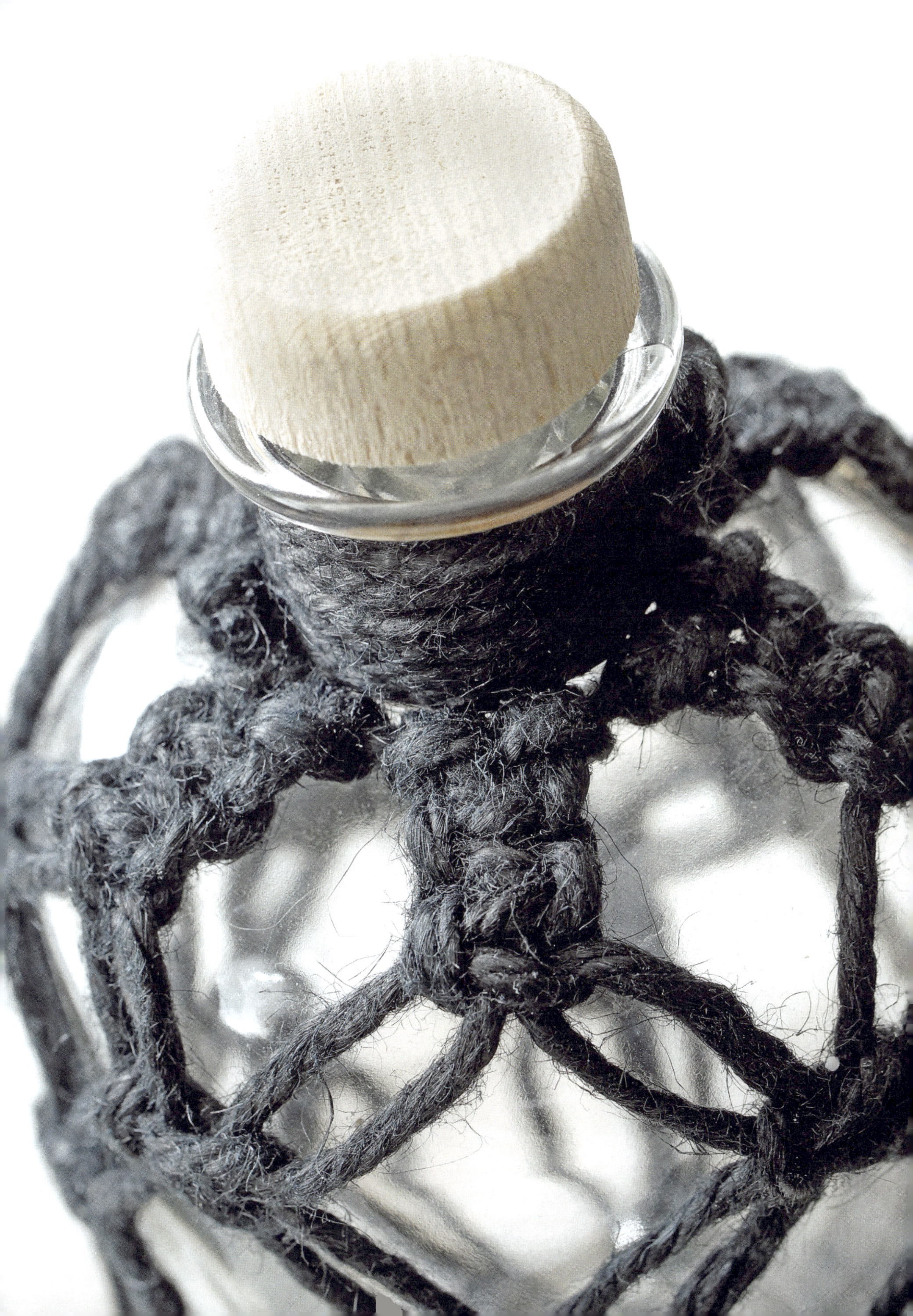

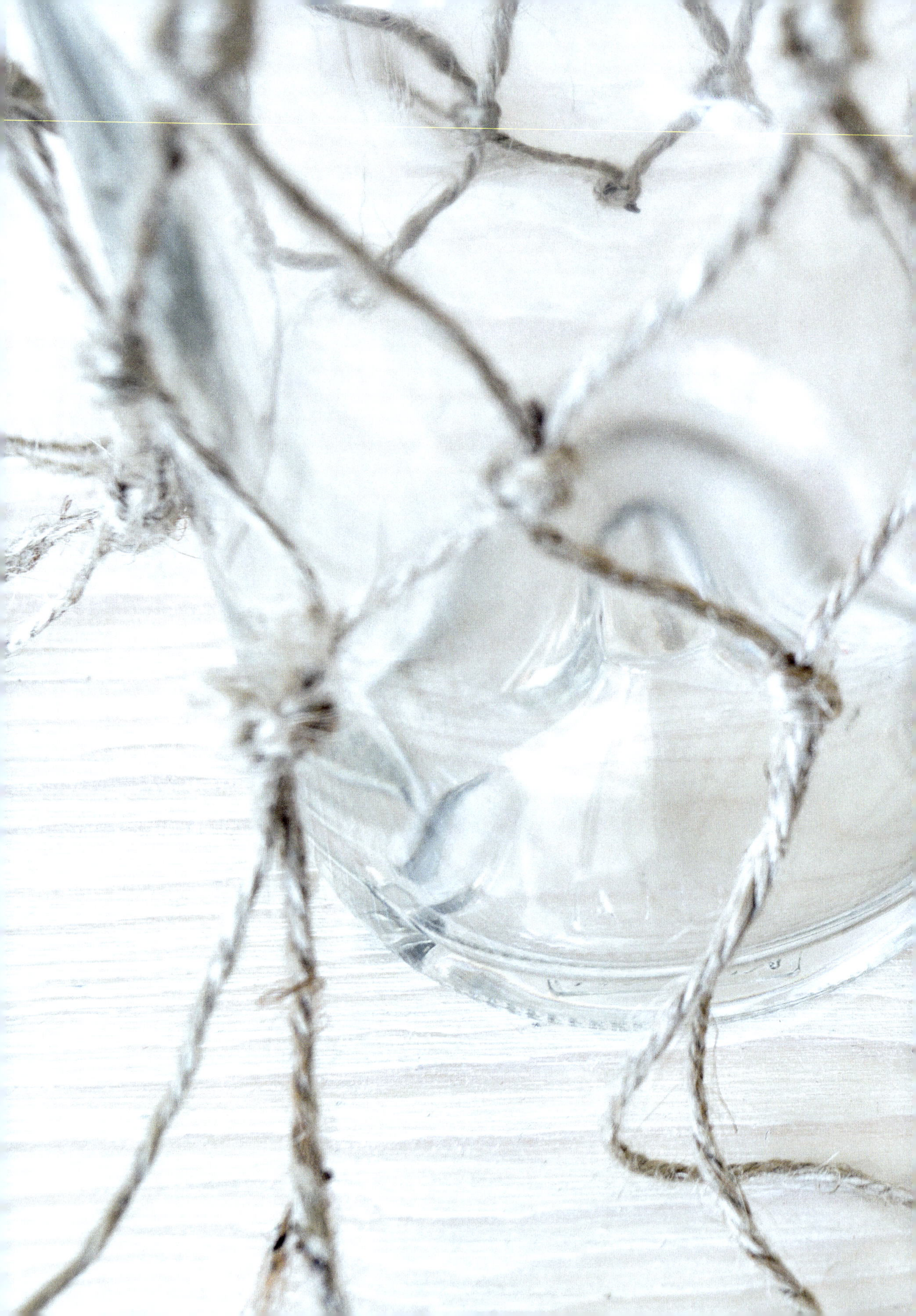

WER KEINE LUST HAT AUF EINEN SPEZIELLEN KNÜPF-KNOTEN, DER KANN NATÜRLICH AUCH EINEN EINFACHEN KNOTEN MACHEN. DAZU ZWEI STRÄNGE ZUSAMMENFASSEN UND DEN DOPPELTEN STRANG IN EINER SCHLAUFE MITEINANDER VERKNOTEN.

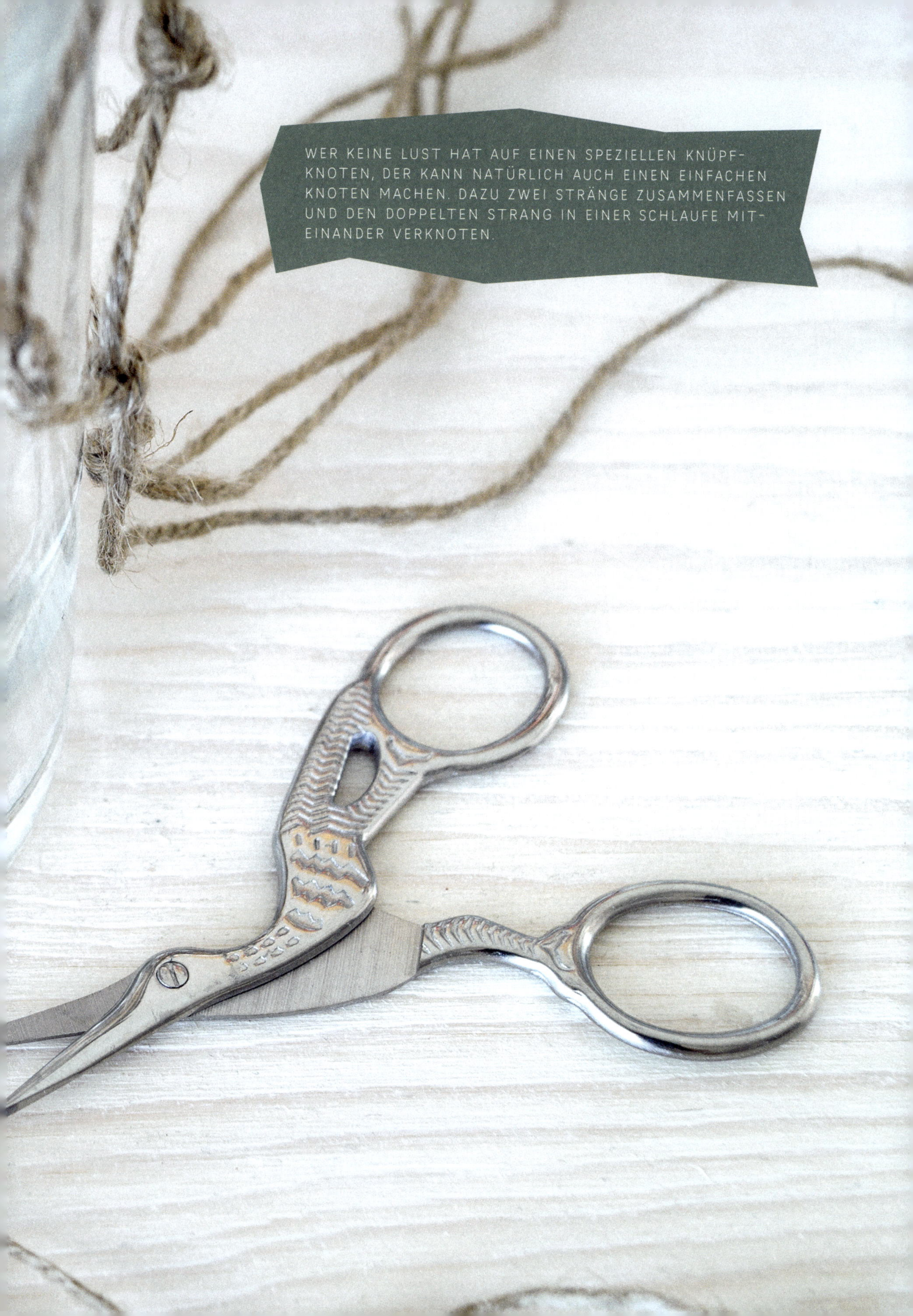

Umwickelt

HIER GEHT'S GANZ FIX. DIE LACKIERTE FLASCHE GUT TROCKNEN LASSEN, ANSCHLIESSEND MIT FARBIGER BAUMWOLLKORDEL UMWICKELN. FERTIG!

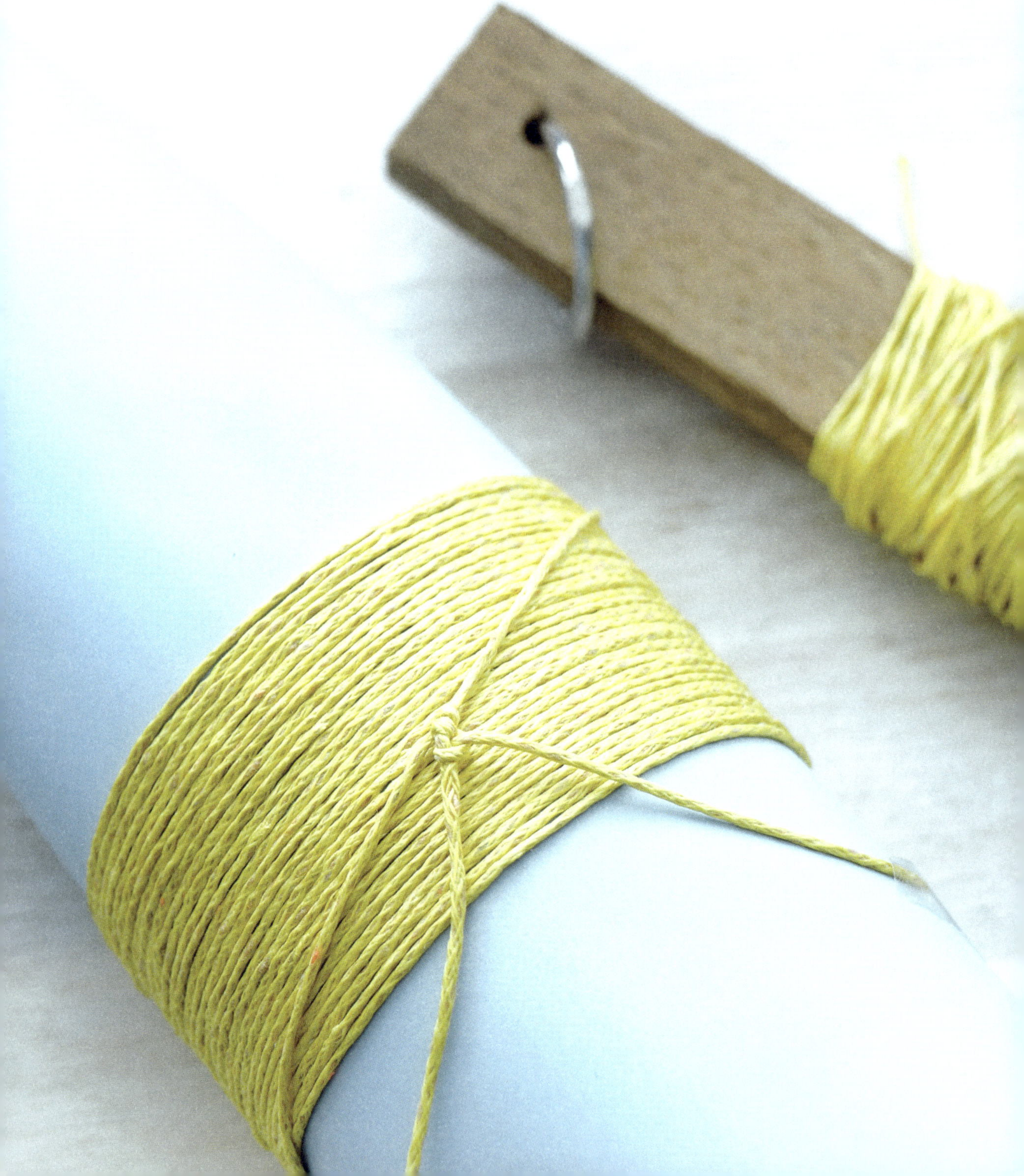

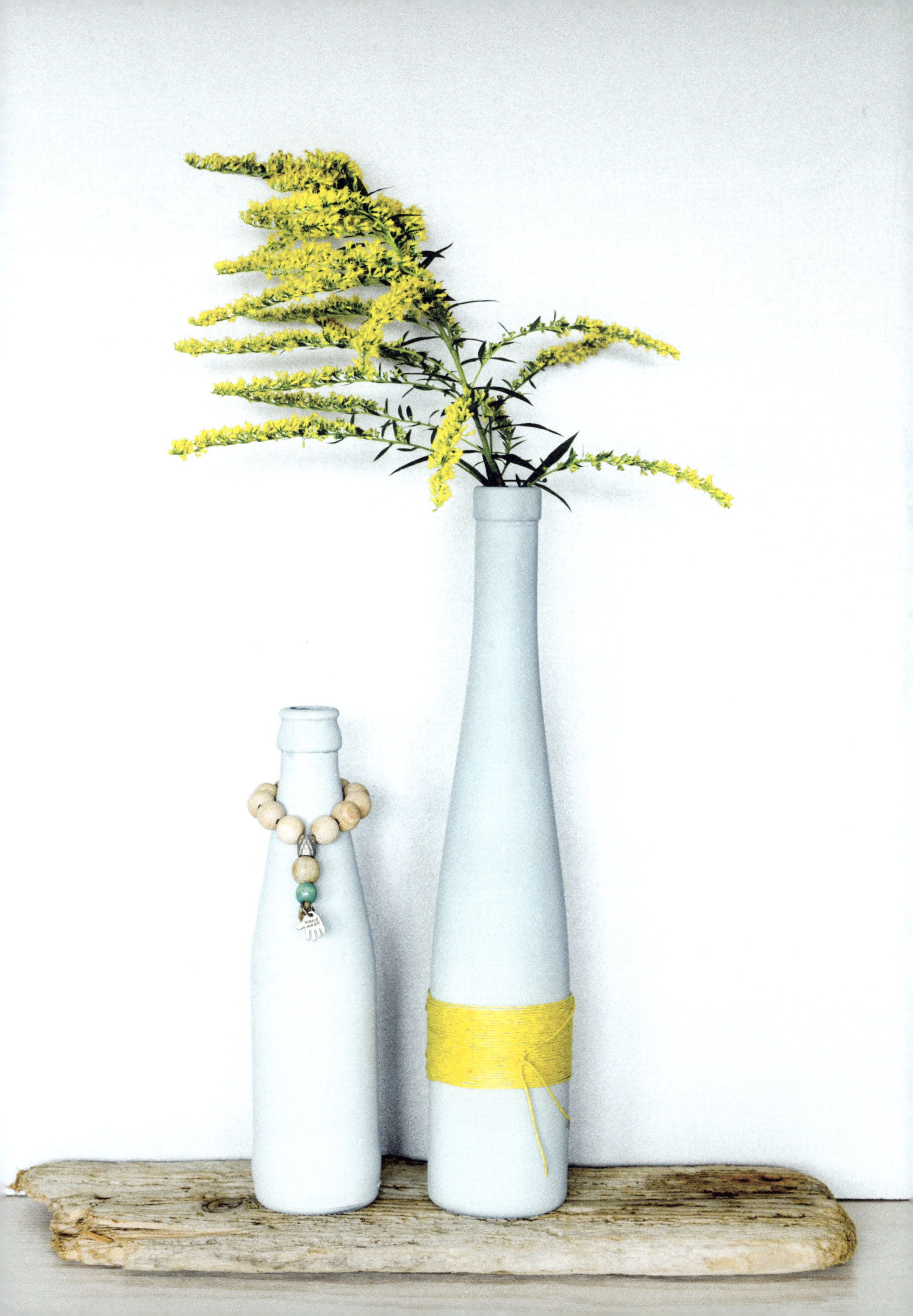

Stars and Stripes

MATERIAL:
KLEINE GANZE FLASCHEN, AUFKLEBER ODER MASKINGTAPE, SPRÜHLACK MIT MILCHGLASEFFEKT

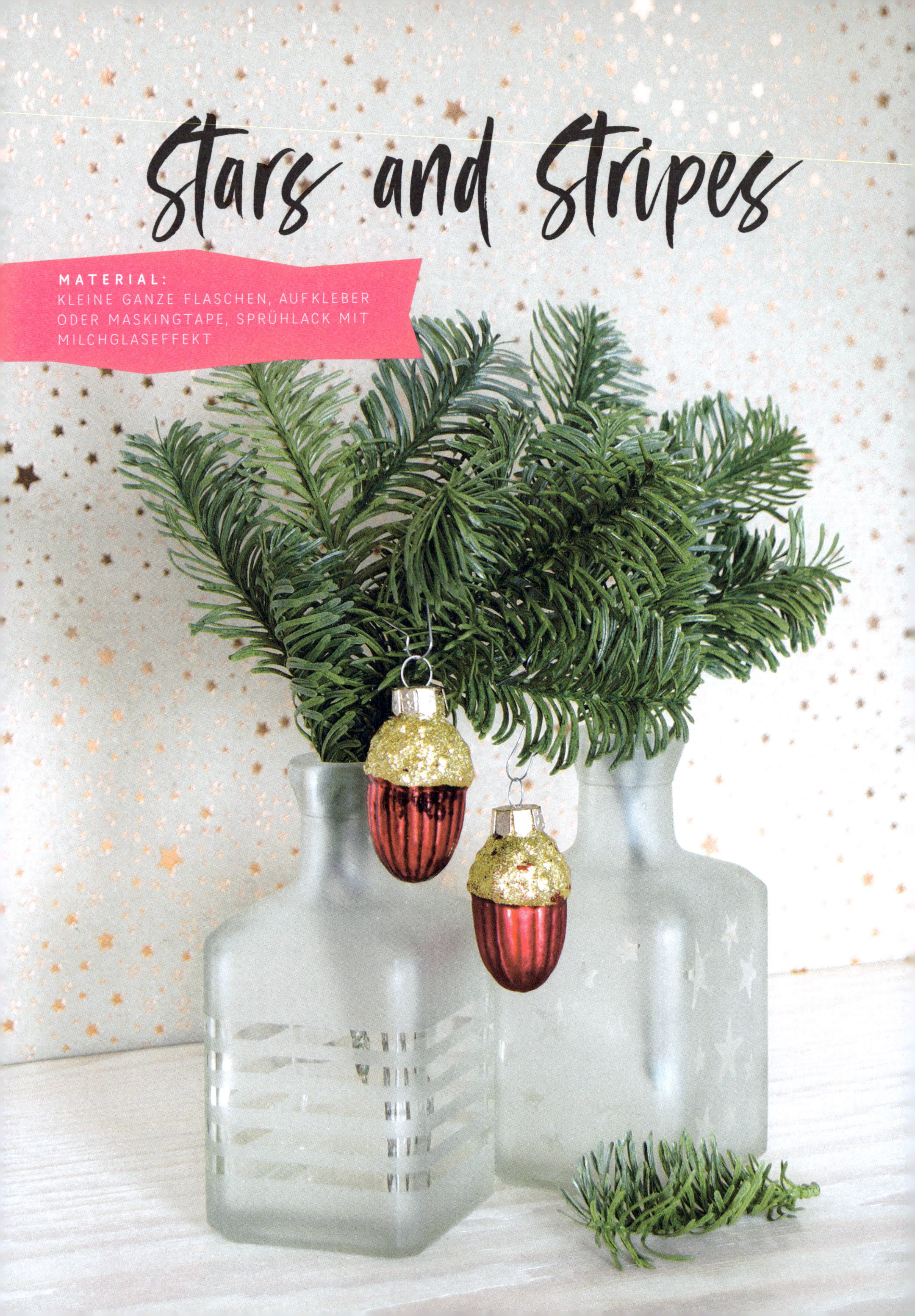

ES SIEHT AUS WIE SATINIERTES GLAS, IST ABER EIN SPRÜHLACK, DER DIESEN EFFEKT GANZ EASY ZAUBERT. PERFEKT FÜR EINE WEIHNACHTSDEKORATION ODER WENN MAL NICHT SO VIEL DURCHBLICK ERWÜNSCHT IST.

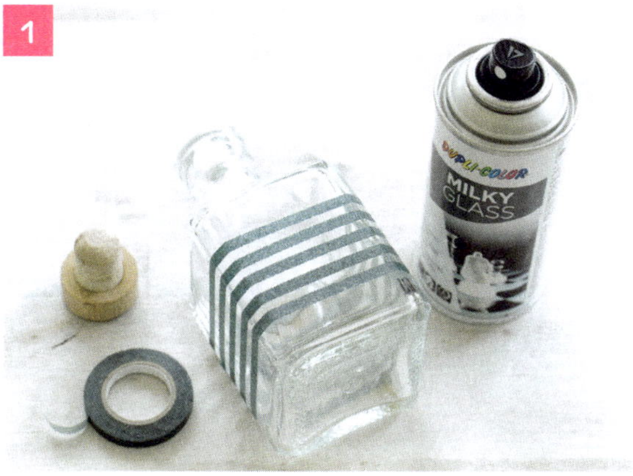

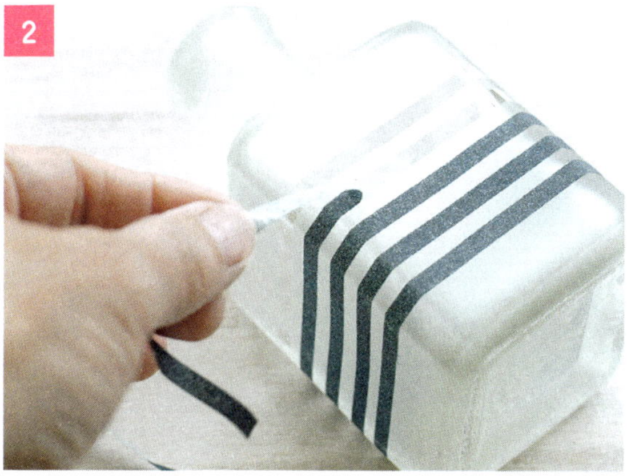

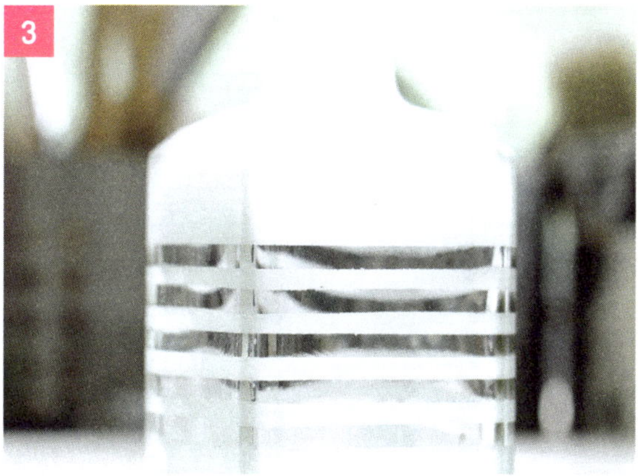

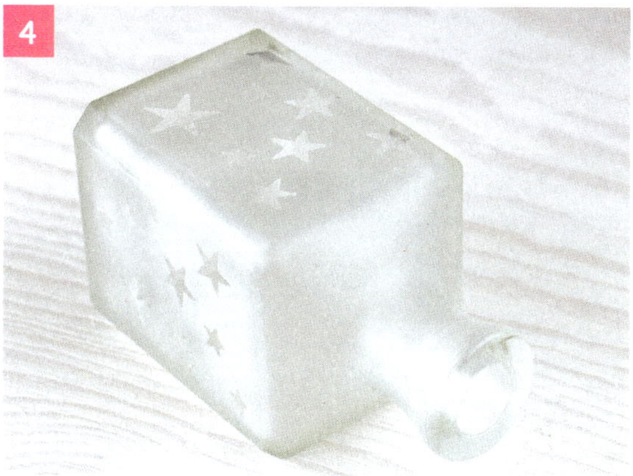

1. Die kleinen Flaschen zunächst gut reinigen und mit Maskingtape abkleben. Dann auf einer Unterlage die Flaschen einsprühen. Dabei auf ausreichende Belüftung achten.

2. Nach dem Trocknen (Herstellerangaben beachten) zieht man die Klebestreifen vorsichtig wieder ab.

3.-4. Schmales Maskingtape oder kleine Sternchenaufkleber eignen sich gut für ein modernes Weihnachtsmuster. Aber eigentlich ist alles erlaubt, was gefällt. Die Aufkleber sollten nur gut halten, damit kein Sprühlack darunterlaufen kann.

Metallica

FLASCHEN LASSEN SICH NICHT NUR EINFARBIG GOLD LACKIEREN.

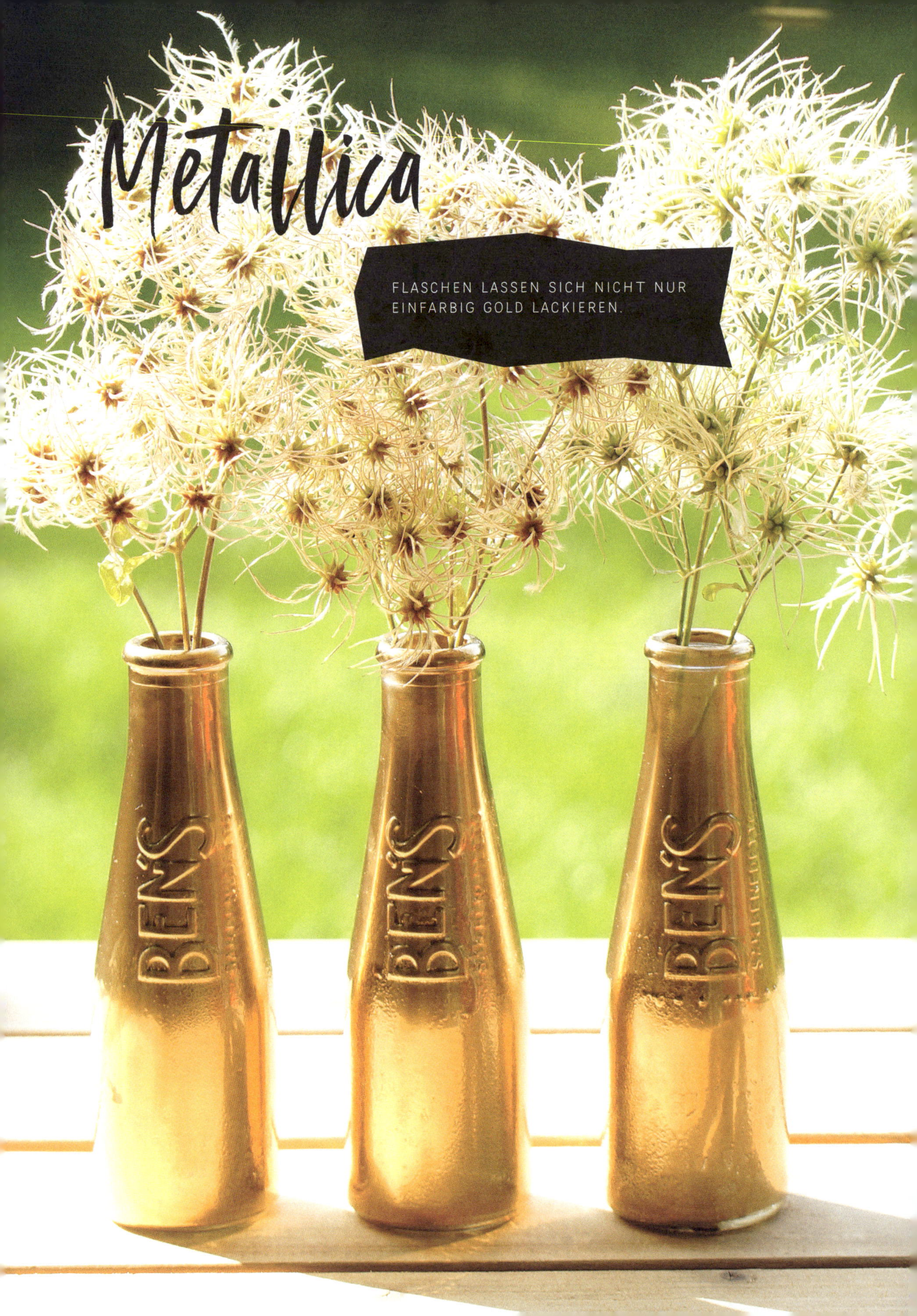

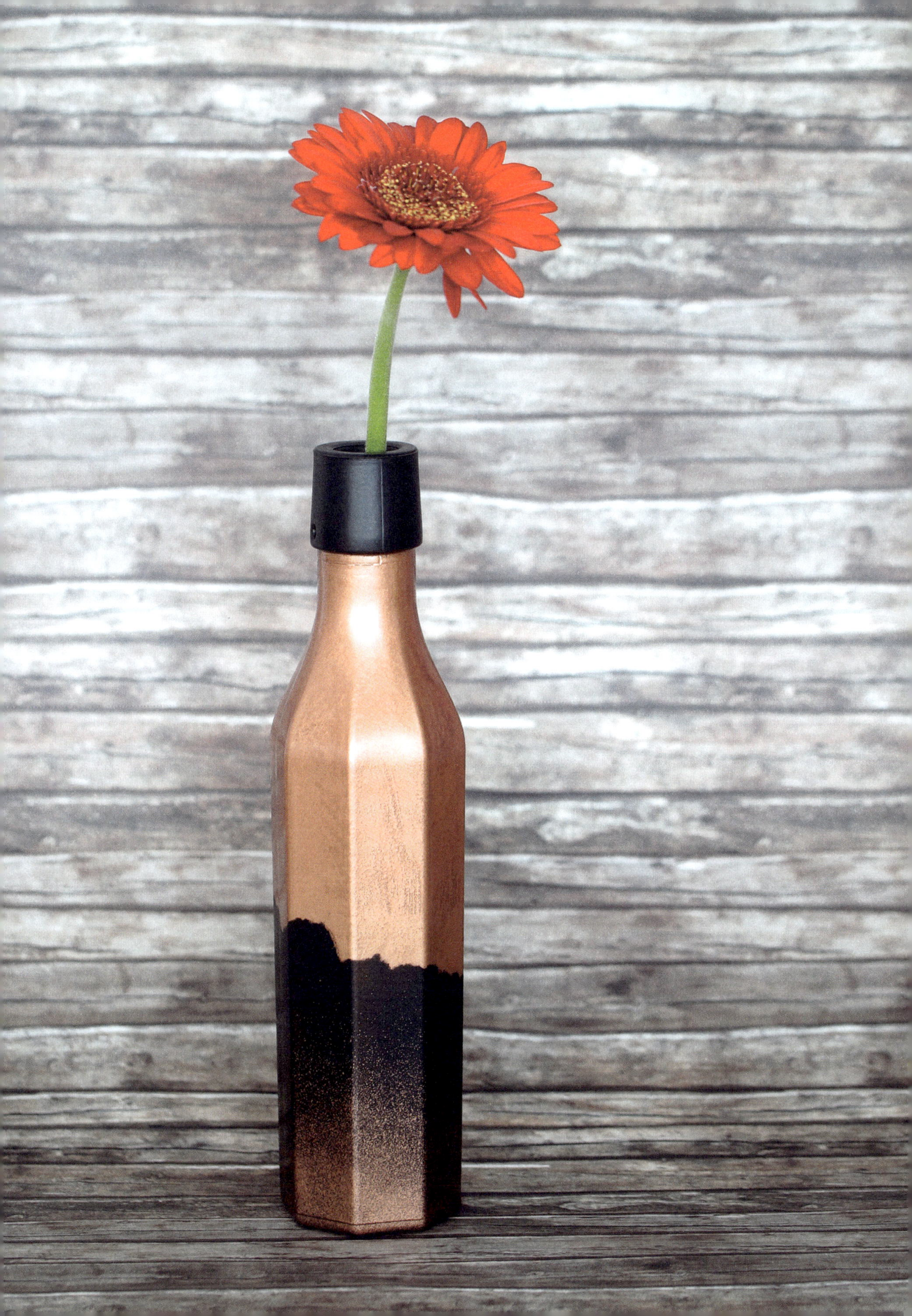

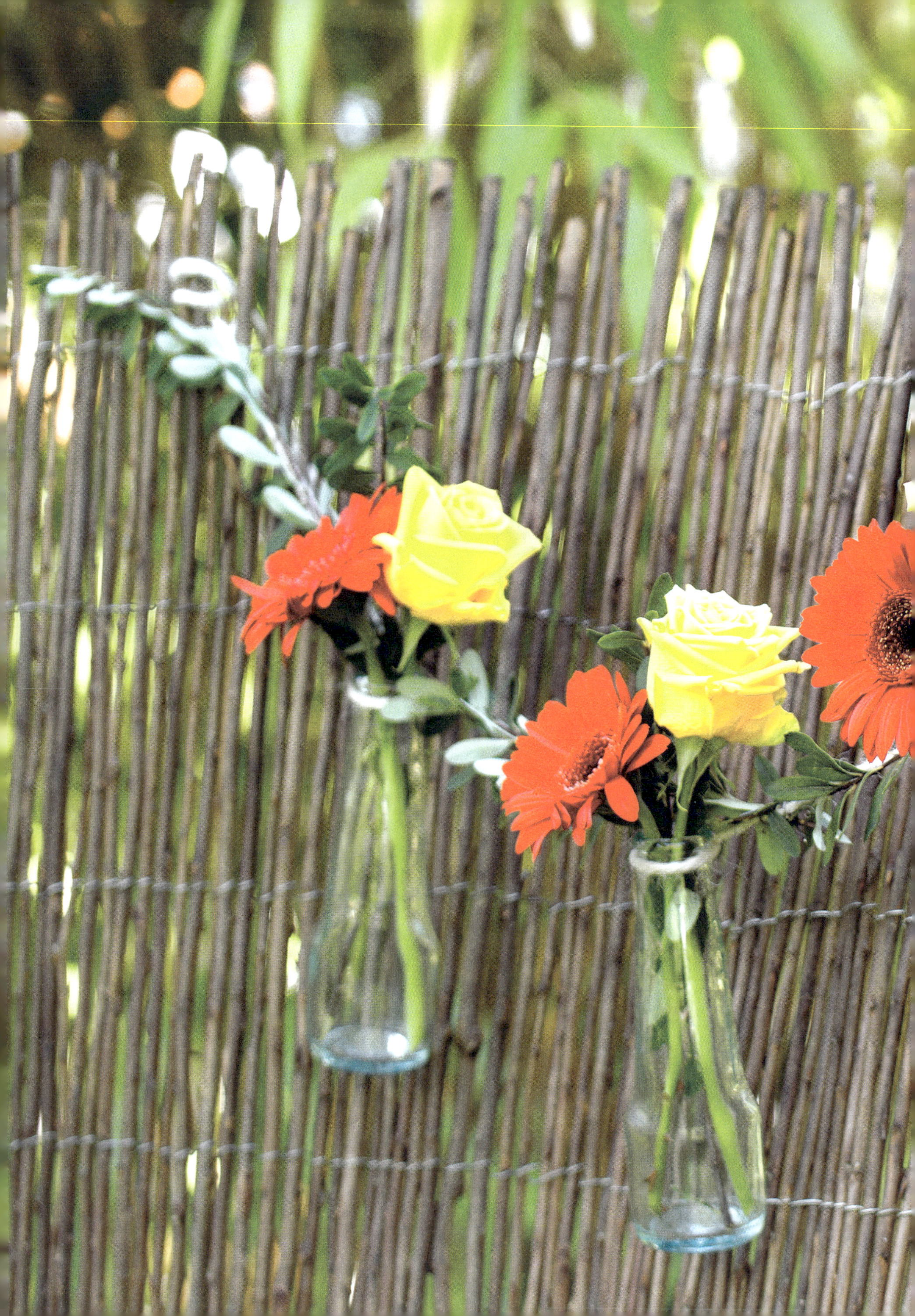

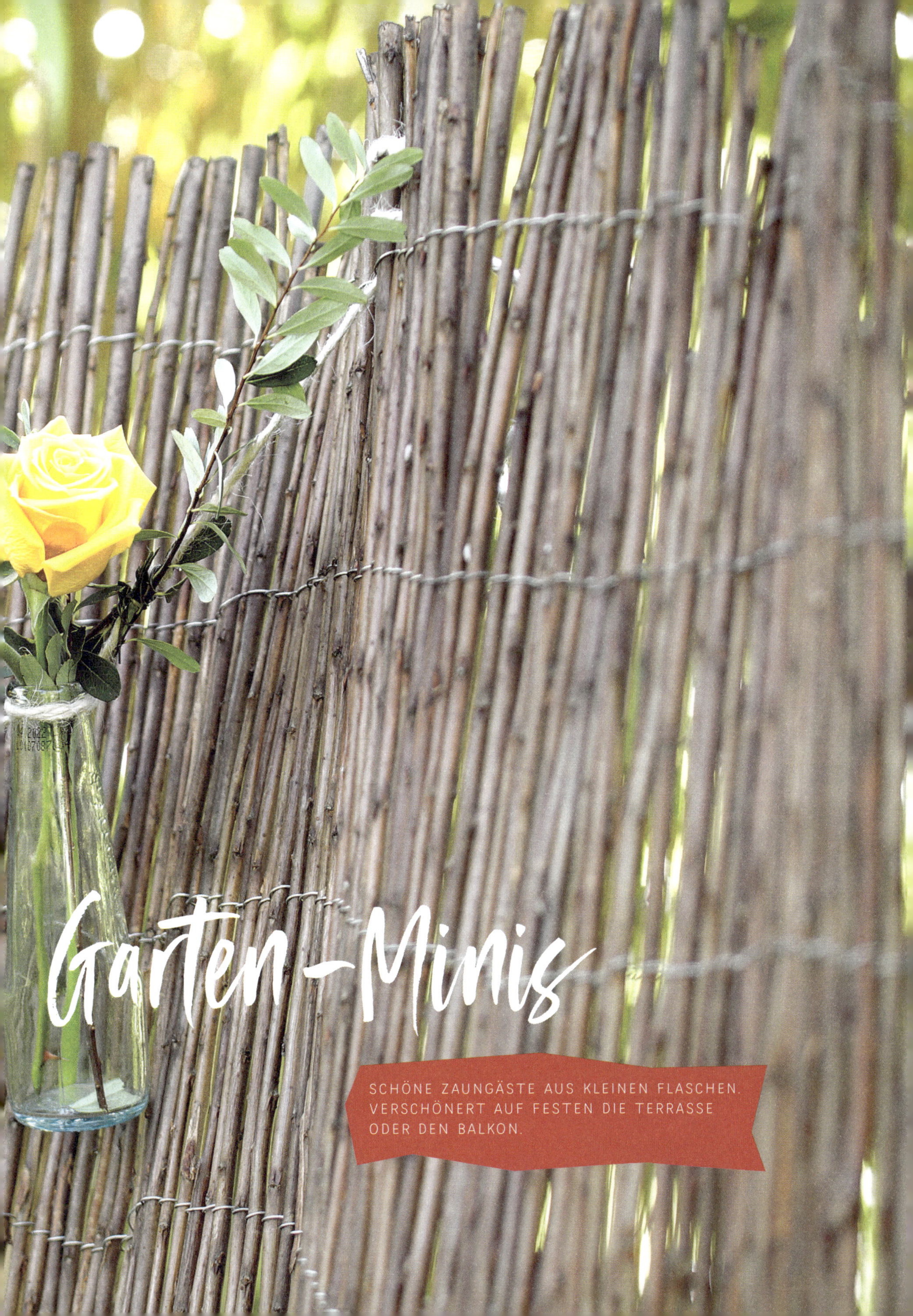

Garten-Minis

SCHÖNE ZAUNGÄSTE AUS KLEINEN FLASCHEN. VERSCHÖNERT AUF FESTEN DIE TERRASSE ODER DEN BALKON.

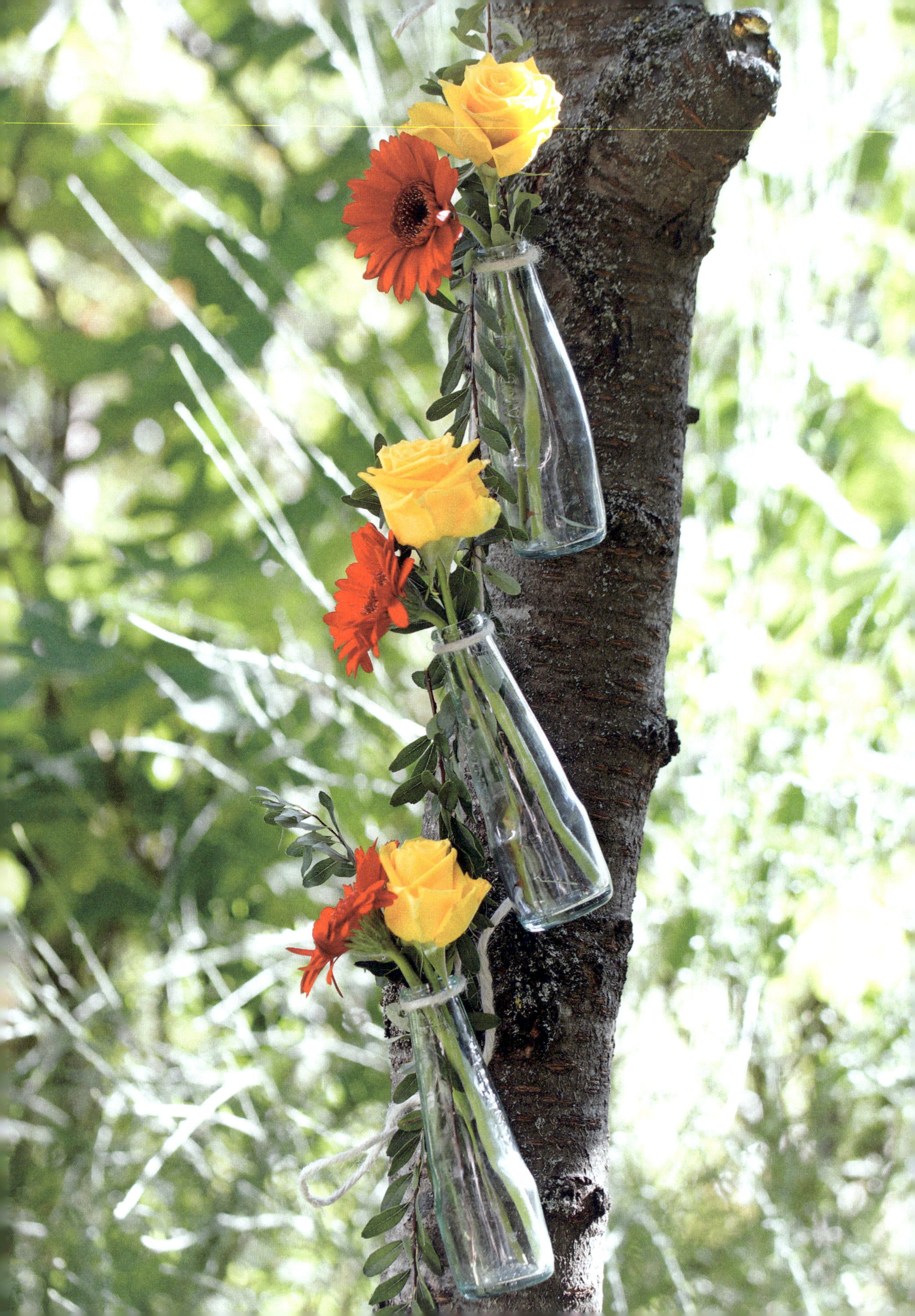

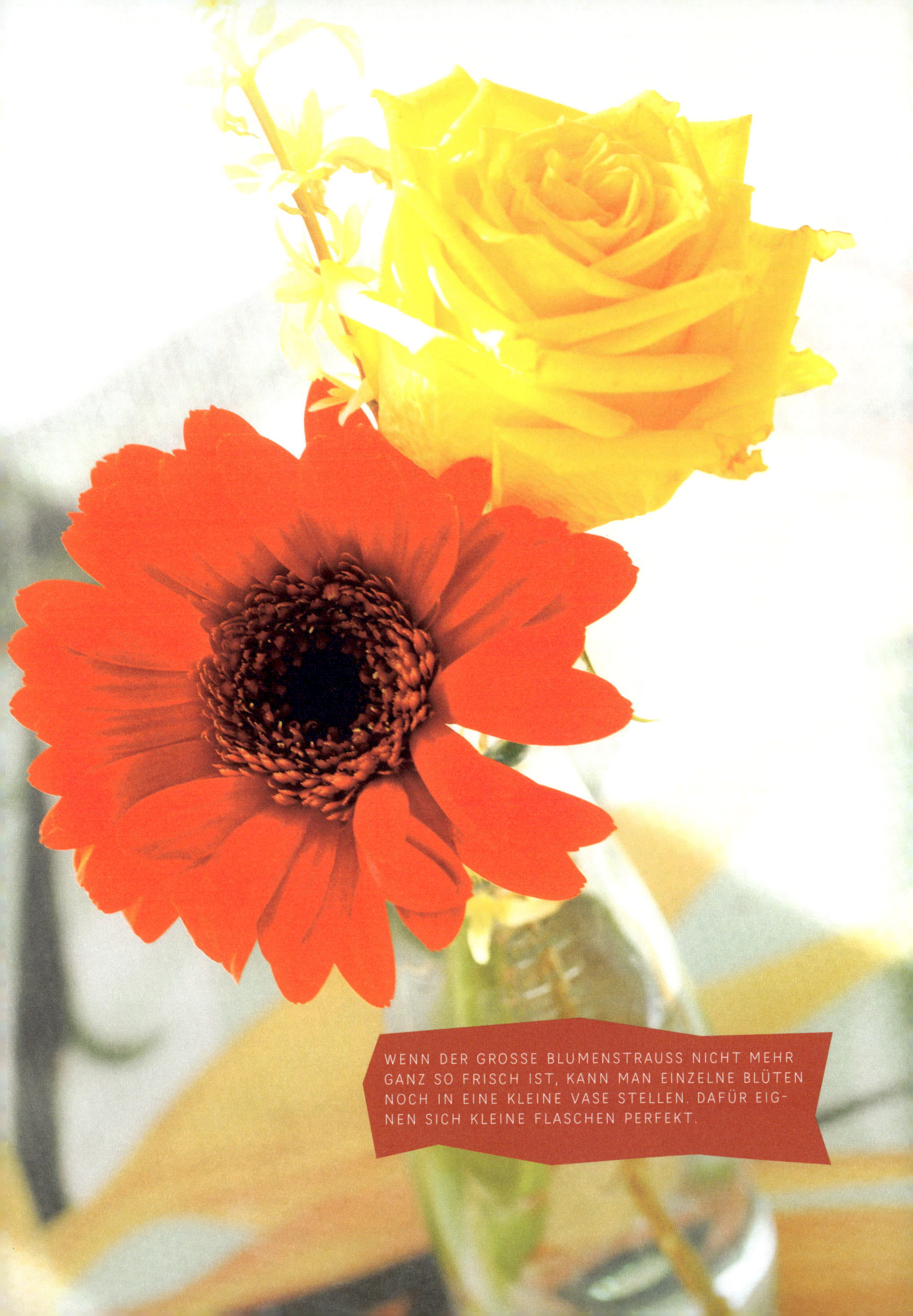

WENN DER GROSSE BLUMENSTRAUSS NICHT MEHR GANZ SO FRISCH IST, KANN MAN EINZELNE BLÜTEN NOCH IN EINE KLEINE VASE STELLEN. DAFÜR EIGNEN SICH KLEINE FLASCHEN PERFEKT.

Oberflächenveredelung

MATERIAL:
GANZE FLASCHEN, ALTE SCHÜSSEL, NAGELLACKE, HOLZKLÖTZCHEN, HOLZSTÄBCHEN, EVTL. NAGELLACKENTFERNER UND LAPPEN

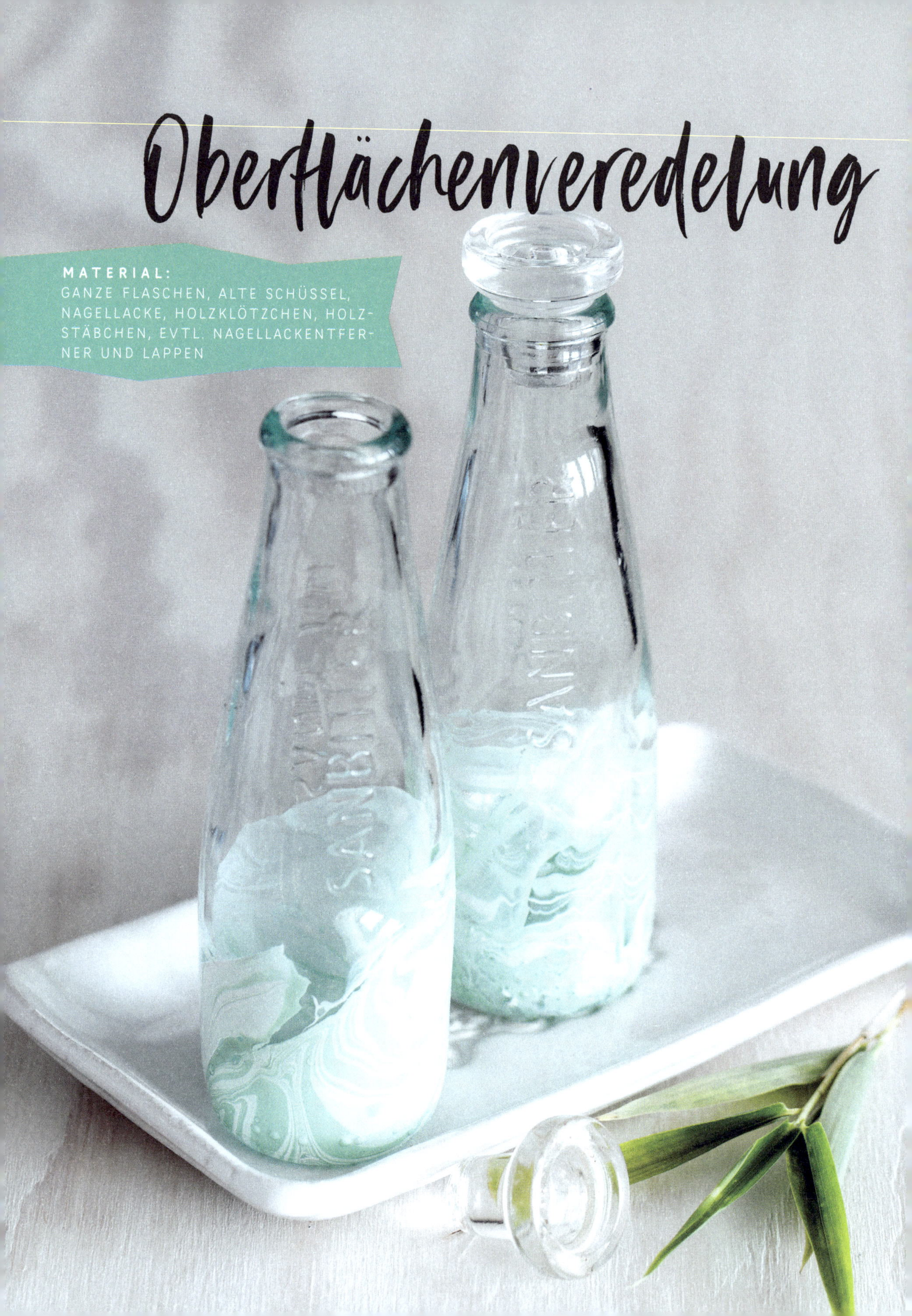

OB MARMOR WIEDER IM TREND IST ODER NICHT, SPIELT KEINE ROLLE, SOLANGE MAN DIESEN EFFEKT AUCH SELBST HERSTELLEN KANN, WENN MAN ES WÜNSCHT. UND ZWAR GENAU IN DEN FARBKOMBINATIONEN, DIE MAN AM LIEBSTEN MAG.

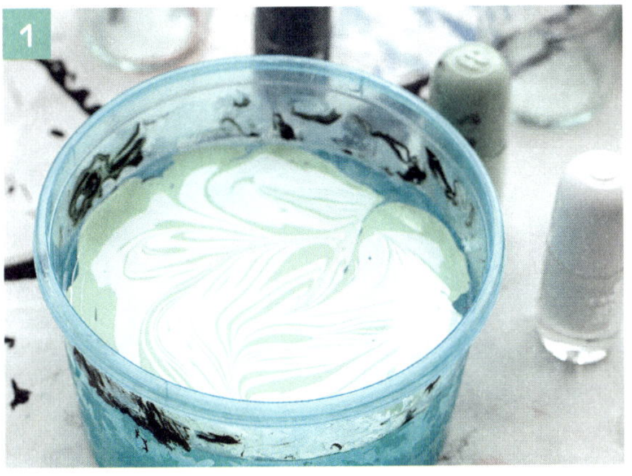

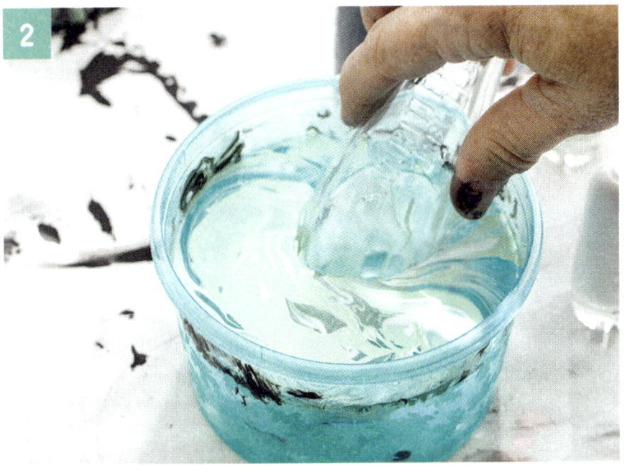

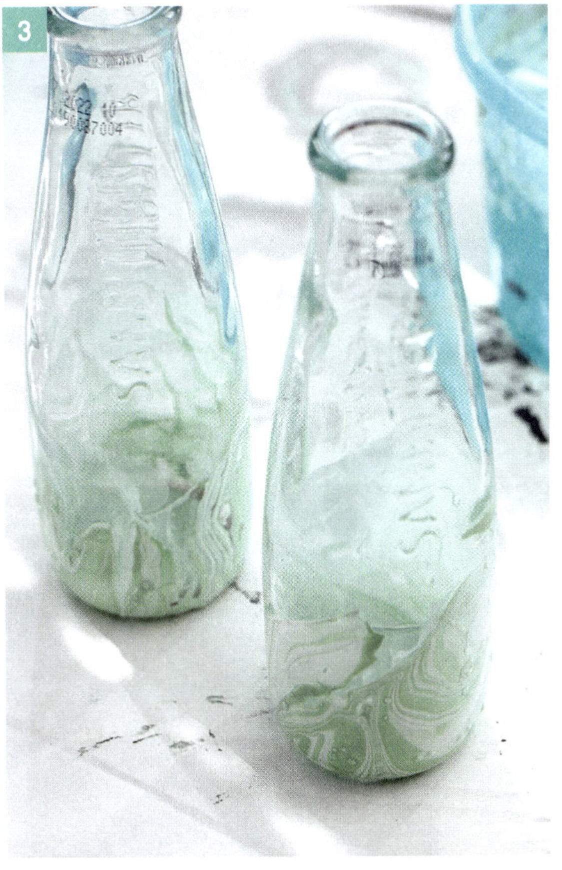

1. Ein altes Plastikgefäß mit Wasser füllen. Dahinein gibt man zunächst ein wenig der ersten Farbe des Nagellacks. Dann die zweite Farbe hinzugießen und mit einem kleinen Stäbchen die Farben ein wenig vermischen, sodass ein Marmormuster entsteht.

2. Dann das Glas vorsichtig hineintauchen, ein wenig drehen und wieder herausziehen.

Beim Arbeiten unbedingt auf gute Belüftung achten. Evtl. Nagellackentferner bereitstellen, falls mal was danebengeht.

3. Zum Trocknen kann man die Gläser oder Flaschen auf ein Stück altes Papier stellen. Damit der Lack nicht festklebt, ein kleines Holzklötzchen unterlegen.

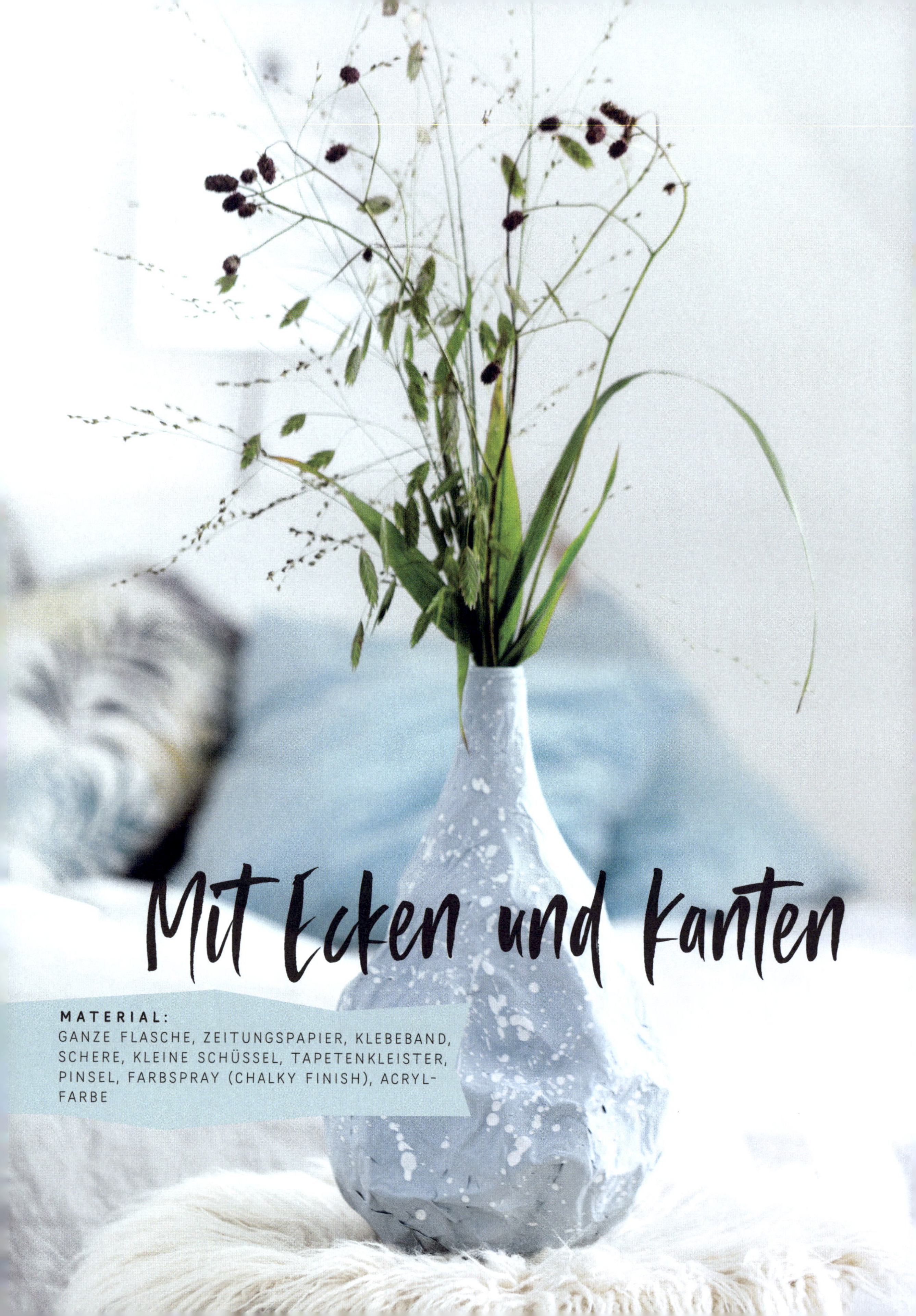

Mit Ecken und Kanten

MATERIAL:
GANZE FLASCHE, ZEITUNGSPAPIER, KLEBEBAND, SCHERE, KLEINE SCHÜSSEL, TAPETENKLEISTER, PINSEL, FARBSPRAY (CHALKY FINISH), ACRYL-FARBE

HIER ERKENNT MAN EIGENTLICH GAR NICHT MEHR, DASS ES SICH UM EINE ALTE FLASCHE HANDELT – GUT SO! MAN MUSS NICHT MAL DIE ETIKETTEN ABLÖSEN – ALLES WIRD VERSTECKT. UND DAS TOLLE IST, OBWOHL SIE SO MASSIV AUSSIEHT, IST SIE DOCH RECHT LEICHT.

1

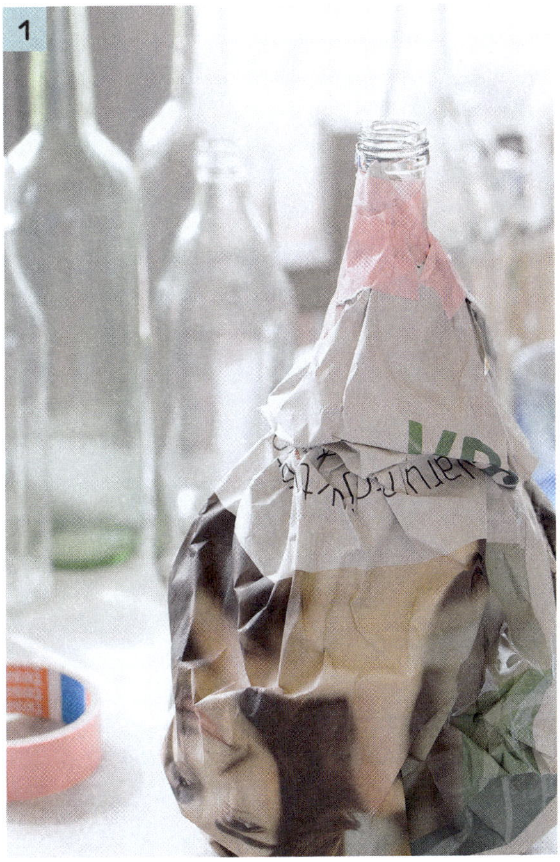

2

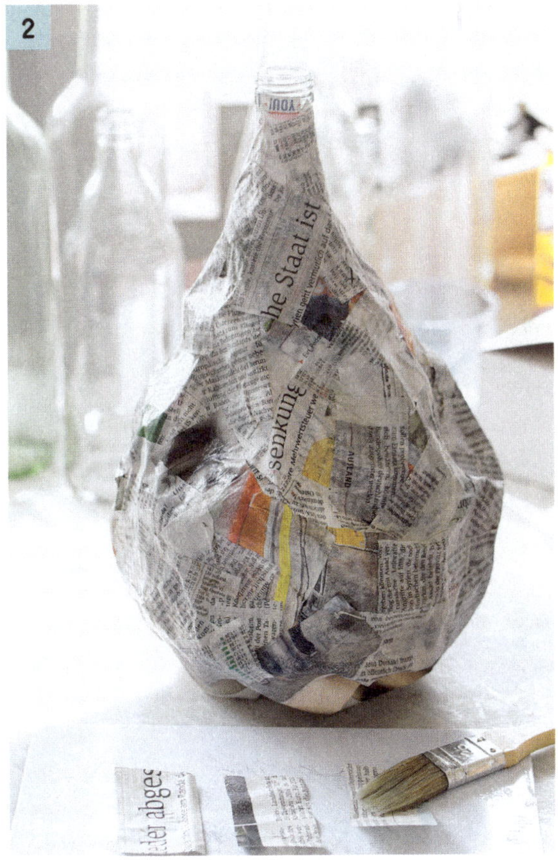

1. Im ersten Schritt darf geknautscht und geknüllt werden. Einfach Zeitungspapier um die Flasche formen und mit etwas Klebeband befestigen. So lange umkleben, bis die gewünschte Form erreicht ist.

2. Dann rührt man etwas Tapetenkleister an und schneidet viele kleine Stücke Zeitungspapier zurecht. Diese werden dann in vielen Schichten mit einem Pinsel auf das zerknäulte Papier geklebt.

Nach 3 Schichten darf das Ganze erst mal trocknen. Danach lässt sich auch bereits erkennen, wie stabil die Oberfläche ist. Je mehr Schichten folgen, um so fester wird anschließend die Vase.

Fortsetzung auf der nächsten Seite

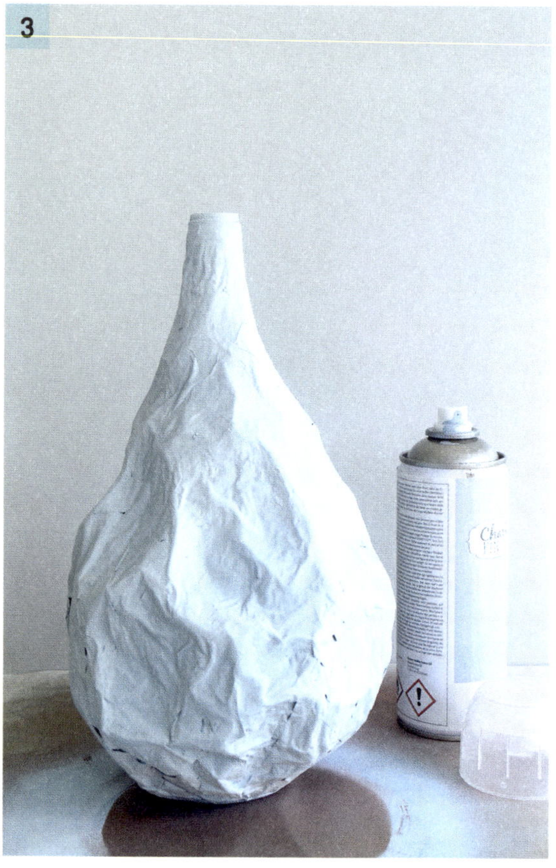

3. Sind genügend Schichten aufgetragen und sind diese genügend ausgetrocknet, kann man die Flasche farbig anlegen. In diesem Fall wurde eine Kreidefarbe zum Sprühen verwendet.

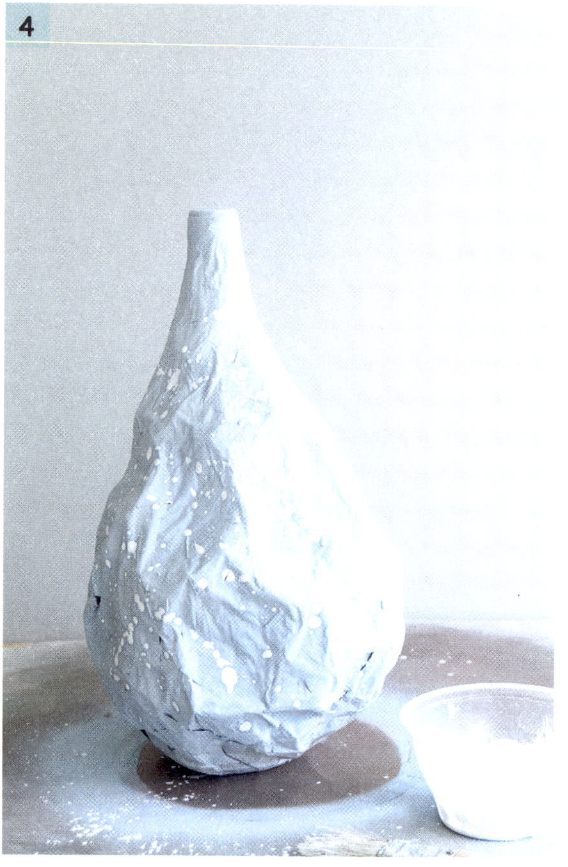

4. Nun kann man noch Muster malen oder einfach einen groben Pinsel mit weißer Acrylfarbe nehmen und die Vase ordentlich vollklecksen. Zum Schluss noch eine Lackschicht, damit die Vase auch geschützt ist, wenn beim Auffüllen mal was danebengeht.

EINE TOLLE VARIANTE IST ES, DIE LETZTE SCHICHT AUS BILDMATERIAL ZU KLEBEN UND DIE VASE GAR NICHT ANZUMALEN, SONDERN NUR MIT EINER LACKSCHICHT ZU VERSIEGELN.

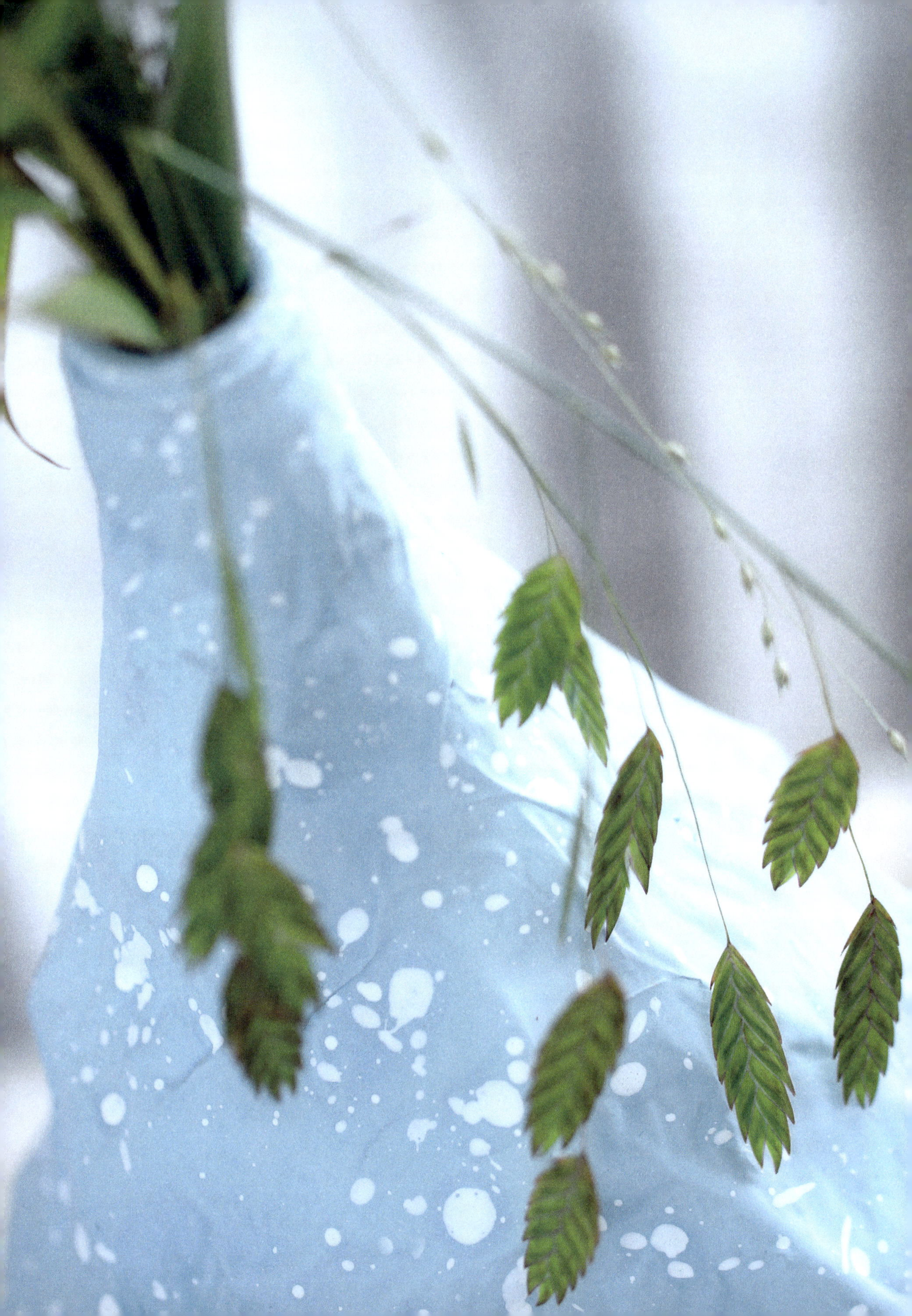

Kleine Wunderlampe

MATERIAL:
KLEINE FLASCHE, LAMPENDOCHT-SET, LAMPENÖL UND TRICHTER, LACKSTIFTE ODER KREIDEMARKER

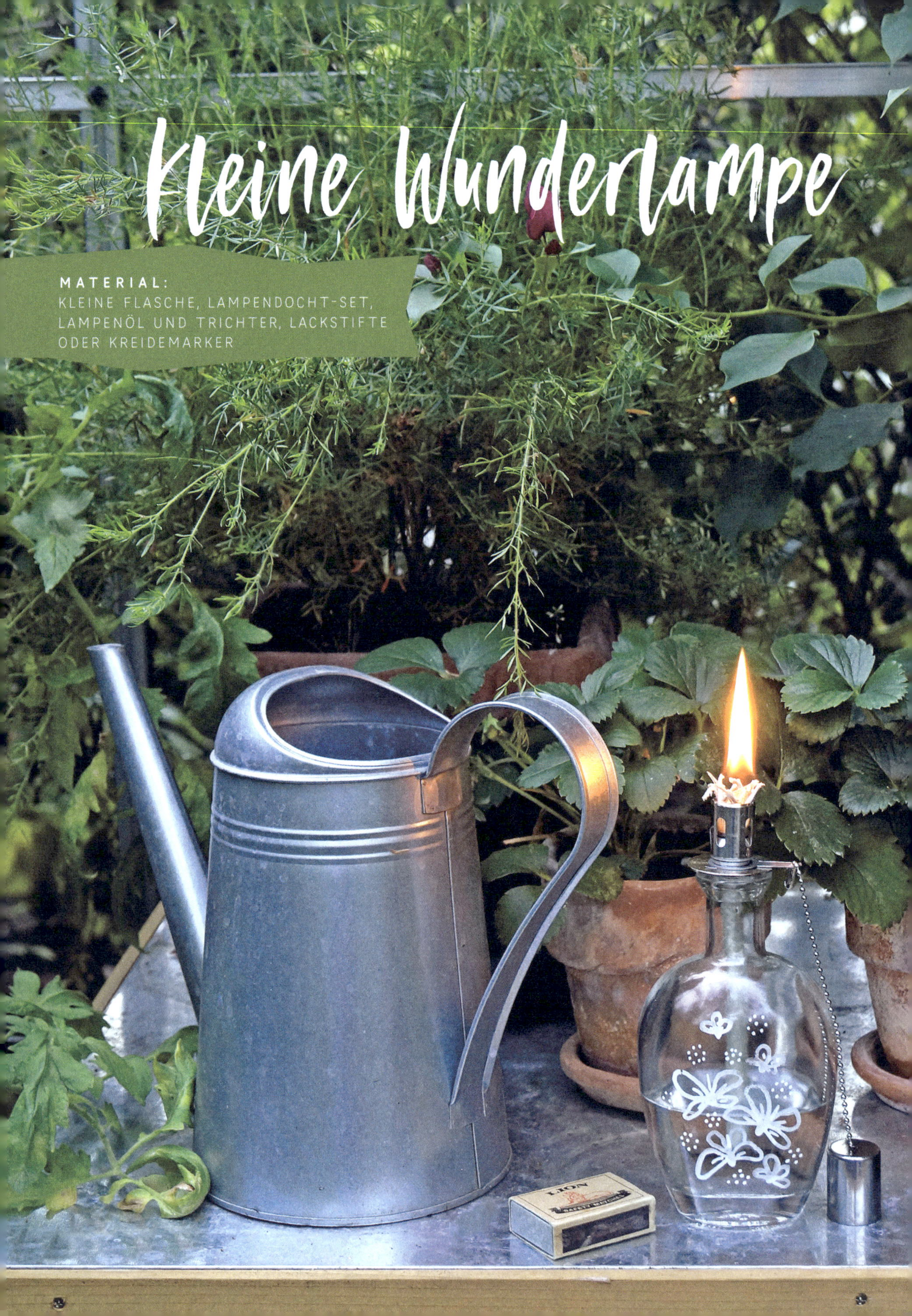

ÖLLAMPEN RIECHEN ZWAR IMMER EIN WENIG, HALTEN ABER BESSER DURCH, WENN MAL EIN KLEINES LÜFTCHEN GEHT. DIE KLEINE ÖLLAMPE IST SCHNELL GEMACHT UND DAS LAMPENÖL LÄSST SICH RUCKZUCK WIEDER AUFFÜLLEN.

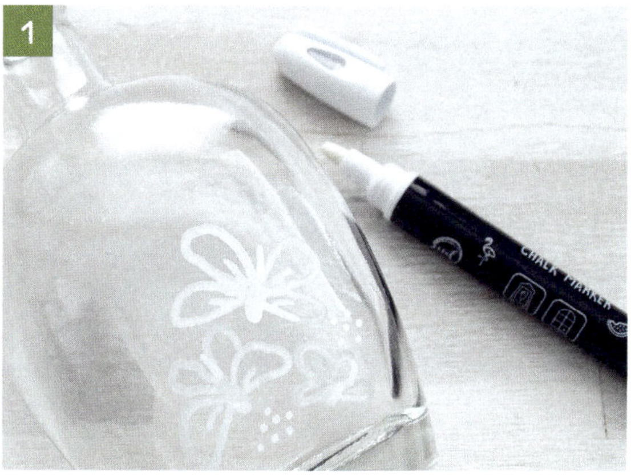

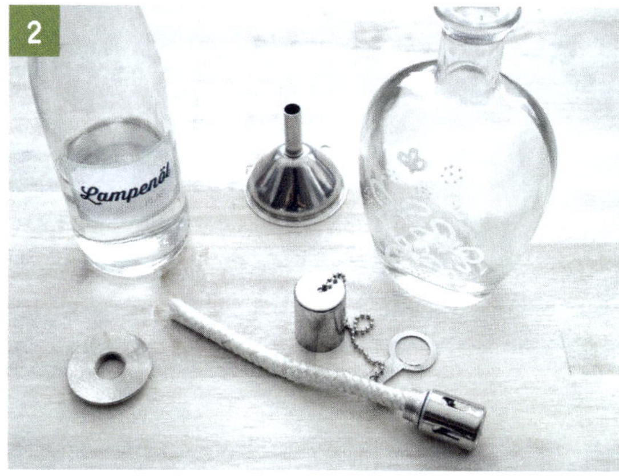

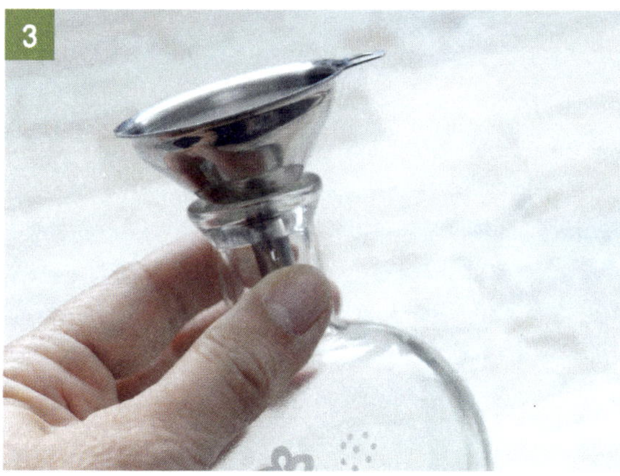

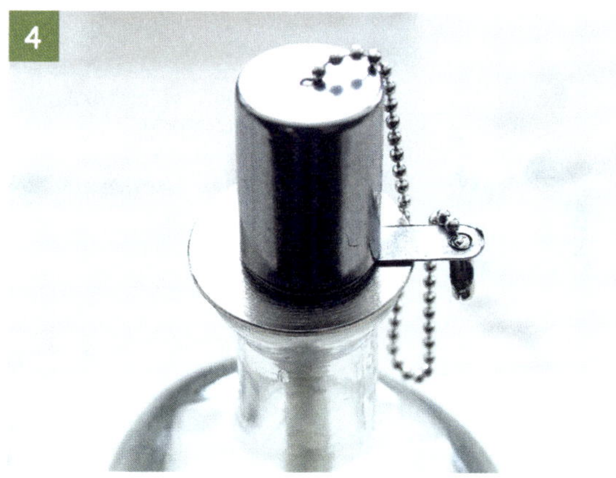

1. Die Flasche gut reinigen und mit einem Lack- oder Kreidemarker nach Lust und Laune bemalen oder beschriften.

2. Alle Zutaten für die fertige Lampe zurechtlegen.

3. Das Lampenöl mit einem kleinen Trichter in die Flasche füllen.

4. Nun den Dochtaufsatz nach Anleitung des Herstellers zusammensetzen und auf dem Flaschenhals positionieren.

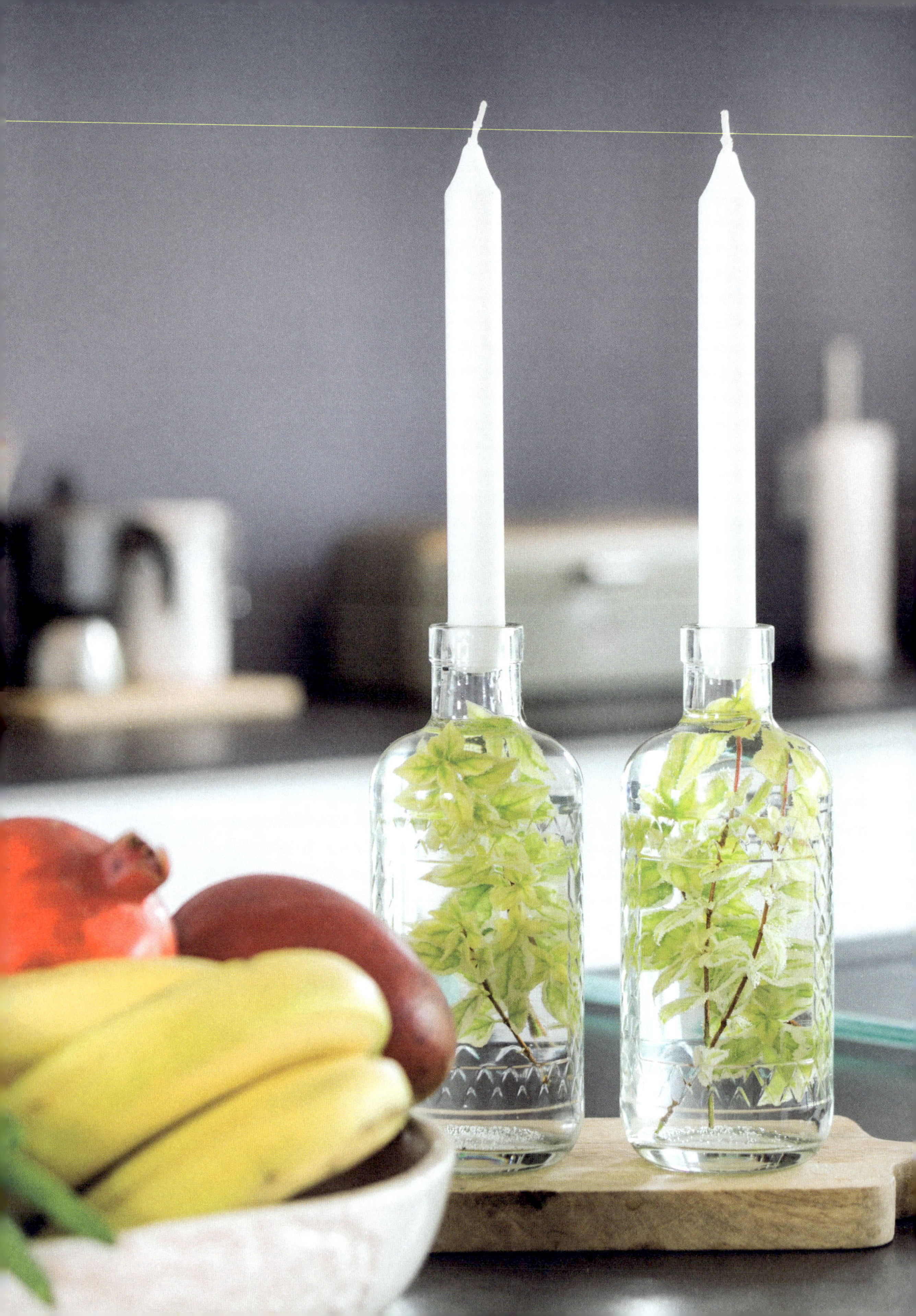

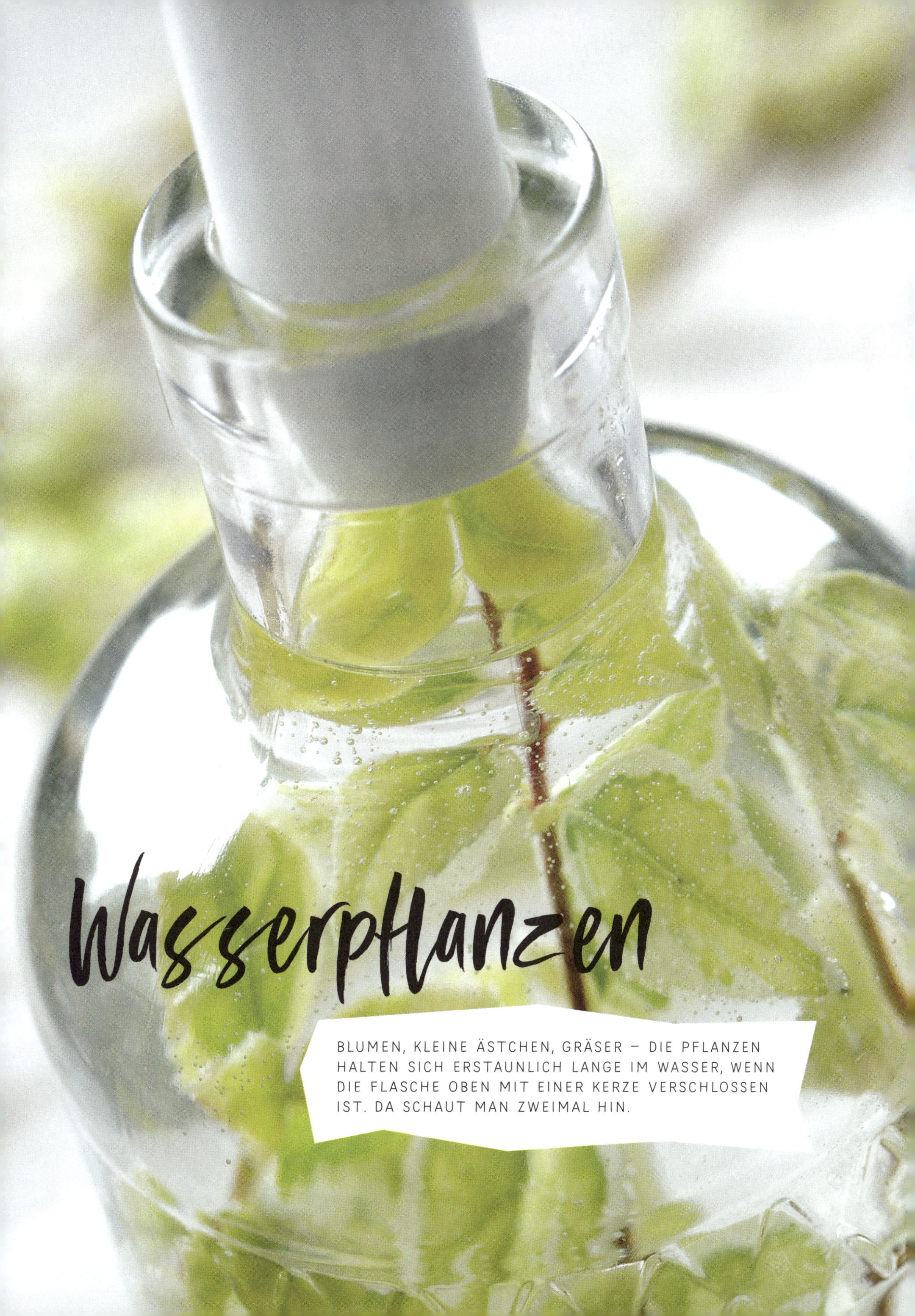

Wasserpflanzen

BLUMEN, KLEINE ÄSTCHEN, GRÄSER – DIE PFLANZEN HALTEN SICH ERSTAUNLICH LANGE IM WASSER, WENN DIE FLASCHE OBEN MIT EINER KERZE VERSCHLOSSEN IST. DA SCHAUT MAN ZWEIMAL HIN.

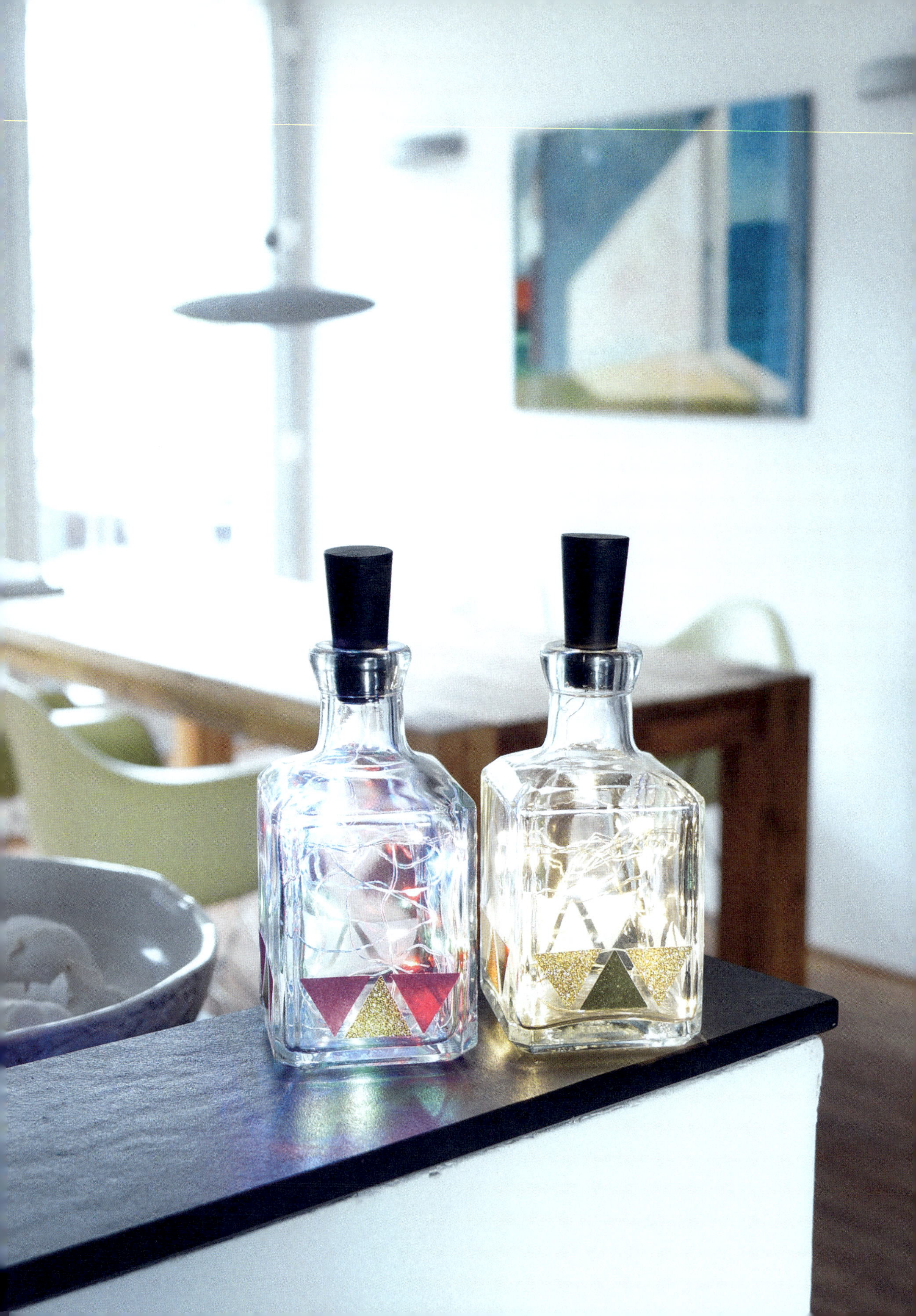

FLASCHENGEISTER. SEIT NEUESTEM GIBT ES DIESE TOLLEN LICHTERKETTEN, DIE MAN EINFACH IN EINE FLASCHE STECKT. SUPER PRAKTISCH. NOCH EIN BISSCHEN VERZIERUNG – FERTIG IST EIN SCHNELLES, STIMMUNGSVOLLES LICHT.

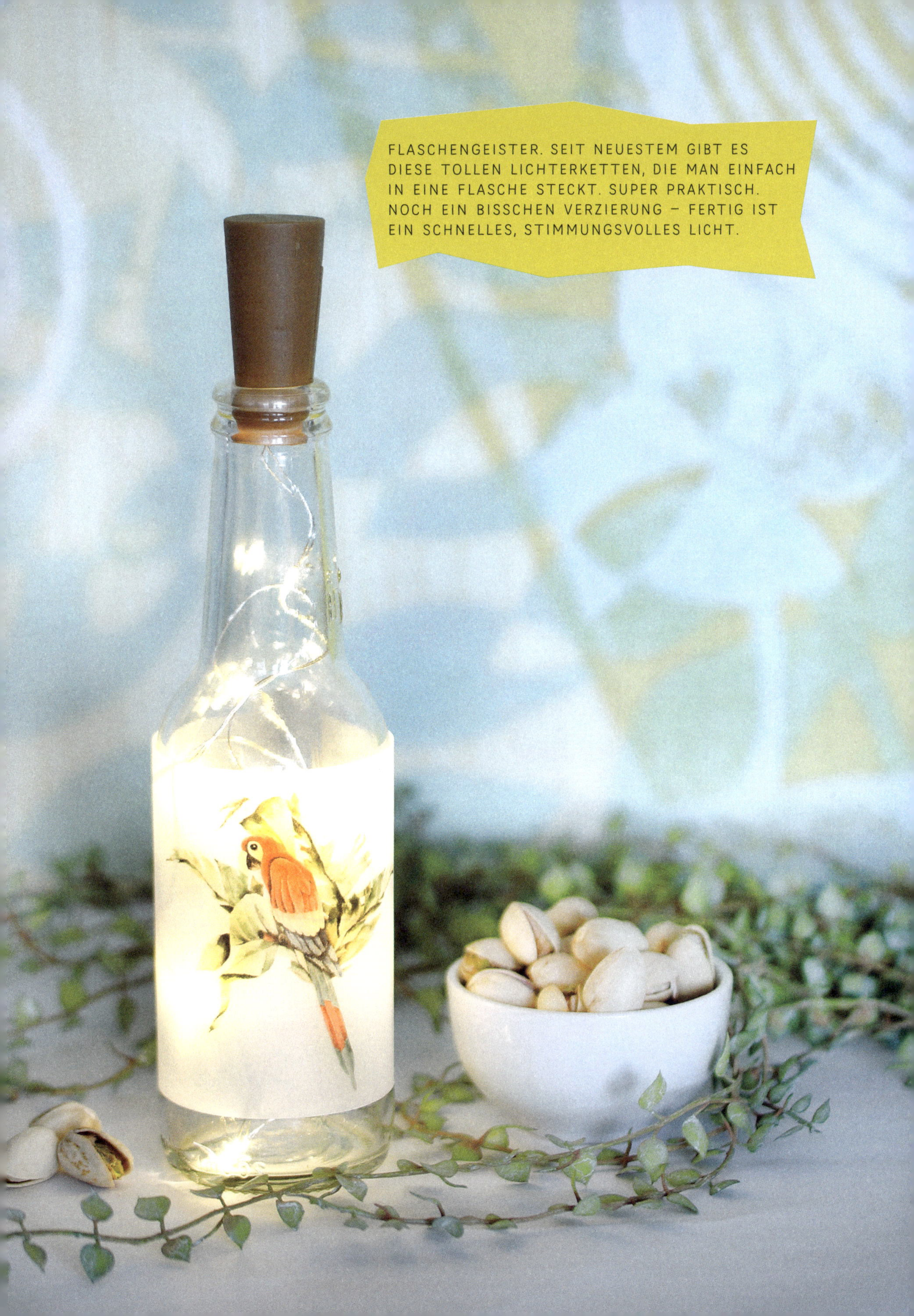

An Land gespült ...

MATERIAL:
BAUCHIGE FLASCHE, EVTL. KORDEL, VOGELSAND, KLEINE MUSCHELN, „GEHEIME BOTSCHAFT“, SCHATZKARTE ODER GUTSCHEIN, STOPFEN

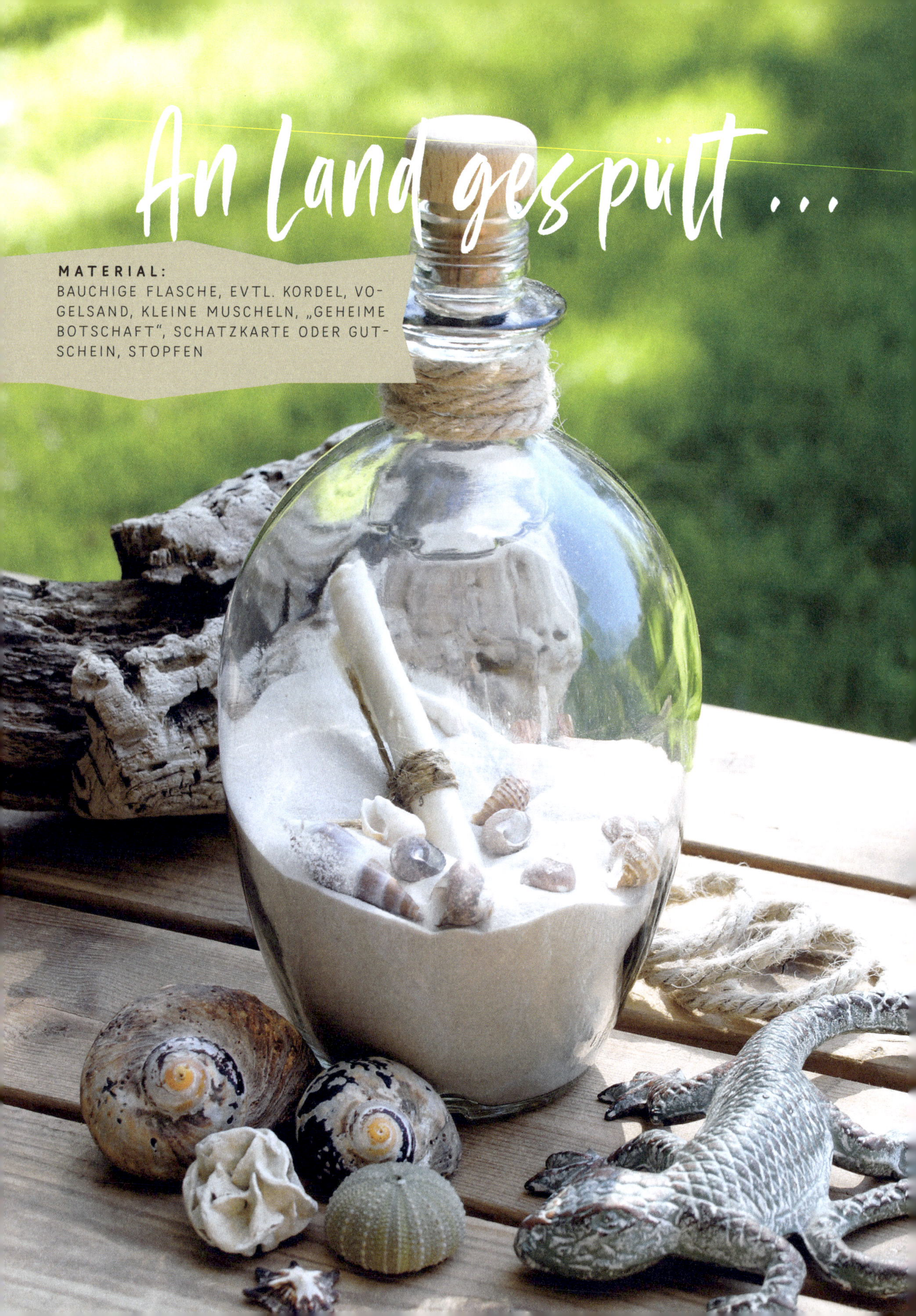

FLASCHENPOST MIT SCHATZKARTE. EIGENTLICH MÖCHTE MAN DIE FLASCHE JA GAR NICHT ÖFFNEN, UM AN DIE KARTE ZU GELANGEN, ODER? ABER WENN DAS GANZE EIN GESCHENK MIT EINEM GUTSCHEIN IST? DANN VIEL SPASS BEIM RAUSFISCHEN ...

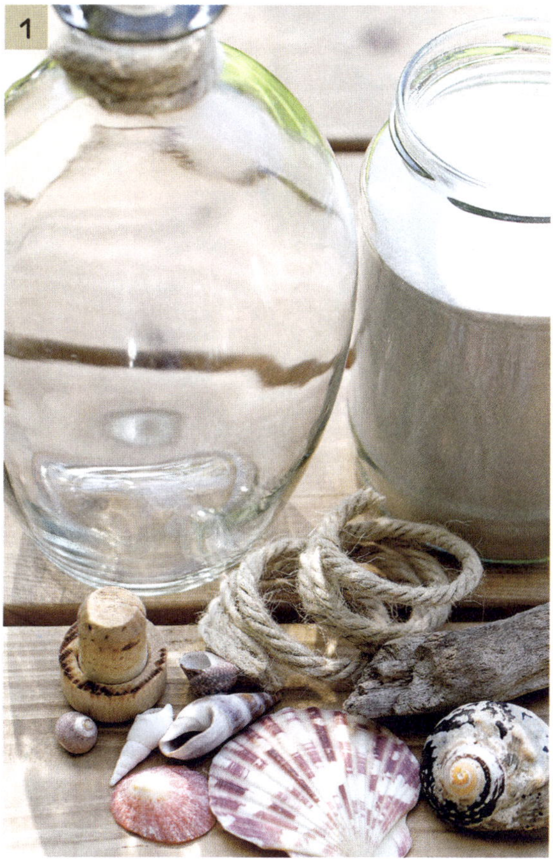

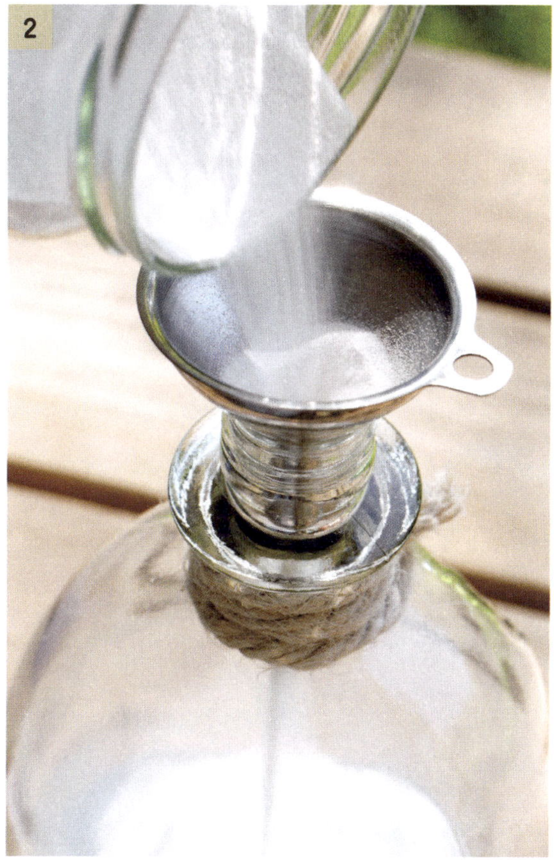

1. Die Flasche sollte sauber und innen trocken sein. Den Hals der Flasche kann man mit etwas Kordel verzieren.

2. Den Sand am besten mit einem Trichter einfüllen. Anschließend vorsichtig kleine Muscheln, Steinchen oder Holzstückchen in die Flasche füllen.

Und natürlich die geheime Botschaft, die Schatzkarte oder den Gutschein hineinstecken.

Stopfen drauf und nach Möglichkeit nicht mehr schütteln!

Yummie! Yummie!

MATERIAL:
GANZE FLASCHE, HOLZZUSCHNITT, HOLZLEIM, SEIL, KORDELSTOPPER, BOHRMASCHINE, SÄGE, SCHRAUBENZIEHER, HOLZSCHRAUBEN, LACKFARBE, PINSEL

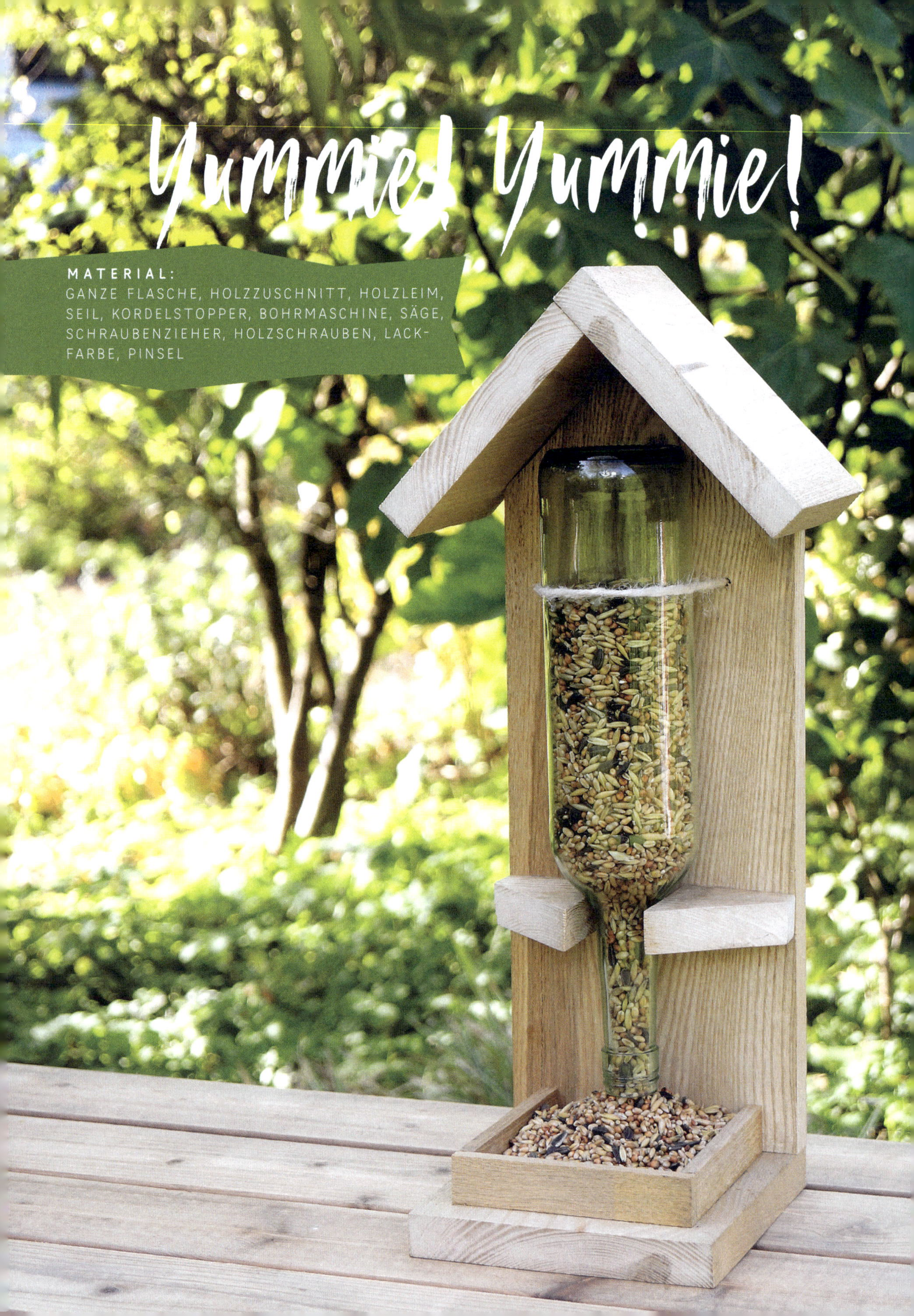

BITTE FÜTTERN! WENN DIE WINTER KALT UND FROSTIG SIND, KÖNNEN WIR AUCH ETWAS FÜR UNSERE GEFIEDERTEN FREUNDE TUN. SO EINE FUTTERSTATION IST DANN IMMER SEHR WILLKOMMEN. AUSSERDEM IST ES DOCH ZU NIEDLICH, DIE VÖGEL BEIM FUTTERN ZU BEOBACHTEN.

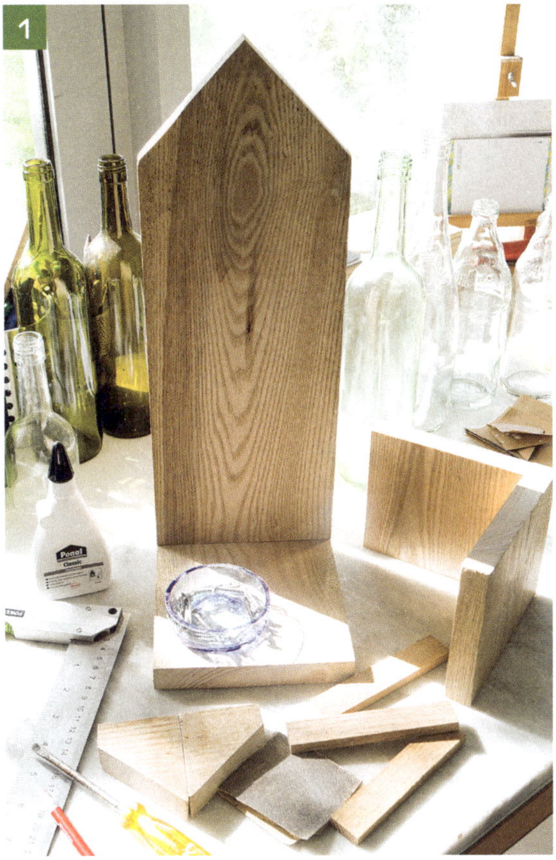

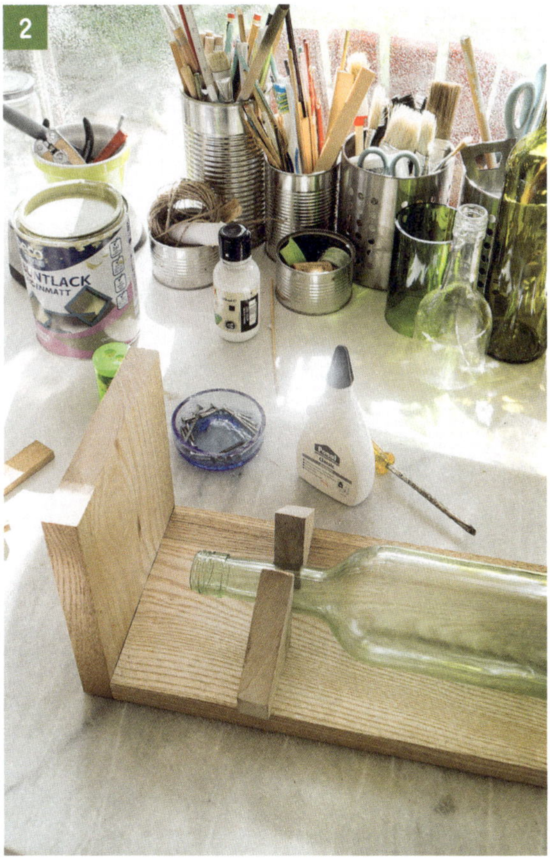

Holzzuschnitt:
1 x (15 x 40 cm) 2 cm stark - Rückseite
1 x (15 x 17 cm) 2 cm stark - Boden
1 x (15 x 12 cm) 2 cm stark - Dachschräge 1
1 x (13 x 12 cm) 2 cm stark - Dachschräge 2
3 x (2 x 12 cm) 0,5 cm stark - Auffangschale
Flaschenstopper aus Resten der Rückseite
Eine Konstruktionsskizze befindet sich auf der folgenden Seite.

Für dieses Projekt wurde ein altes Brett verwendet, daher war die Breite von 15 cm hier vorgegeben.

1. Das längste Brett muss noch an der oberen Kante mit zwei 45° Winkeln abgesägt werden. Dann werden der Boden (15 x 17 cm) und die Rückseite (15 x 40 cm) miteinander verklebt bzw. verschraubt.

2. Aus den Winkeln des Daches kann man den Flaschenstopper bauen. Dazu einfach an den Seiten noch mal ein Stück absägen und an die entsprechende Stelle kleben. Die Flasche sollte ein Stück über dem Boden schweben, damit die Körner später immer gut nachrutschen können.

Rechts und links der Flasche muss man im oberen Drittel noch 2 Löcher für das Seil bohren.

Fortsetzung auf der nächsten Seite

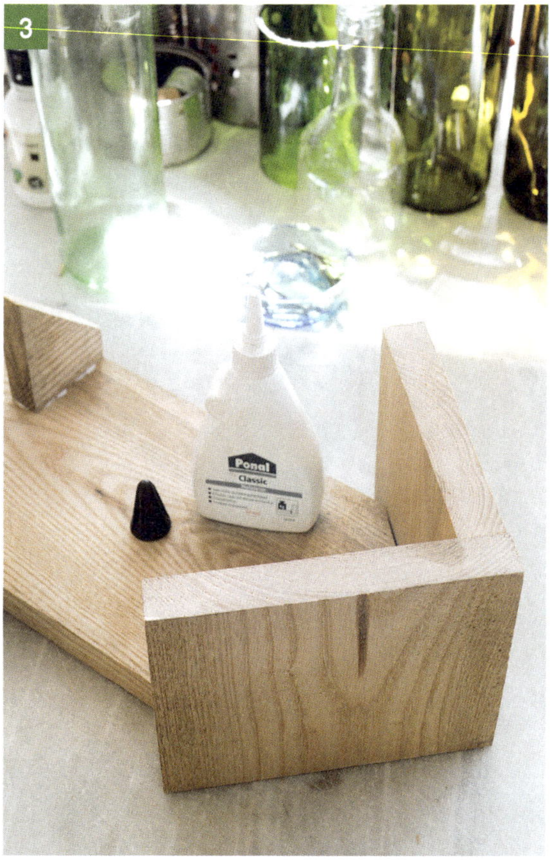

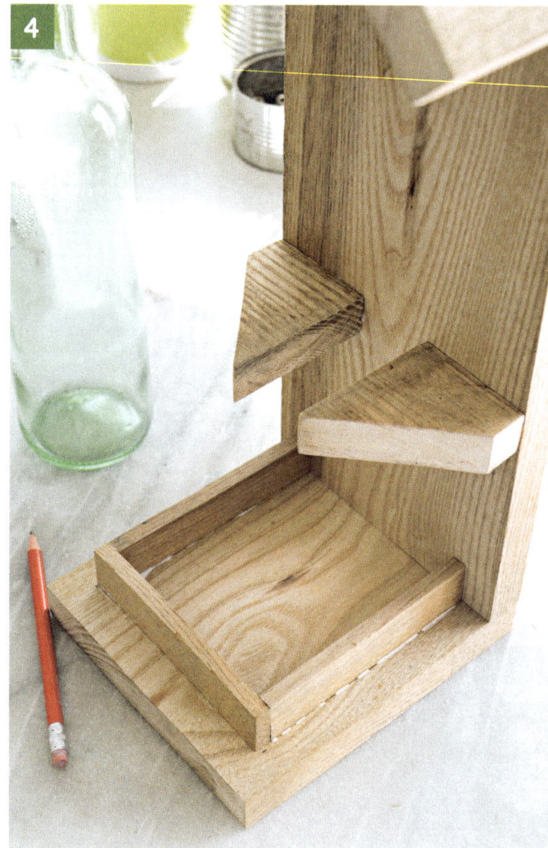

3. Anschließend kann man das Dach aufkleben und verschrauben.

4. Fehlt nur noch die kleine Auffangschale für die Körner. Die klebt man aus den 3 Leisten auf.

Wenn die Futterstation Wind und Wetter ausgesetzt ist, sollte man sie mit einer Lackfarbe für den Außenbereich schützen.

Dann die Flasche mit Körnern füllen, zunächst verschließen und in der Futterstation anpassen. Mit einem Seil wird dann die Flasche oben festgebunden. Dazu ein Stück Seil rechts und links der Flasche durch das Loch im Holz stecken und auf der Rückseite mit einem Kordelstopper zusammenziehen. So lässt sich das Seil beim Herausnehmen der Flasche wieder leicht lösen. Alternativ lässt sich auch ein Gummi verwenden.

Nun den Stopfen der Flasche entfernen.
Yummie yummie, ihr Vöglein!

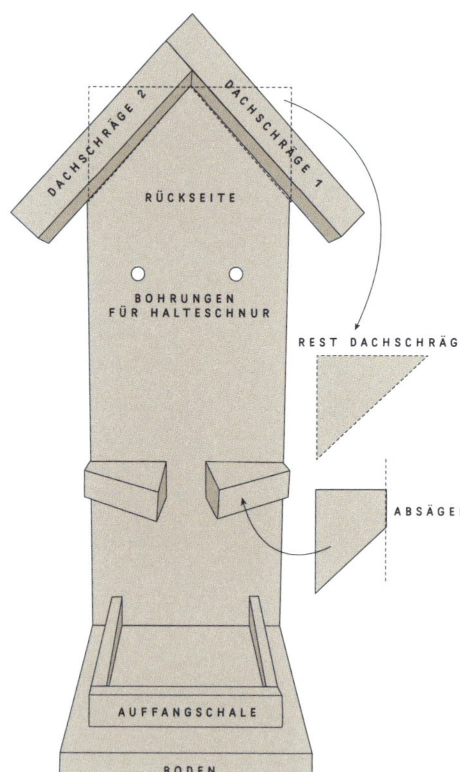

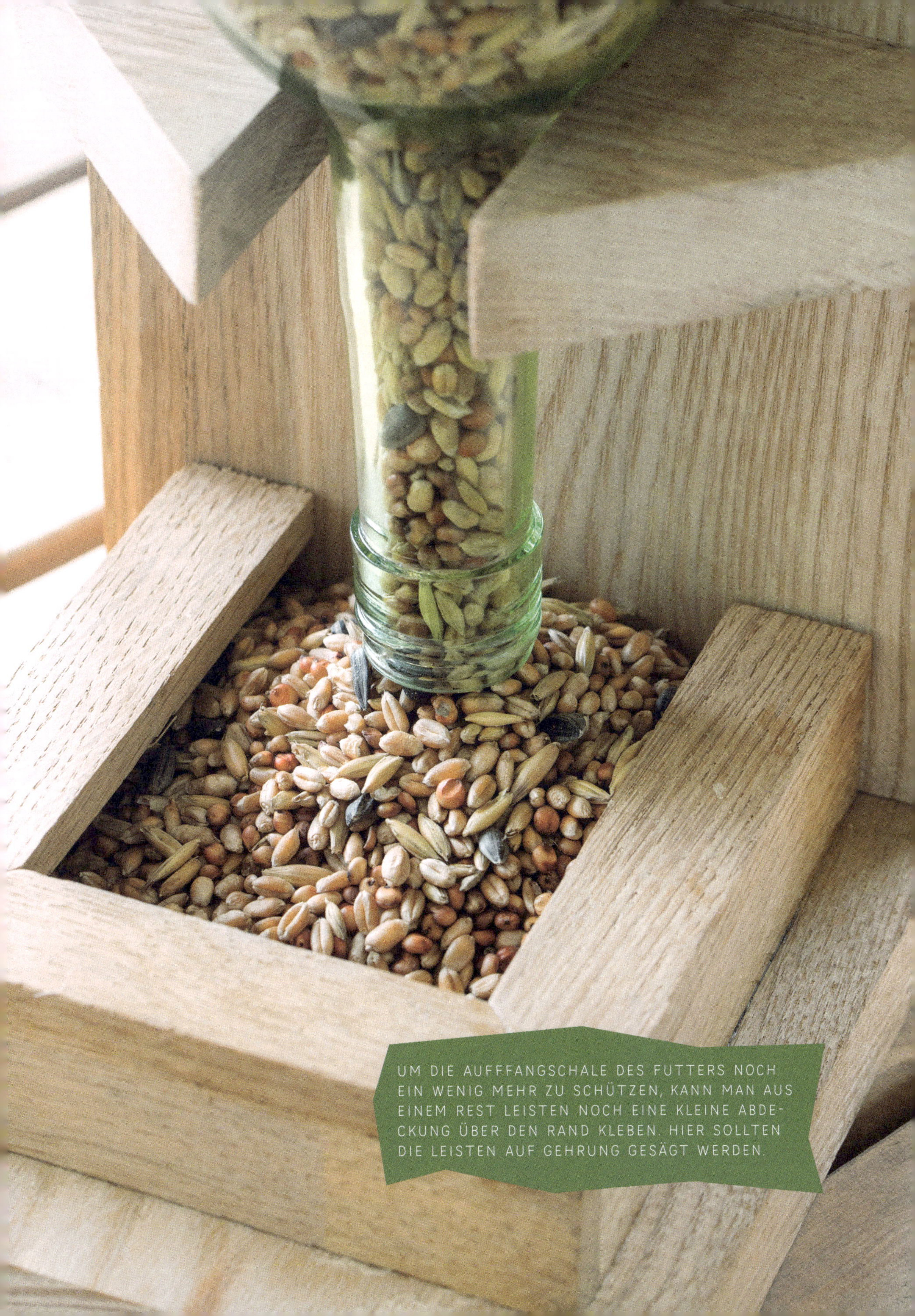

UM DIE AUFFFANGSCHALE DES FUTTERS NOCH EIN WENIG MEHR ZU SCHÜTZEN, KANN MAN AUS EINEM REST LEISTEN NOCH EINE KLEINE ABDECKUNG ÜBER DEN RAND KLEBEN. HIER SOLLTEN DIE LEISTEN AUF GEHRUNG GESÄGT WERDEN.

Bodyscrub-Etiketten

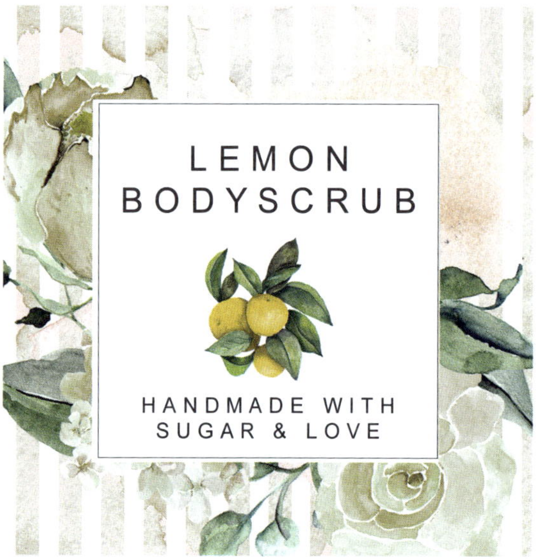

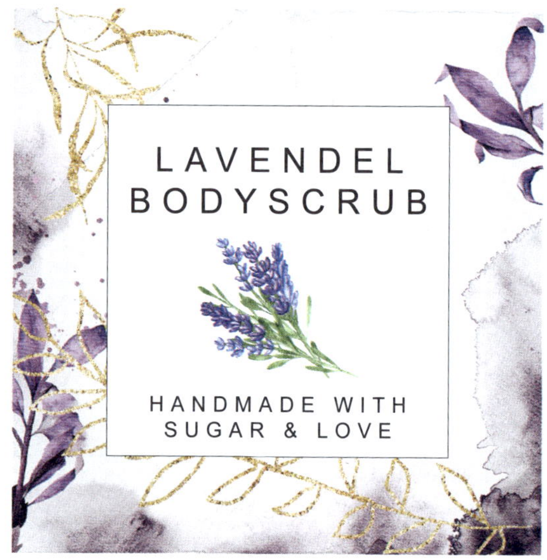

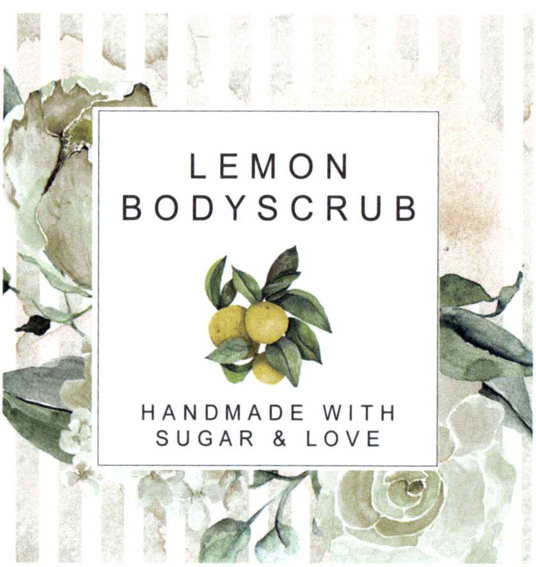

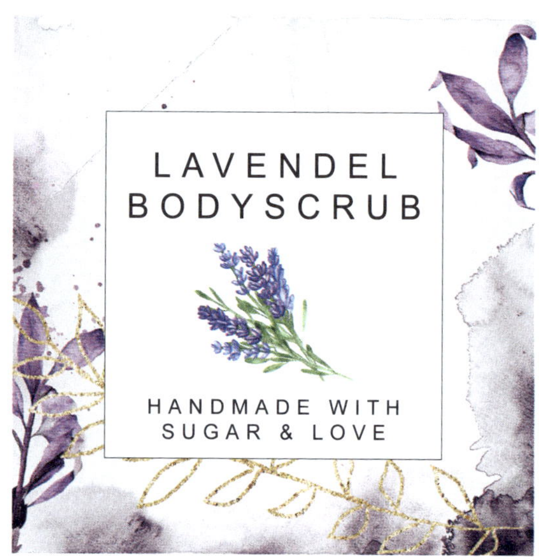

Gravur-Vorlage

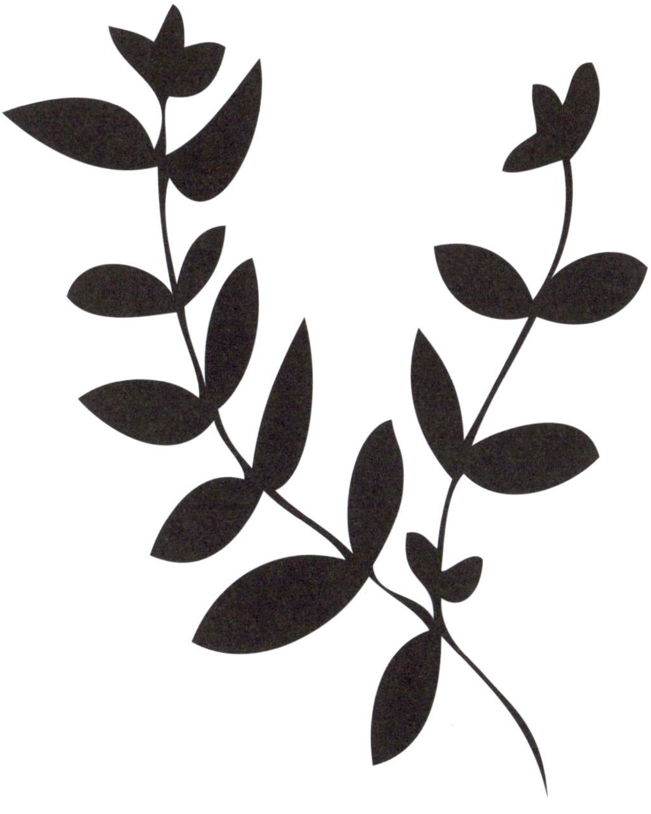

Impressum

Autorin: Ina Mielkau
Fotos und Grafiken: Ina Mielkau
Produktmanagement: Svenja Wiglinghaus
Lektorat: Sigrun Borstelmann
Korrektorat: Constanze Lüdicke
Umschlaggestaltung: Ina Mielkau
Layout und Satz: Ina Mielkau
Repro: LUDWIG:media
Herstellung: Stephanie Schlemmer
Printed in Slovakia by Neografia

★★★★★

Sind Sie mit diesem Titel zufrieden? Dann würden wir uns über Ihre Weiterempfehlung freuen. Erzählen Sie es im Freundeskreis, berichten Sie Ihrem Buchhändler oder bewerten Sie beim Onlinekauf.
Und wenn Sie Kritik, Korrekturen oder Aktualisierungen haben, freuen wir uns über Ihre Nachricht an Christophorus Verlag, Postfach 40 02 09, 80702 München oder per E-Mail an lektorat@verlagshaus.de.

Unser komplettes Programm finden Sie unter

www.christophorus-verlag.de

Alle gezeigten Modelle, Illustrationen und Fotos sind urheberrechtlich geschützt. Eine gewerbliche Nutzung ist untersagt. Dies gilt auch für eine Vervielfältigung bzw. Verbreitung über elektronische Medien. Autorin und Verlag haben alle Angaben und Anleitungen mit größtmöglicher Sorgfalt zusammengestellt. Dennoch kann bei Fehlern keinerlei Haftung für direkte oder indirekte Folgen übernommen werden.

Materialien und Projekte können von den jeweiligen Originalen abweichen.
Die bildliche Darstellung ist unverbindlich. Sollte dieses Werk Links auf Webseiten Dritter enthalten, so machen wir uns die Inhalte nicht zu eigen und übernehmen für die Inhalte keine Haftung.
In diesem Buch wird aus Gründen der besseren Lesbarkeit das generische Maskulinum verwendet. Weibliche und anderweitige Geschlechteridentitäten werden dabei ausdrücklich mitgemeint, soweit es für die Aussage erforderlich ist.

Die Deutsche Nationalbibliothek verzeichnet diese Publikation in der Deutschen Nationalbibliografie; detaillierte bibliografische Daten sind im Internet über http://dnb.d-nb.de abrufbar.

© 2021 Christophorus Verlag in der Christian Verlag GmbH
Infanteriestraße 11a
80797 München

Alle Rechte vorbehalten.

ISBN 978-3-8388-3785-7

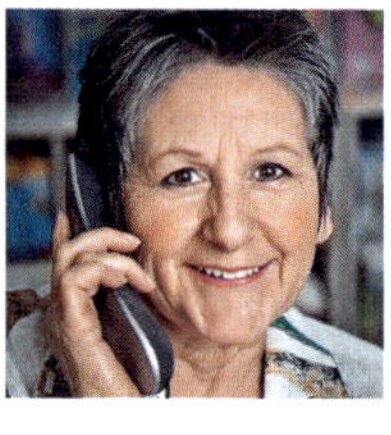

Kreativ-Service

Sie haben Fragen zu den Büchern und Materialien? Frau Erika Noll ist für Sie da und berät Sie rund um alle Kreativthemen. Rufen Sie an! Wir interessieren uns auch für Ihre eigenen Ideen und Anregungen. Sie erreichen Frau Noll per E-Mail: **mail@kreativ-service.info** oder Tel.: **+49 (0) 5052/91 18 58**

Besuchen Sie uns im Internet: www.christophorus-verlag.de